吳氏遺著

〔清〕吳夌雲 撰
劉青松 夏文佳 點校

中國社會科學出版社

圖書在版編目（CIP）數據

吳氏遺著／（清）吳夌雲撰；劉青松，夏文佳點校 . 北京：中國社會科學出版社，2025. 5. -- ISBN 978-7-5227-4559-6

Ⅰ. H131.7

中國國家版本館 CIP 數據核字第 2024WS9034 號

出 版 人	趙劍英
責任編輯	單　釧
責任校對	靳明倫
責任印製	李寡寡

出　　版	中国社会科学出版社
社　　址	北京鼓樓西大街甲 158 號
郵　　編	100720
網　　址	http://www.csspw.cn
發 行 部	010-84083685
門 市 部	010-84029450
經　　銷	新華書店及其他書店

印　　刷	北京明恒達印務有限公司
裝　　訂	廊坊市廣陽區廣增裝訂廠
版　　次	2025 年 5 月第 1 版
印　　次	2025 年 5 月第 1 次印刷

開　　本	710×1000　1/16
印　　張	16.75
字　　數	251 千字
定　　價	89.00 元

凡購買中國社會科學出版社圖書，如有質量問題請與本社營銷中心聯繫調換
電話：010-84083683
版權所有　侵權必究

吴夌雲像
(見《練川名人畫像續編》)

高閣憑山辭不俊爭攀躋異書累萬帙縹緗操錦緒與公畫逼古健筆圖顛題技神擅三絕鄉里惜莫稽瞿子獨精鑒屬和兮町畦麗句竝列鼎吾乃陳羹藜此憺信不朽依附敢與齊

安楸二兄先生屬題即希

郢政　吳淩雲

吳夌雲手迹（題瞿中溶藏《虞山毛氏汲古閣圖》）

吳氏遺箸卷一

嘉定吳夌雲譔
海鹽後學陳其榦校

經說上

易

貞

乾文言貞固足以幹事注引詩維周之楨楨榦也粲說文楨剛木也與說卦乾剛義合夌雲謂元以成德言亨以遇時言利以使才言貞以橐質言貞與健皆謂其體質堅剛也筮以內卦為貞亦因內卦之質榦而名正合榦事之義字從卜貝物之堅剛者質榦之資皆從貝以此貞質聲轉貞又可通甚說文引周禮甲革甚質

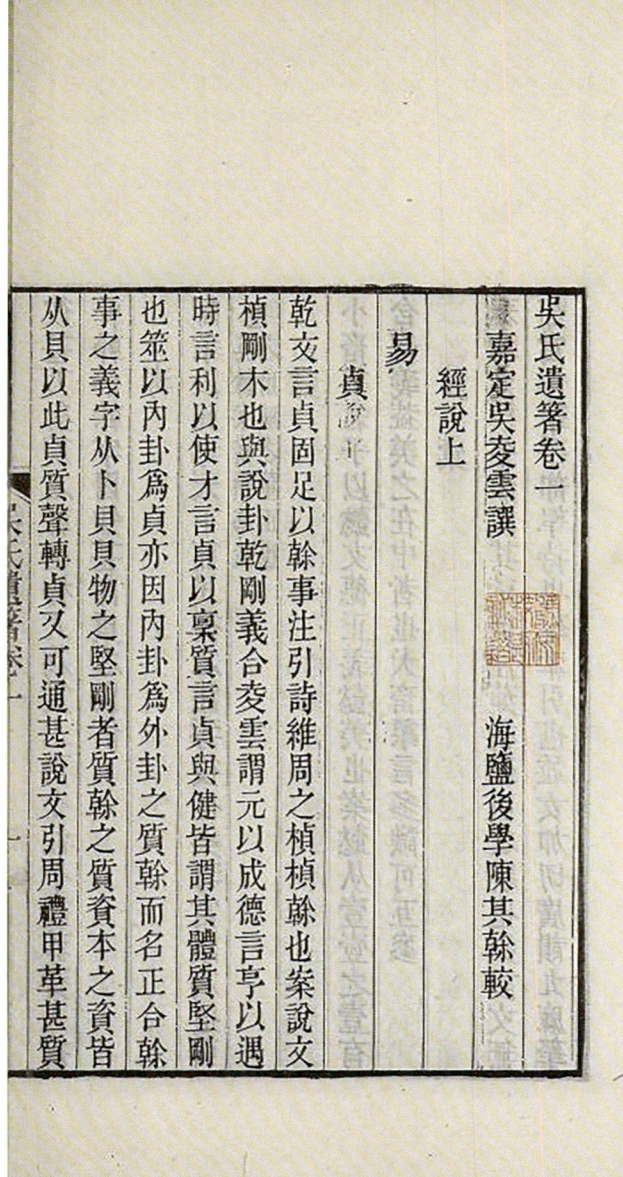

五百卷閣本《吳氏遺著》

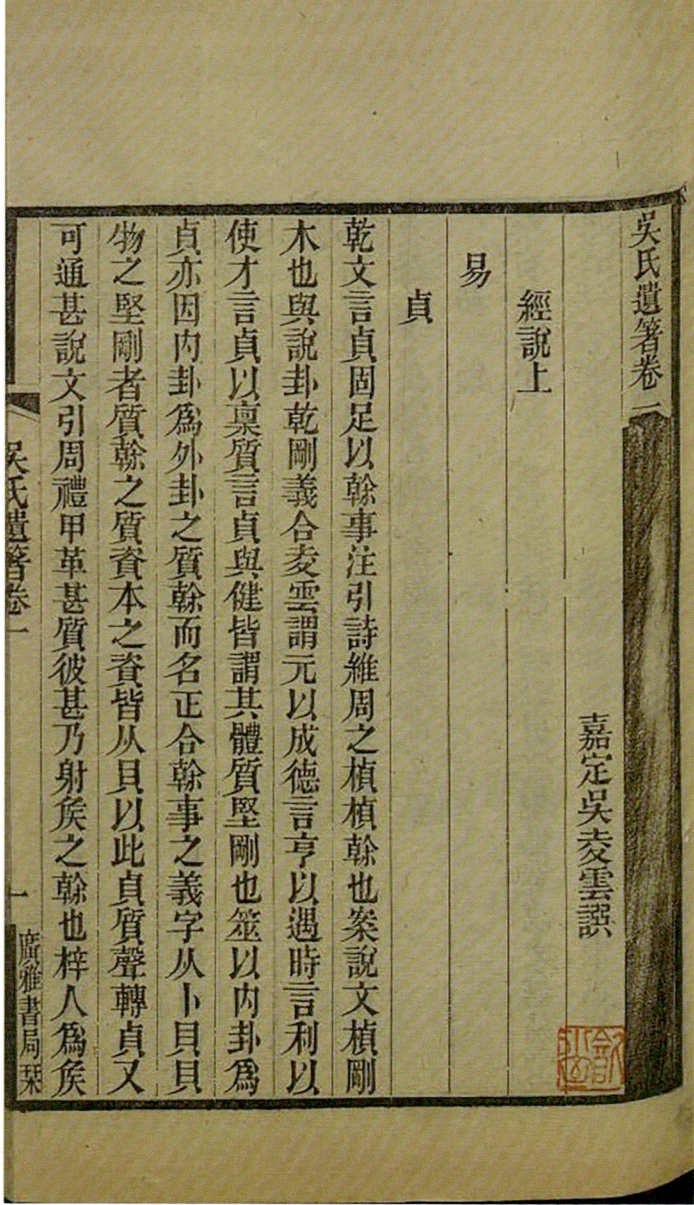

廣雅書局本《吳氏遺著》

前　言

吴㲟①雲（1747—1803），字得青（亦作"德青"）、子登，號客槎，江蘇嘉定縣（今屬上海市）人，嘉慶五年（1800）歲貢。平生致力於文字、聲韻、訓詁之學，著述多散佚，後人輯爲《吴氏遺著》五卷。

吴㲟雲出身寒微，相關記載很少，只能根據零散記載略述其生平。據《吴氏遺著》跋文可知，吴㲟雲與同邑陳詩庭（字蓮夫）交往甚篤，多所討論。據錢慶曾校本《錢辛楣先生年譜》，約乾隆五十九年（1794），吴㲟雲教授錢大昕長孫，其間與錢大昕有所交流。即王映江（字實夫）所謂："晚年嘗假館錢少詹事屛守齋，得發所藏書讀之，聞見益廓，孳究益精。"②錢大新《十駕齋養新録附》卷四曾采其説。嘉慶四年，同邑瞿中溶購得《虞山毛氏汲古閣圖》，遍請錢大昕、段玉裁、黄丕烈等名流題跋，吴㲟雲亦與其中。《清史稿》將吴㲟雲附於王鳴盛之後，支偉成《清代樸學大師列傳》把他列爲"吴派經學家"。

吴㲟雲著述甚富，據黄體芳《札嘉定學》載，有《十三經考異》十六卷、《說文形聲會元》《說文解》三卷、《廣韻解》一卷。③據《吴氏遺著》序跋，吴㲟雲卒後，父老子幼，不復業儒，以其手稿易米，其《十三經抄最》數百萬言，歸海昌陳其榦（字偉長），陳鼇之爲《經

---

① "㲟"亦作"凌"。
② （清）王映江：《吴氏遺著·經説序》，道光二十五年陳其榦五百卷閣本。
③ 俞天舒編：《黄體芳集》，上海社會科學院出版社2004年版，第73頁。

說》三卷。後陳又得《廣韻》手稿，王宗涑（字倬甫）輦之爲《廣韻說》一卷。又有《小學說》一卷，藏於吳鍾茂（小漁）處，王宗涑抄錄一過。道光二十五年（1845），陳其榦將此五卷合刊成書，是爲《吳氏遺著》，僅吳夌雲著述十之三四也。王、陳、吳三人的案語以雙行小字的形式附於正文之中，對吳氏的觀點有相應的補充和訂正。光緒十七年（1891），廣雅書局有重刊本《吳氏遺著》。

吳夌雲生活的年代正是乾嘉學術的黃金時期，其時古音學大盛，"因聲求義"成爲訓詁學的重要手段。吳夌雲的主要貢獻在於詞源學，其特點是將聲符相同、相近的字類聚到一起，總結出它們所代表的詞的詞義特點，也就是詞源義。他還認識到即使同聲符的字，它們所指稱的詞的意義特點也不一致，因爲文字形成過程中會有聲符假借的情況。因此，同一個聲音會有不同的詞義特點。吳夌雲的因聲求義，落腳點不是音，而是音義統一的形，因爲有了字形的限制，他總結詞義特點就有很鮮明，而不是模糊的概括。如卷一《經說》上《帷裳》：

　　《氓》："漸車帷裳。"箋："帷裳，童容也。"
　　案：《士昏禮》"有襜"，今作"袡"，注："袡，車裳帷。《周禮》謂之'容'。"《說文》："幝，蔽厀也。""襜，衣蔽前。"無"袡"字，是許君以"幝"爲"帷裳"之"帷"，以"襜"爲"袡"也。又《龜部》："腨，龜甲邊也。"義與《禮記》注"袡謂龜甲邊緣是也"合。《士昏禮》："女次純衣纁袡。"注："'袡'亦'緣'也。"義與《禮記》注亦合。而字从"冄"，又與《說文》"腨"字義合。合諸說觀之，"襜""袡""袡"皆可通用，其制則垂一面者，所以蔽厀，《論語》"帷裳"是也。垂四周者，所以蔽車中之婦人，此經所云"帷裳"是也。而龜鱉之甲，其邊有緣，象車蓋之下垂者。

吳夌雲認爲，"襜""袡""袡""腨"音近義通，其共同特點是下垂，如車之帷裳、人之蔽膝、龜之甲緣。《説文》之所以不收"袨"字，是因爲有"襜"字。而"襜""袨""袡"指代的是同一個意義，在字用層面是可以相互假借的。對於有些同源詞，吴夌雲能找到詞源在字形上的根源，達到形義統一。如卷二《經説》中《楠木》：

　　莊四年《傳》："卒於楠木之下。"
　　案：《説文》："楠，松心木。"又"朱，赤心木。松柏屬。"則松柏與楠，皆赤心木也。《爾雅》："虋，赤苗。"《説文》同。《玉部》："璊，玉經色也。禾之赤苗曰虋，言璊，玉色如之。"《毛部》："毣，以毳爲繝，色如虋。故亦曰毣。《詩》曰：'毳衣如毣。'"此三字皆"莫奔切"，"虋"其本字，从"釁"得聲，亦从"釁"得義。釁，血祭也。"虋"言苗色赤，如釁祭之血也。《詩·生民》又作"穈"，从"麻"，無義。"楠""璊""毣"，从"㒼"亦無義，皆諧聲字耳。

"楠""璊""毣"三字都有"赤色"的特點，但是它們的聲符"㒼"，平也，没有"紅"的意思，而與之音近的"釁""虋"都有紅的特點，而且"釁"的本義"血祭"就是它們的意義來源。因此推定，"楠""璊""毣"三字的聲符"㒼"是"釁"的假借。只有這樣才是形義一致。吴夌雲把聲符不能表示詞義特點的形聲字稱爲"諧聲字"，也就是根據形義統一原則，此聲符是彼聲符的假借。但據此更進一步，同一聲符可能表達不同的詞源義，因爲會出現聲符借用現象。如卷四《小學説·乍、昔》：

　　《説文》："㐱，止也。"錯曰："出亡得一則止，暫止也。""昔，乾肉也。"案：與"腊"通。"昨，壘日也。""作，起也。"案：鐘鼎文"作"多借"乍"。"厝，厲石也。""措，置也。"案：置，立也。"錯，金涂也。""醋，客酌主人也。""酢，酸也。"

"阼，主階也。""秭，禾搖皃。""迮，起也。""遣，迹遣也。"即"这道"字。"笮，迫也。""踖，長脛行也。一曰'踧踖'。""趙，趒趙也。""唶，驚皃。""胙，祭福肉也。"

案："乍"字从'亾'、从'一'，'亾'者，欲'入'於'乚'，忽有一物禦之而不得入，故許遂以爲"止"也。《孟子》："今人乍見孺子。"趙注："暫也。"蓋倉卒之閒，意想不到者爲"暫"，故《說文》訓"突"字云"暫出"。小徐釋"乍"字亦云"暫止"，獨《日部》"暫"字注云："不久也。"故後人拘"久暫"之義，而忽易趙注之"暫"字。又案：荀悅《襍言》："乍進乍退。"《說文》"亍"字注云："乍行乍止。"則"乍"字不當單訓"止"明矣。"乍"又有"驚顧而起"之意。其他"迮""踖""趙""唶"，及《爾雅》"作噩"皆取"驚起"意。"措""秭"皆取"起立"意。"錯"訓"金涂"，取"交錯"意，如金錯刀，謂以黃金爲文，與銅質相襍也。醋，必主人先獻而後賓醋之，一往一來，亦取交錯意，故《詩》云"獻酬交錯"，《儀禮》"交錯以辯""交錯其酬"，皆是也。"阼"，《儀禮·士冠禮》："主人玄衣纁裳，立于阼階上。"鄭注："阼猶酢也。東階所以荅酢賓客者。"《玉篇》亦云："阼階，東階，所以荅酢賓客者。"案："荅酢賓客"，尚未達，當云"賓酢主人于此階上，故云'阼階'"。據此則"酢""醋"可通用，謂古今互譌者，非也。案：《儀禮》"酬酢"皆从"乍"作"酢"，至《特牲篇》"酢""醋"並見，《少牢篇》以下，皆作"醋"，其"尸醋主婦"，注云："今文醋曰酢。"知"酢""醋"古今字也。所以"酢階"字从"乍"。至"胙肉"字又从"阼"生出。《少儀》："爲人祭曰'致福'，爲己祭而致膳於君子曰'膳'，祔、練曰'告'。""凡膳告於君子，主人展之，以授使者於阼階之南，南面再拜稽首送"，下文有"大牢""少牢""特豕"之別，以其於阼階前拜送，故謂"祭肉"曰"胙肉"。又案：主人之俎曰"阼俎"，"胙肉"疑即阼俎之肉，因此故改从"肉"旁。《史記·商君列傳》注有"周室歸藉",《索隱》曰:"音'胙',字合作'胙',誤作'籍'耳。"案:"胙""籍"聲相近。

這裏説的是"乍"作聲符時的不同含義,吳夌雲據字形分析認爲,"乍"有突然終止義。從"乍"得聲的字多有此義,如"乍"作爲一個詞,在具體語境中有突然終止義。如"迮""作噩"之"作""秨"等,有"驚顧而起""起立"之義。"乍""昔"音近,從"昔"的字也多有"驚顧而起""起立"之義,如"踖""趞""踖""措"等。這一系列的字,聲符或同或不同,但都有一個共同的來源"乍"。但並不是所有從"乍"、從"昔"的字都是這樣的意思,如"錯""阼""酢""醋"諸字有"交錯"義,便不符合"乍"的詞義特點,它們的聲符中應該存在假借的現象。

先秦兩漢的詞源學帶有強烈的主觀目的性,科學詞源學起源於宋代王子韶的"右文説",其理念是形聲字的聲符具有示源的功能。但由於"字本位"的干擾,加上古音學未顯,"右文説"的實踐效果並不理想。清代古音大明,黃生(1622—1696)、黃承吉(1771—1842)的"右音説",王念孫(1744—1832)、段玉裁(1735—1815)的因聲求義,逐步擺脱字形的束縛,將音、義聯繫到一起。詞源學的研究,在實證層面上,蔚爲大觀,逐步發展成熟。但這只是係源的工作,推源或音義關係的闡述方面,並沒有太大的提高。比如"凡農聲之字多皆訓厚"[1],但"農"本身並沒有厚義,這個聲義的聯繫從何而來?這一點段玉裁和王念孫並沒有深究。在這一點上,吳夌雲的研究比段、王深入,他認爲任何一類同源詞都有一個基礎的語音,這個語音的視覺符號表現爲一個基本字形,它的形與義是統一的。這個基礎上,其餘的代表同源詞的文字,都是這個基本字形的廣義分化。而同樣以這個基本字形得聲但不具備與之相應的詞義的字,則屬於造字過程中的聲符假借。儘管吳夌雲的

---

[1] (清)段玉裁:《説文解字注》,上海古籍出版社1988年版,第393頁。

落脚點依然是字形，但這並不是說他沒有突破字本位，他所謂的形，是形音義統一的視覺符號，是一個操作概念，說形可以，說音也未嘗不可，在這個層面上，音、形、義是統一的。这个形、音、義統一的符號是詞源學的起點。因爲同一個音可以表達很多義，如果不用視覺符號的形將它們分開，會產生很多糾葛。字形只是他學術研究的一個立足點，因爲完全的"不拘形體"，很容易滑入主觀臆斷。這個觀念和做法與後來章太炎的《文始》（1913）一致。而對同一個聲符表達不同含義的做法，殷寄明先生的《漢語同源詞大典》（2018）也是按照這種觀念爲形聲字的聲符分類的。

吴玄雲把形義一致的源字叫"本字"，而後起異體字叫"別出字"，也就是"俗字"。他認爲，《說文》沒有收某些作爲音義起源的本字，是一種失誤。這種觀念的出發點是爲字、詞找到最初的源頭。但對《說文》的批評，說明他並不知道音義系統和形義系統不是一致的。①音義關係、形義關係屬於不同的系統，各有自身的發展綫索，二者背後有著不同的動力源。《說文》是一部以字形系統爲特點的著作，而不是以聲音繫聯的著作。但從中可以看出，吴玄雲想建立一個音義系統，以聲音爲綱，將詞義繫聯到一起。學術理念的轉變，使得吴玄雲在名物訓詁方面取得了顯著的成績。但音義系統的建立，需要宏大的理論視野與嚴密的訓詁實踐。吴玄雲的問題在於，他並沒有關於語音的系統論述，這讓他的系統論顯得支離不成系統。其後，朱駿聲的《說文通訓定聲》以古音十八部爲綱，將《說文》重新分類，打破形義束縛，儘管失於機械，但畢竟是一個大膽的嘗試，說明《說文》研究從文字學向系統語言學的轉變。後來章太炎先以《成均圖》確定古音範圍，後以此指導《文始》《新方言》的訓詁實踐，力圖形成一個嚴密的音義系統，成爲詞源學的全面實踐者。可以說，在音義系統構建方面的嘗試，吴玄雲是一個重要的先行者。

此外，吴玄雲對詞義引申的總結非常深入，多能曲盡其義，在認知

---

① 音義系統和形義系統不一致的説法，是王寧先生授課時所講授。

方面給人以啓發。如卷四《小學説·櫌》：

《説文》："櫌，摩田器。"引《論語》"櫌而不輟"。《論語》何注引鄭曰："覆種也。"義與許異。泥《説文》者，必將謂鄭氏望文爲訓，"覆種"實非"櫌"字本義矣。《史記·始皇紀》："鉏櫌白梃。"索隱曰："徐廣以'櫌'爲'田器'，非也。孟康以爲'鉏柄'，蓋得其近。"案：《論語》《史記》本文實爲二義。古人制字，容有一字而兼數義者，但此字非古之原文，原文只一"婁"字耳。《説文》："婁，空也。""廔，麗廔也。一曰穜也。"徐楚金以爲："麗廔猶玲瓏也，空明之象。"麥雲謂：古之明目者謂之"離婁"，亦猶無目者謂之"瞽瞍"。《説文》"連遱""謱譨"，皆"麗廔"通語耳。總之，"婁"爲空義無疑矣。又案：《儀禮·士喪禮》："瑱笄用桑，長四寸，纋中。"下又云："握手用玄纁裏，長尺二寸，廣五寸。牢中旁寸。"鄭注："'牢'讀爲'樓'。'樓'謂削約握之中央以安手也。今文'牢'（"牢"各本誤作"樓"）爲'纋'。"麥雲以爲，"樓"即"鏤刻"之"鏤"。鏤之使空也，故有玲瓏之喻。《儀禮》"纋""牢"，皆"樓"之借字，"樓"亦"婁"之借字。據此知《論語》"櫌"同"纋"，亦"樓"之借字。此又數字而同一義者也，故曰"原文只一'婁'字"。《論語》之義本謂空其中以爲安種，而又覆之也。《史記》之"鉏櫌白梃"，《漢書》之"鉏櫌棘矜"，服虔亦云"鉏柄"，以"櫌"爲"鉏柄"亦自有説。蓋"鉏"即杷，"櫌"即耒。杷廣五寸，以鐵爲之，耒頭入鐵之處，亦削約其中以安杷也，故漢時即謂之"櫌"，如《儀禮》"纋中"之"纋"，而改"木"旁也。

在這則考據中，吳麥雲所説的"一字而兼數義"就是詞義引申，其中包括相似引申、相關引申。這些意義的差異，正是同源詞在詞義方面表現出來的不同。"婁"有中空義，空則明，故"廔"爲麗廔義，空明之象，"離婁"也是明目者之名。中空爲削約所致，故又有"削約"義，如《儀禮》之"牢""緱""樓"，又如"鏤"。又，中空則可以安放他物，故爲"櫌"，此即《説文》"摩田器"之"櫌"，中空可以置種，下種後即摩平之。而鋤頭有孔，以安其柄，柄亦謂之"櫌"，即《史記》《漢書》所謂之"鉏櫌"。這其中涉及到理性引申和狀所引申。

　　吳夌雲的因聲求義，在正名物、考訓詁、糾正經典訛誤方面，多有所得，但也難免主觀臆斷之處，這是音義系統和形義系統的客觀矛盾導致的，需要謹慎對待。此外，吳夌雲在因聲求義的具體操作中，常常有將義符與聲符混同的現象，而且時時透露出某音必有某義的執拗，這些都影響了他結論的可信度，這是閱讀《吳氏遺著》時應該特別注意的。吳夌雲是清乾、嘉之際的重要學者，時論以爲其學問深造，"可與臧玉林、王伯申、段若膺諸賢相頡頏"①。吳夌雲的著述成於段玉裁《説文解字注》、王引之《經義述聞》之前，但刻書在後，長期以來其名湮没不彰，其學術成果只見零星引用，因此特將《吳氏遺著》整理出版，以供學界研究。

　　本次整理，以道光二十五年陳其榦五百卷閣本爲底本、光緒十七年廣雅書局本爲校本，繁體橫排，以新式標點句讀。作者自注及陳其榦、王宗涑、吳鍾茂等人按語以小號字加括號別出。吳氏引文多未檢原書，其文字除明顯失誤影響文意者，均不出校。

---

① （清）王宗涑：《〈吳氏遺著〉坿録》，道光二十五年陳其榦五百卷閣本。

目　録

總　敘 …………………………………………（1）

《經説》序 ……………………………………（1）
卷一　經説上 …………………………………（3）
《易》 …………………………………………（3）
　　貞 ………………………………………………（3）
　　毒 ………………………………………………（3）
　　懿 ………………………………………………（4）
　　茹、彙 …………………………………………（4）
　　朶頤 ……………………………………………（4）
　　士夫 ……………………………………………（5）
　　十朋 ……………………………………………（5）
　　己日 ……………………………………………（5）
　　乩 ………………………………………………（6）
　　艮 ………………………………………………（6）
　　賁 ………………………………………………（6）
　　不育 ……………………………………………（7）
　　豐 ………………………………………………（7）
　　閲 ………………………………………………（7）
　　繋 ………………………………………………（7）

2　吳氏遺著

辭 …………………………………………………………（8）

耛 …………………………………………………………（8）

象、象、材 ………………………………………………（8）

存身 ………………………………………………………（9）

反生 ………………………………………………………（9）

蒙 …………………………………………………………（9）

需 …………………………………………………………（9）

《書》………………………………………………………（10）

驩兜 ………………………………………………………（10）

蠢 …………………………………………………………（10）

浚明 ………………………………………………………（10）

粉米 ………………………………………………………（10）

頟頟 ………………………………………………………（11）

亂于河 ……………………………………………………（11）

岍 …………………………………………………………（12）

勵 …………………………………………………………（12）

五子之歌 …………………………………………………（12）

由櫱 ………………………………………………………（12）

沖人 ………………………………………………………（13）

營求 ………………………………………………………（13）

昵 …………………………………………………………（13）

刻子 ………………………………………………………（13）

邦諸侯 ……………………………………………………（13）

啓籥 ………………………………………………………（14）

猷大誥 ……………………………………………………（14）

民罍 ………………………………………………………（14）

抑畏 ………………………………………………………（15）

詰 …………………………………………………………（15）

墊	(15)
三咤	(16)
兩造	(16)
胥占	(17)
番番	(17)
斷斷	(17)
休休	(18)
《詩》	(18)
窈窕	(18)
芼之	(18)
是濩	(19)
定	(19)
方	(19)
喓喓	(19)
苃	(19)
塞淵	(20)
洵兮	(20)
睍睆	(20)
閱	(21)
雱	(21)
愛	(21)
展	(21)
將子	(22)
帷裳	(23)
瑳	(23)
支	(23)
韠	(23)
杲杲	(24)

瓊 …………………………………………………………… (25)
瞑 …………………………………………………………… (25)
英粲 ………………………………………………………… (25)
摻 …………………………………………………………… (26)
扶蘇 ………………………………………………………… (26)
狂且 ………………………………………………………… (27)
揚、清 ……………………………………………………… (27)
糾糾 ………………………………………………………… (27)
英 …………………………………………………………… (27)
騏 …………………………………………………………… (27)
租 …………………………………………………………… (28)
飫 …………………………………………………………… (28)
憚憚、痯痯 ………………………………………………… (29)
罶 …………………………………………………………… (29)
魴鱧、鰥鯉 ………………………………………………… (30)
淵淵、閴閴 ………………………………………………… (30)
虞虞 ………………………………………………………… (31)
遂 …………………………………………………………… (31)
睪 …………………………………………………………… (32)
氐 …………………………………………………………… (33)
馮河 ………………………………………………………… (33)
佗 …………………………………………………………… (34)
茬染 ………………………………………………………… (34)
有捄棘匕、有捄天畢 ……………………………………… (34)
舫 …………………………………………………………… (35)
齊、稷、匡、勑 …………………………………………… (35)
芸 …………………………………………………………… (35)
不那 ………………………………………………………… (35)

恂恂	(36)
依	(36)
童羖	(36)
鼃	(36)
麗	(37)
身	(37)
倪	(37)
捄	(37)
斯	(38)
曚瞍	(38)
中藝	(38)
僕	(38)
廬旅	(39)
徹	(39)
厲、鍛	(39)
過潤	(40)
堅	(40)
牖民	(40)
頻	(41)
梗	(41)
牲牲	(41)
彭彭	(42)
濯征	(42)
五行之穀	(42)
應田	(43)
佛時	(43)
有噲	(44)
振古	(44)

6　吴氏遗著

　　糾 ………………………………………………… (44)
　　趙 ………………………………………………… (45)
　　櫛 ………………………………………………… (45)
　　敦商 ……………………………………………… (45)
　　咸 ………………………………………………… (46)
　　詹 ………………………………………………… (46)
　　九圍 ……………………………………………… (47)
　　綴旒 ……………………………………………… (47)
　　龍 ………………………………………………… (47)

卷二　經説中 ………………………………………… (49)
　《周禮》 …………………………………………… (49)
　　閽 ………………………………………………… (49)
　　憲 ………………………………………………… (49)
　　膏 ………………………………………………… (49)
　　臊、腥 …………………………………………… (50)
　　互物 ……………………………………………… (50)
　　廞衰 ……………………………………………… (50)
　　臝物 ……………………………………………… (51)
　　牲牷 ……………………………………………… (51)
　　憲罰、徇罰 ……………………………………… (52)
　　審、搏、縛 ……………………………………… (52)
　　罼 ………………………………………………… (53)
　　愷樂 ……………………………………………… (53)
　　禭、物 …………………………………………… (53)
　　師都 ……………………………………………… (54)
　　三鼓 ……………………………………………… (54)
　　蜡 ………………………………………………… (54)

奴 ……………………………………………………（55）

川游 …………………………………………………（55）

于 ……………………………………………………（55）

甬 ……………………………………………………（55）

甗、盆、甑 …………………………………………（56）

椑 ……………………………………………………（56）

毂 ……………………………………………………（56）

晉 ……………………………………………………（56）

灸 ……………………………………………………（57）

甿 ……………………………………………………（57）

斥蠭 …………………………………………………（58）

《儀禮》 ………………………………………………（58）

　缺項 …………………………………………………（58）

　匴 ……………………………………………………（58）

　阼階 …………………………………………………（59）

　離肺 …………………………………………………（59）

　繶 ……………………………………………………（60）

　啓會 …………………………………………………（60）

　挎越 …………………………………………………（60）

　狗 ……………………………………………………（60）

　豫 ……………………………………………………（61）

　后 ……………………………………………………（61）

　五臟 …………………………………………………（62）

　仞、尋 ………………………………………………（62）

　韋當 …………………………………………………（62）

　肆夏 …………………………………………………（63）

　篔 ……………………………………………………（63）

　拭圭 …………………………………………………（63）

駕 …………………………………………………………… (64)

卓上 ………………………………………………………… (64)

六升 ………………………………………………………… (64)

緝 …………………………………………………………… (65)

薦蒯 ………………………………………………………… (65)

縹中、牢中 ………………………………………………… (66)

僸 …………………………………………………………… (66)

無有近悔 …………………………………………………… (67)

啓期 ………………………………………………………… (67)

納車 ………………………………………………………… (67)

軒輖 ………………………………………………………… (68)

腊上 ………………………………………………………… (68)

沐浴 ………………………………………………………… (69)

卒哭 ………………………………………………………… (69)

東房 ………………………………………………………… (69)

《春秋左氏傳》 …………………………………………… (70)

八音 ………………………………………………………… (70)

率 …………………………………………………………… (70)

鞏厲 ………………………………………………………… (70)

駗 …………………………………………………………… (71)

楠木 ………………………………………………………… (71)

溠 …………………………………………………………… (71)

齊 …………………………………………………………… (72)

皋比 ………………………………………………………… (72)

悖 …………………………………………………………… (72)

炎 …………………………………………………………… (72)

扉 …………………………………………………………… (73)

輔車 ………………………………………………………… (73)

目　錄

競病	(73)
葵丘	(73)
溢	(73)
孔云	(74)
鼓儳	(74)
駢脅	(74)
掖	(75)
鹽	(75)
昌歜	(75)
馬矢	(76)
於菟	(76)
守陴者	(76)
轅	(77)
廣隊	(77)
脱扃	(77)
拔斾	(78)
軍	(78)
麥麴、山鞠窮	(78)
辟	(78)
蜃炭	(79)
蟲牢	(79)
州蒲	(79)
公子茂	(80)
麋角	(80)
鳩兹	(80)
司武	(80)
僖閔	(80)
務婁	(81)

庾公差 …………………………………………………… (81)
胙 ……………………………………………………… (81)
隱 ……………………………………………………… (81)
啓 ……………………………………………………… (82)
藥石 …………………………………………………… (82)
然明 …………………………………………………… (82)
瘵 ……………………………………………………… (82)
璽書 …………………………………………………… (83)
象箭 …………………………………………………… (83)
復陶 …………………………………………………… (83)
公子裯 ………………………………………………… (84)
完堨 …………………………………………………… (84)
縈 ……………………………………………………… (84)
泹寒 …………………………………………………… (85)
送女 …………………………………………………… (85)
聳 ……………………………………………………… (85)
經略 …………………………………………………… (86)
陽 ……………………………………………………… (86)
送子 …………………………………………………… (86)
肄 ……………………………………………………… (86)
銳 ……………………………………………………… (87)
采叔 …………………………………………………… (87)
司事 …………………………………………………… (87)
徵 ……………………………………………………… (88)
東門 …………………………………………………… (88)
屛攝 …………………………………………………… (88)
嫠婦 …………………………………………………… (88)
乘驅 …………………………………………………… (89)

萑苻 ·· (89)
　　耆 ·· (89)
　　陪敦 ·· (89)
　　直蓋 ·· (90)
　　董安于 ·· (90)
　　栽 ·· (90)
　　三罪 ·· (91)

卷三　經説下 ·· (92)
《春秋公羊傳》 ··· (92)
　　襪 ·· (92)
　　桓賊 ·· (92)
　　鹿門、争門 ·· (92)
　　土 ·· (93)
　　嵌巖 ·· (93)
　　騂犅 ·· (93)
　　侵柳 ·· (94)
　　畚 ·· (94)
　　暴桑 ·· (94)
　　柑馬 ·· (95)
　　棓 ·· (95)
　　薪采 ·· (96)
《春秋穀梁傳》 ··· (96)
　　所俠也 ·· (96)
　　厶 ·· (96)
　　謹言 ·· (97)
　　昔 ·· (97)
　　沙鹿 ·· (98)

《禮記》

- 辟呬 ……………………………………………………（98）
- 繕 ………………………………………………………（98）
- 展軨 ……………………………………………………（98）
- 歲、年 …………………………………………………（99）
- 卻地 ……………………………………………………（99）
- 檀弓 ……………………………………………………（99）
- 頒 ……………………………………………………（100）
- 從從 …………………………………………………（100）
- 卜人 …………………………………………………（100）
- 桃茢 …………………………………………………（101）
- 韣弓 …………………………………………………（101）
- 畫宮 …………………………………………………（101）
- 辟雍、頖宮 …………………………………………（101）
- 仂 ……………………………………………………（101）
- 廛 ……………………………………………………（102）
- 囹圄、桎梏 …………………………………………（102）
- 畢翳 …………………………………………………（103）
- 蕤賓 …………………………………………………（103）
- 臺榭 …………………………………………………（104）
- 占兆 …………………………………………………（104）
- 鍵閉 …………………………………………………（105）
- 來年 …………………………………………………（105）
- 麋角解 ………………………………………………（105）
- 亨 ……………………………………………………（106）
- 酪 ……………………………………………………（106）
- 羔豚、大牢 …………………………………………（106）
- 惡池 …………………………………………………（106）

雕幾	(106)
稰穛	(107)
漱澣	(107)
醞濫	(107)
芝栭	(108)
燒	(108)
柤棃	(108)
胗	(109)
欬	(109)
唯、俞	(109)
邍延	(109)
褶	(110)
連	(110)
采齊	(110)
惕惕	(110)
德	(110)
喪容	(111)
戎容	(111)
鸞車、鉤車	(111)
泰	(112)
梡	(112)
穎	(112)
膴	(113)
臂臑	(113)
佔畢	(113)
節目	(113)
緣	(114)
煦嫗、嘔萌	(114)

觡	（114）
賨	（114）
目瞿、心瞿	（115）
關、輠	（115）
嬰兒	（115）
設階	（116）
危	（116）
啼、哭	（116）
濡濯	（116）
綠中	（117）
肅然	（117）
怍	（117）
鬼	（118）
煮蒿	（118）
餕	（118）
尸謖	（119）
顧	（119）
豆、校、鐙	（119）
道苦	（119）
愾	（120）
坊	（120）
天	（121）
論語	（121）
愷愷	（121）
政息	（121）
昭昭	（122）
振	（122）
卷	（122）

拚 …………………………………………………（123）

　口費 ………………………………………………（123）

　敝 …………………………………………………（123）

　媚疾 ………………………………………………（123）

　燕、射、安、譽 …………………………………（124）

　擔主 ………………………………………………（124）

《論語》 ………………………………………………（124）

　則殆 ………………………………………………（124）

　軏 …………………………………………………（125）

　節、梲 ……………………………………………（125）

　顔尅 ………………………………………………（125）

　沽 …………………………………………………（125）

　衒賣 ………………………………………………（126）

　貉 …………………………………………………（126）

　喭、畔喭 …………………………………………（126）

　鏗爾 ………………………………………………（127）

　裯 …………………………………………………（127）

　羿 …………………………………………………（127）

　莕 …………………………………………………（127）

　九合 ………………………………………………（128）

　溝瀆 ………………………………………………（128）

　弗擾 ………………………………………………（129）

　佛肸 ………………………………………………（129）

　涅 …………………………………………………（130）

　荷蓧 ………………………………………………（130）

　芸 …………………………………………………（130）

　廢中權 ……………………………………………（131）

　季隨季騧 …………………………………………（131）

百官 …………………………………………………… (131)
《爾雅》 ………………………………………………… (131)
　　胎 ……………………………………………………… (131)
　　率 ……………………………………………………… (132)
　　辜 ……………………………………………………… (132)
　　台、朕、陽 …………………………………………… (132)
　　勴 ……………………………………………………… (133)
　　禕 ……………………………………………………… (133)
　　洋觀 …………………………………………………… (133)
　　瘏 ……………………………………………………… (133)
　　愉 ……………………………………………………… (134)
　　吡劉 …………………………………………………… (134)
　　茀離 …………………………………………………… (134)
　　契 ……………………………………………………… (134)
　　烈 ……………………………………………………… (135)
　　猷 ……………………………………………………… (135)
　　荒 ……………………………………………………… (135)
　　畛 ……………………………………………………… (136)
　　疑 ……………………………………………………… (136)
　　啜 ……………………………………………………… (136)
　　邕 ……………………………………………………… (137)
　　啓 ……………………………………………………… (137)

《小學說》敘 …………………………………………… (138)
卷四　小學說 …………………………………………… (139)
　　筍、筠、縝 …………………………………………… (139)
　　櫌 ……………………………………………………… (140)
　　辰 ……………………………………………………… (141)

畏 …………………………………………………………（141）

乍、昔 ……………………………………………………（142）

夊 …………………………………………………………（144）

䜌 …………………………………………………………（145）

憨 …………………………………………………………（145）

卜 …………………………………………………………（146）

包、孚 ……………………………………………………（147）

歸、家 ……………………………………………………（149）

轅 …………………………………………………………（150）

官 …………………………………………………………（152）

印、偶 ……………………………………………………（152）

艮 …………………………………………………………（153）

帤、帑、絮、絮、裂、褧 ………………………………（154）

庀 …………………………………………………………（154）

靖嶸即亲榮 ………………………………………………（155）

皋陶庭堅 …………………………………………………（156）

"頛"非古文 ………………………………………………（156）

《説文》引孔子語 ………………………………………（157）

弔、夷、弗 ………………………………………………（157）

突、罩 ……………………………………………………（158）

規、軌、巂 ………………………………………………（159）

冂、頃 ……………………………………………………（160）

濫泉、沃泉、氿泉 ………………………………………（161）

梁、諒、涼、亮 …………………………………………（162）

鼀 …………………………………………………………（163）

吝、遴、麐、麟、櫺、欞、旳、駒 ……………………（163）

卓犖 ………………………………………………………（164）

置、郵、驛、馹 …………………………………………（165）

《説文》無"弁" ……………………………………………（168）
　　鳲鳩知來 ……………………………………………………（169）
　　举、屰 ………………………………………………………（170）
　　《説文·辵部》有兩"迹"字 ………………………………（170）
　　穀有貴賤 ……………………………………………………（171）

《廣韻説》敘 ………………………………………………（173）
卷五　《廣韻》説 …………………………………………（174）
　上平聲 …………………………………………………………（174）
　　一東 …………………………………………………………（174）
　　五支 …………………………………………………………（175）
　　八微 …………………………………………………………（175）
　　九魚 …………………………………………………………（175）
　　十虞 …………………………………………………………（175）
　　十一模 ………………………………………………………（176）
　　十二齊 ………………………………………………………（176）
　　十三佳 ………………………………………………………（176）
　　十四皆 ………………………………………………………（177）
　　十五灰 ………………………………………………………（177）
　　十六咍 ………………………………………………………（178）
　　十七真 ………………………………………………………（178）
　　二十文 ………………………………………………………（179）
　　二十二元 ……………………………………………………（179）
　　二十三魂 ……………………………………………………（179）
　　二十五寒 ……………………………………………………（180）
　　二十六桓 ……………………………………………………（180）
　　二十七删 ……………………………………………………（181）
　　二十八仙 ……………………………………………………（182）

下平聲 ·· (182)

 一先 ·· (182)

 二仙 ·· (183)

 三蕭 ·· (184)

 六豪 ·· (184)

 七歌 ·· (185)

 八戈 ·· (185)

 九麻 ·· (185)

 十陽 ·· (185)

 十二庚 ·· (186)

 十四清 ·· (187)

 十七登 ·· (187)

 十八尤 ·· (188)

 十九侯 ·· (188)

 二十一侵 ·· (189)

 二十六咸 ·· (189)

 二十七銜 ·· (189)

上聲 ··· (190)

 一董 ·· (190)

 二腫 ·· (190)

 三講 ·· (191)

 四紙 ·· (191)

 五旨 ·· (192)

 六止 ·· (192)

 七尾 ·· (193)

 八語 ·· (193)

 九麌 ·· (194)

 十一薺 ·· (195)

十二蟹 …………………………………………（195）

十三駭 …………………………………………（195）

十四賄 …………………………………………（196）

十五海 …………………………………………（196）

二十六產 ………………………………………（196）

二十七銑 ………………………………………（197）

二十八獮 ………………………………………（197）

三十六養 ………………………………………（197）

三十八梗 ………………………………………（198）

四十四有 ………………………………………（198）

四十八感 ………………………………………（198）

四十九敢 ………………………………………（199）

去聲 ……………………………………………（199）

二宋 ……………………………………………（199）

六至 ……………………………………………（199）

十遇 ……………………………………………（200）

十一暮 …………………………………………（201）

十二霽 …………………………………………（201）

十三祭 …………………………………………（201）

十四泰 …………………………………………（202）

十六怪 …………………………………………（203）

十八隊 …………………………………………（203）

十九代 …………………………………………（203）

二十廢 …………………………………………（204）

二十一震 ………………………………………（204）

二十二稕 ………………………………………（204）

二十四焮 ………………………………………（205）

二十五願 ………………………………………（205）

目　録

二十九換 …………………………………………（205）

三十二霰 …………………………………………（206）

三十四嘯 …………………………………………（207）

三十五笑 …………………………………………（207）

三十七号 …………………………………………（207）

三十九過 …………………………………………（209）

四十禡 ……………………………………………（209）

四十三映 …………………………………………（210）

四十七證 …………………………………………（210）

四十八嶝 …………………………………………（210）

四十九宥 …………………………………………（211）

五十候 ……………………………………………（211）

五十二沁 …………………………………………（211）

五十七釅 …………………………………………（212）

入聲 ……………………………………………（212）

一屋 ………………………………………………（212）

二沃 ………………………………………………（214）

三燭 ………………………………………………（215）

四覺 ………………………………………………（215）

五質 ………………………………………………（216）

六術 ………………………………………………（217）

八物 ………………………………………………（217）

九迄 ………………………………………………（218）

十月 ………………………………………………（218）

十一没 ……………………………………………（218）

十二曷 ……………………………………………（219）

十三末 ……………………………………………（219）

十四黠 ……………………………………………（219）

十五鎋 ……………………………………………… (219)
十六屑 ……………………………………………… (220)
十七薛 ……………………………………………… (220)
十八藥 ……………………………………………… (221)
十九鐸 ……………………………………………… (222)
二十陌 ……………………………………………… (222)
二十一麥 …………………………………………… (224)
二十二昔 …………………………………………… (224)
二十六緝 …………………………………………… (224)
三十二狎 …………………………………………… (224)

跋 後 ……………………………………………… (226)

坿 録 ……………………………………………… (229)

吴孛雲傳記資料 ………………………………… (233)

總　　敘

　　昔內兄嘉定黃潛夫嘗謂余云："經學、小學相表裏，而《玉篇》《廣韻》爲《說文》之支流，墨守一家之說，不求諸《玉篇》《廣韻》，而欲窮文字形聲、訓詁、正俗之遞變與夫經傳之奧賾，譬猶治水者之未習其流而昧昧焉尋其原，亦終于斷港絕潢而已。"潛夫向藏鄉先輩吳客槎先生《注疏抄撮》，余每過潛夫齋，披覽窮日夜。潛夫喜余之篤好不倦也，舉以相贈，且爲公諸海內之約。已而余又得先生《廣韻抄撮》，參觀互證，益服先生持論之精確，有與許、鄭諸家相剝難者。推本造文之始、闡發前人未宣之祕，無不典覈明析，如謂"身"當訓象人有身、"后"當訓尾下竅、"甘"即古"柑"字、"卜"即古"報"字、"弗"即古"綳"字、"來"即古"齎"字，"夷""弔"並象纏束形之類，許、鄭復生，當許爲諍友。時宗人恬生館余家，博綜小學家，言尊甫蓮夫先生，向于同里同學中，獨引吳先生爲同志，以故恬生知先生學尤悉。先生用功于許氏《說文》至深且久，有讐較艸稿本藏某氏。蓮夫先生嘗摘錄其純粹者若干，余即叚錄其副，與《抄撮》並庋之篋笥。今歲整理圖籍，偶見斯編。念潛夫長逝，墓艸久青，憨負當年諄復之意。又從先生同邑吳君小漁、王君叔侯叚得刪節本互相讐勘。自春徂夏，廢日十旬，并省其重複冗襍纖仄者什二三，釐爲《經說》三卷、《小學》《廣韻》說各一卷，名之曰"吳氏遺箸"，授之梓人。此雖未盡先生之蘊蓄，然而經學、小學原流畢貫，已可于是書觀其梗概矣。吳、王二君，于先生說多所是正，閒采精覈者坿于下，猶有未盡，以鄙意參焉。《小學》《廣韻》兩說序，仍叔侯之舊，《經説》則屬王君實夫序其端，異日倘訪得先生全稿，當爲續刊于後，余志亦潛夫志也。至先生行己立身，別具恬生所譔《跋後》，兹不復贅云。

　　道光二十五年六月既望，海鹽後學陳其榦迻書于五百卷閣。

《經說》序

昔漢世儒者多引方俗語以解經，《周禮》鄭司農、杜子春注"藪"讀爲"蜂藪"之"藪"、"翟"讀爲"翅翼"之"翅"、"爌"讀爲"細目爌"之"爌"、"捎"讀爲"桑螵蛸"之"蛸"、"轇"讀爲"華藻"之"藻"、"輭"讀爲"枲垸"之"枲"、"綆"讀爲"關東言餅"之"餅"，實肇其端。厥後叔重敘《說文》、康成注三《禮》，率依此例，徵引尤夥，未易一一數。吳明經客槎先生，師承漢學者也，先生晚年嘗設館錢少詹事勗守齋，得發所藏書讀之，聞見益廓，窮究益精。遂取十三經注疏《釋文》，最錄其文字、聲音、訓詁之互異者，而剖析其義類，折衷許書，實事求是，不苟依埒前賢，亦不妄與前賢剥難，惜未卒業而下世。然論列已逮《爾雅·釋言》，僅闕《孟子》，則先生之學於斯固足窺見厓涘矣。頃者，吾友武原陳偉長，甄錄先生遺稿，釐爲《經說》三卷，而屬序於映江，映江久知先生學問，心儀其人，恨不及見。今讀斯編，如引"濩網"證《葛覃》"是濩"，以食哺小兒曰"飫"證《常棣》"飲酒之飫"，"背當"證《儀禮·鄉射記》"韋當"，"渫以酒酢謂之亨"證《禮運》"以亨以炙"之類，皆世俗恒言，而簡質精卓、辭達理舉，許君所謂"直達神怡"者歟！夫諸經記載，半屬名物、象數及日用行習之事，則亦古之俗語方言而已。今雖去古益遥，而食味別聲被色，一切所以養生者，未嘗稍異古人。則夫謠諺之本人情、該物理，言雖淺近，其可與經傳相發明，固猶之漢也。先生見見聞聞，悉供說經左證，是真能洞徹鄭、許諸儒家法，而益以深造自得者也。偉長會萃近賢饌箸，別貯一樓，署曰"五百卷閣"，將有叢書之刻，而獨以此爲嚆矢，可想見其扶翼漢學之至意，固當與先生並垂不朽矣。

　　道光二十五年歲在乙巳孟秋初吉，同里後學王映江書于古藤書舍。

卷一　經説上

《易》

貞

《乾·文言》："貞固足以榦事。"注引《詩》"維周之楨"，"楨，榦也"。

案：《説文》："楨，剛木也。"與《説卦》"乾剛"義合。炎雲謂："元"以成德言，"亨"以遇時言，"利"以使才言，"貞"以稟質言。"貞"與"健"皆謂其體質堅剛也。筮以内卦爲"貞"，亦因内卦爲外卦之質榦而名，正合"榦事"之義。字從"卜""貝"，貝，物之堅剛者。"質榦"之"質"，"資本"之"資"，皆從"貝"，以此"貞""質"聲轉。"貞"又可通"甚"，《説文》引《周禮》"甲革甚質"，彼"甚"乃射侯之榦也。"梓人爲侯，上兩个。"注："'个'讀若'齊人擠幹'。""幹"，俗"榦"字。因知"甚"即"貞"之叚借。

毒

《師·彖》："以此毒天下，而民從之。"注："毒，役也。"

案："毒"當讀爲"道"，引也。（其榦案：當讀爲"董之用威"之"董"，正也。）

懿

《小畜·象》："君子以懿文德。"正義："懿，美也。"

案："懿"从"壹壹"之"壹"，有含畜義，蓋美之在中者也。《大畜·象》言"多識"，可互參。

茹、彙

《泰》初九："拔茅茹，以其彙，征。"注："茹，相牽引之貌也。"

案：《説文》無"茹"，當作"挐"。《手部》："挐，持也。""挐，牽引也。"並"女加切"。《廣韻》九麻："挐，牽也。""挐，絲絮相牽。"九魚："挐，牽引。"夌雲謂："挐"从"如"，"如"訓"從隨"，有牽引義。《説文》"挐""挐"二篆當互易。《廣韻》："挐，牽也。"當是"持也"之譌。"彙"，《釋文》："傅氏注云：'彙，古偉字，美也。古文作蓍。'董作'貪'，出也。鄭云：'勤也。'"案：《説文》無"蓍"，以鄭訓"勤"推之，"彙"古文當作"謂"。《釋詁》："謂，勤也。"《釋木》："謂檴，采薪。"舍人本"謂"作"彙"，是"彙""謂"本通也。（王宗涑案："彙"重文作"蝟"。《説文》："蔮，糞也。从'艸'，'胃'省。"此蓋糞田積葰，叢襍如蝟者。"蓍"即"蔮"从"胃"不省耳。"茅彙""謂檴"，皆言其叢襍也。"蓍"，正字。"彙""謂"並叚借。"彙"亦从"胃"省。）

朵頤

《頤》初九："觀我朵頤。"鄭王注及孔疏、《釋文》並訓"朵"爲"動"。

案：《説文》："朵，樹木尒朵朵也。"夌雲謂："朵"，从"木"从"几"。"几"音"殊"，鳥也。今人謂鳥集于木爲朵，音"多果反"，此古音也，亦"朵"之本義也。"朵頤"字本當作"尒頤"，作"朵"者，同聲通借也。《説文》："尒，艸木琴葉尒也。"大徐音"是爲切"。（《説文》音切並大徐增入，後不復識别）"埀""淮""唾"皆从"尒"得聲，知"朵"聲古與"朵"同。初九曰"朵頤",取下朵象,其訓"動"者,望文生義。京作"揣",亦同聲相借。本當作"稊","禾"旁譌爲"手"旁。《説文》:"稊,禾朵朵。讀若'端'。(丁果切)""揣"訓"量也,一曰捶之","梯"訓"箠也,一曰梯度",並"兜果切",從"手"、從"木",二字同義。"捶"即"箠","梯度"即"量",許君特交互言之,無動摇義。又《説文》:"媠,量也。(丁果切)"與"揣"同。"埵,堂塾也。(丁果切)"與"端"同。《爾雅》:"塊謂之坫。"注:"坫,端也。"

士夫

《大過》:"得其士夫。"

案:"士"有彊壯之義,故"壯"從"士"。定四年《公羊傳》曰:"士之甚。"正義:"得其彊壯士夫。"疑誤,當云"得其彊壯夫"。"士"亦通"事",《郊特牲》注:"事猶立也。"亦有彊壯之意。

十朋

《益》六五:"十朋之龜。"馬、鄭俱本《爾雅》爲説,王注因之。

案:凡物之種類相同者,古人皆謂之"朋"。"朋",古文"鳳"字,與"種"聲近。"十朋"猶云"十種","百朋"猶云"百種",甚言其多也。"種",亦通"重",《尚書·顧命》:"越玉五重。""五重"即"五種"也。

己日

《革》:"己日乃孚。"注不訓"己日"之義。

案:"己"讀若"改",與"开"讀若"開","豈"讀若"愷"同例。從"攴"爲"改",又與"學"爲"斆","启"爲"啓"同意。《儀禮·少牢禮》:"日用丁己。"注:"必用丁己者,取其令自變改也。"是鄭以"己"爲古"改"字矣。"己日"即"改日",改日猶

"革日"也，"革""改"雙聲。《女巫》注："如今三月上己。"夌雲謂：祓除用上巳，即此經"己日乃革之"之義。《周禮》釋文"己音祀"，舛甚。"上己""丁己"與此"己日"，皆是"戊己"之"己"，非"辰巳"之"巳"也。《說文》："改，更也。从'攴''己'。""攺，毅改，大剛卯，以逐鬼鬾也。从'攴'，'巳'聲。讀若'巳'。"二字音義亦各別。

鬯

《震》："不喪匕鬯。"正義據鄭義，"鬯"爲"秬黍之酒，其氣調暢，故謂之鬯"。

案：《說文》："葛，艸。枝枝相值，葉葉相當。从'艸'，'曷'聲。""藟，艸也。从'艸'，'畾'聲。《詩》曰：'莫莫葛藟。'一曰秬鬯也。"然"鬯""藟"聲不相近，疑"一曰秬鬯也"，本"葛"字之注，轉寫誤移於"藟"下。《玉部》："瑒，圭。尺二寸，有瓚，以祠宗廟者也。"夌雲謂：其艸曰"葛"，成酒曰"鬯"，灌鬯之圭瓚曰"瑒"，而釀之于器則爲"鬱"。"鬱"猶"醖"也。"鬱"，"醖"聲之轉。

艮

《艮》："艮其背。"注："目无患也。"

案：《說文》："艮，从'目'、从反'人'。"人反則惟見背腄，故疏云："施止于背，則目无患也。"不能行，故《象》曰："艮，止也。"俗謂"腄"爲"跟"。"跟"，俗"艮"字。初之"趾"二之"腓"，皆取象于腄，三之"限"與"腜"皆取象于背，獨五之"輔"在首。蓋人雖反，輔可見也。

夤

九三："列其夤。"注："夤，當中脊之肉也。"

案：《說文》："胂，夾脊肉也。""夤，敬惕也。"夌雲謂："胂"，古止作"申","丨"象脊,"臼"象脊肉。"胂",後人加肉旁。"寅""申"音義相近,《釋文》:"鄭作'腜'。"俗"胂"字也。"螾",借字。

不育

《漸》九三:"婦孕不育。"

案:育,生子也。孕則必育,此以非夫而孕,不得明言生,如不育也,故《象》曰:"失其道也。"

豐

"豐"。

案:《説文》:"豐,豆之豐滿者也。從'豆',象形。"《大射禮》:"有豐冪。"注:"'豐',字從'豆''曲'。"據此古有"曲"字,從"山","丰"聲,重"丰"者,山艸之盛也,《説文》失收。"豐",古文作"豑"。(王宗涑案:《邑部》"邞",古文作"𨛍",疑即"曲"之形譌。)

閴

上六:"閴其無人。"《釋文》:"閴,馬、鄭云:'無人貌。'《字林》云:'静也。'姚作'閱',孟作'窒'。"

案:"閴"當作"侐"。《説文》:"侐,静也。"引《詩》"閟宫有侐"。毛傳:"侐,清净也。"

繫

"繫",《釋文》:"繫,徐胡計反,本系也。又音'係',續也。字從'毄'下'系'。若直作'毄'下'糸'者,音'口奚反',非。"盧氏《攷證》云:"系、糸二字不同,《説文》各分部,'糸'讀若'覛',此則下從'系',今補。但書内皆作'繫'矣,然正體不可不知。"

案:《説文》:"系,繫也。從'糸','丿'聲。(胡計切)"或從

"彀""處"作"𣪠"，籀文作"𥸮"。《糸部》："繫，繫繡也。一曰惡絮。从'糸''彀'聲。（古詣切）"無"繫"字。炎雲謂：古止有从"糸""丿"聲之"系"，从"糸""彀"聲作"繫"，後起字也。俗又以系則有處所，更作"𣪠"。何晏《論語注》云："匏瓜得繫一處。"可爲"𣪠"字从"處"之證。若"繼續"之"繼"，古但有"𢇇"，"繼"下云："一曰反𢇇爲繼。"則知"繼"爲"𢇇"之孳乳矣。許誤分"系""繫"屬兩部，陸又杜譔出"繫"有从"糸"、从"系"之說，即《說文》"系，繫也"，"孫"下云"系，續也"，二義觀之，"系"兼"胡計""古詣"二音，而"繫"與"系"爲同字皆無可疑，且"係累"之"係"，亦必後人爲之，古即用"系"。

辭

"辭"，《釋文》："'辭'，本亦作'嗣'，依字應作'詞'，說也。《說文》云：'詞者，意內而言外也。''辭，不受也。受辛者宜辭之。辝，籀文辭字也。'"

案："詞"，古但用"司"，後人加"言"。"辝"，从"辛"，"台"聲，與"辭"字並爲"辭訟"字。辛，辠也。欲辯去其辠也，故轉義訓"不受"。"辝"，古字；"辭"，今字。"辭"，理辠之詞，故从"䇂""辛"。䇂，治也。"嗣"，籀文"辭"。

耟

《繫辭》："斲木爲耟。"京房云："耒下釘。"

案：《說文》無"釘"，當即"丁"字，謂其下銳處也。"斲木爲耟"與"剡木爲矢"同義，曰"斲"曰"剡"，皆謂削之使有鋒刃也。《說文》作"㭒"。

象、彖、材

《繫辭》："易者，象也。彖者，材也。"

案：古音"象"讀若"樣"，"象"讀若"兒"，"材"讀若"之"。"易""象"聲相近，"象""材"亦聲相近。（吳鍾茂案：《說文》："樣，栩實，从'木'，'羕'聲。"小徐曰："今俗書作橡。"可爲"象"讀若"樣"之左證。）

存身

《繫辭》："龍蛇之蟄，以存身也。"《釋文》："'存身'本亦作'全身'。"

案："荃"有"蓀"音，"荐"有"薦"音。"存""全"雙聲也。

反生

《說卦·震》："其於稼也，爲反生。"《釋文》："麻豆之屬反生，戴孚甲而出也。"

案：物有種子者，其萌从種中出，皆先入土而後向上。謂之"反生"者，"生"字之義，从下而上，此乃先从上而下也。"戴孚甲而出"者，萌芽入土後，其種子離地而起，至孚甲脫落，乃生莖葉也。（其榦案：稻麥之生，根與萌芽並出，萌芽向上，即爲莖葉，其孚甲亦不離土。惟麻豆之屬，其生皆如先生說。）

蒙

《序卦》："蒙者，蒙也。物之稺也。"

案："物之稺"，兼人物言，在艸木曰"蒙"、曰"萌"；在人曰"民"、曰"孟"，皆此經義也。《方言》："蒙，萌也。"

需

《序卦》："故受之以需。"

案：需，須也。物稺，故須長養。在艸木則養之以雨露，在人則養之以飲食，故曰："需者，飲食之道也。"

《書》

驩兜

《堯典》："驩兜。"《釋文》："《路史》作'驩頭',古文《尚書》作'鵃吺'。"

案:《左傳》"渾敦",杜云："即驩兜。"友雲謂:亦即《莊子》之"混沌",聲之轉耳。

蠢

《大禹謨》："蠢茲有苗。"傳："蠢,動也。"

案:"蠢"從"蚰","春"聲,當是"蠱"之別出字。"蠱"從"蚰","晉"聲。"春""晉"聲相近,又"蠱"與"蟬蜎"之"蟬"同聲。"蟬蜎"本作"巛〈",象蟲之紆行,是"蠢"亦即"巛"字。蟲,無知之物,行即動也,蓋言無知而妄動耳。故《釋訓》云："蠢,不遜也。"

浚明

《皋陶謨》："夙夜浚明。"

案:《史記》作"翊明","翊"即"昱"。《說文》："昱,明也。"是以"浚"爲"晙",新附"晙,明也"。傳云："浚,須也。"是以"浚"爲"竣"。馬云："浚,大也。"是以"浚"爲"峻"。友雲謂："浚明"猶"高明"也。

粉米

《益稷》："粉米。"盧召弓先生云："《釋文》曰:'《說文》作"黺絑",徐本作"絑"。'今《說文》無'絑'字,此當仍作'米'"。

友雲謂:此類字,許氏必並收之,如"黼黻",最後字也,古作

"父市"，又作"斧芾"，而許氏收之。"楚楚"，見《詩》，而許氏收"黼黼"。"萃聚"，見《易》，而許氏收"䕞"，云："會五采繒也。""粉米"亦是古文，或作"紛絑"，最後作"黼黴"，許氏亦必並收之。又案：《玉部》"璪"下引"璪火黺米"，藻，水艸，繡文如之，非玉類，從"玉"，非也。"火"但作"燬"，"烜"代之，不能別加偏旁。"黺，畫粉也。"此說謬。"粉米"猶云"細米"，是一物，繡于裳。《糸部》"絑"下云"繡文如聚細米"是也。雖不引經，許意必以此爲《尚書》"粉米"字。徐本作"絑"，與《說文》合。而"璪"下止作"黺米"。竊意《黹部》原有"黴"字，如《鼎部》"鼏""鼏"並收，後脫漏其一，遂改篆文之"鼏"作"鼏"，而説解仍用"鼏"字，至爲譌舛。今《黹部》疑亦脫漏"黴"字，因改"璪"下引經之"黺黴"爲"黺米"也，惜不得起盧氏而質之。

頟頟

《益稷》："罔晝夜頟頟。"

案："頟頟"即"兀兀"。韓文"常兀兀以窮年年"，謂搖抈不休息也。

亂于河

《禹貢》："梁州。入于渭，亂于河。"傳："正絕流曰亂。"

夌雲案：吾鄉俗語有曰"亂縱橫"，亦曰"亂橫"，蓋縱之中有橫者爲亂，"亂"字本義始此。《大雅》："涉渭爲亂。"又《孟子》："一人橫行於天下。"朱子亦曰："橫行，作亂也。"又《說文》："𤔲，治也。讀若'亂'。""亂，治也。""𢿢，亂也。古文作'𢿢'。"從"爪"，與"𤔲"同意，是"𤔲""亂""𢿢"三字同。故《廣韻》"孌"訓"絕水渡也"。孌之言闌也，故有橫渡之義。《説文》："孌，漏流也。"疑是"亂流"之音譌。

岍

《禹貢》："導岍及岐。"《正義》引《地理志》："吳岳在扶風汧縣西。古文以爲岍山。"

案：《説文》："汧，水。出扶風汧縣西北，入渭。"知"汧"是水名，當從"水"作"汧"，山與縣皆以水得名。"岍"，俗字也。

勦

《甘誓》："天用勦絶其命。"

案：《説文·刀部》："剿，絶也。《夏書》曰：'天用剿絶其命。'（子小切）"《水部》"潐"下云："讀若《夏書》'天用勦絶。'（子小切）"《力部》："勦，勞也。《春秋傳》曰：'安用勦民。'（又楚交切）"《刀部》無"剿"字。夌雲謂：經文"勦"，本作"剿"，若依馬作"剿"，則《説文》"剿"下當重"剿"，如《艸部》"藻"下重"薻"一例。許不收"剿"，當即以"勦"代"剿"。蓋從"刀"、從"力"本通，如"勳"與"勛"可證也。

五子之歌

《五子之歌》歌凡五章，其四、其五皆八句，其二、其三亦宜同爲六句。今三章獨五句，《左》哀六年《傳》引"多帥彼天常"句爲六句，蓋真古文。

由櫱

《盤庚》："若顛木之有由櫱。"

案："由櫱"猶言"牙櫱"。"由"是更生者，"櫱"是餘存者。由，從也，艸木皆從始生之牙而成。字作"由"，象牙從核出形。"由""牙"亦同聲。"櫱"，古文作"不"，象木無頭形，義與"卨"同。卨，列骨之殘也，讀若"櫱岸"之"櫱"。

沖人

《盤庚》："肆予沖人。"疏曰："沖、童聲相近,皆是幼小之名。"

焱雲案:古人讀"童"若"沖",經故借"沖"爲"童"。"衝"從"童",不從"重"可證。

營求

《説命序》："高宗夢得説,使百工營求諸野,得諸傅巖。"

案:《説文》:"夐,營求也。《商書》曰:'使百工夐求。'"知《説文》自引《書序》。

昵

《高宗肜日》:"典祀,無豐于昵。"

案:《説文》:"尼,從後近之。"《釋言》:"昵,尼也。"注:"尼者,近也。"引《尸子》:"悦尼而來遠。"又《説文》:"昵,日近也。"

劓子

《微子》:"我舊云劓子。"

案:"劓"從"亥"聲,疑即"害"之別出字,故疏以爲"劓者,傷害之義"。

邦諸侯

《分器序》:"武王既勝殷,邦諸侯。"

案:"邦"即"封"也。"封"籀文作"𡉩",從"丰"、從"土",與"邦"從"丰"從"邑"同意。且"封"亦有"邦"音,"緘",博蒙切,今俗讀若"邦",或讀若"榜"是也。《蔡仲之命》:"乃命諸王邦之蔡。"正與《序》"邦"字同。傳不釋"邦諸侯"句,疏以"立邦國"釋"邦"字,皆不識"邦""封"二字同音同義者也。(其榦案:封也，邦也，國也，皆謂分土之疆界。"邦諸侯"者，正諸侯之封域，即《左傳》所謂"使諸侯撫封"是也。疏以"立邦國"解"邦"字，未爲乖舛，《史記》作"封諸侯"。）

啓籥

《金縢》："啓籥見書。"

案："啓籥"者，啓其籥也。疏云："啓藏以籥。"則經文"啓籥"爲不詞矣，蓋承鄭、王二注之譌也。如鄭、王説，且不識籥爲何物。古者管、籥皆編竹爲之，管即笙也，中有簧。籥似笛，其首作三孔，中無簧。此樂器也。而所用以關閉之物，其首有孔，如籥，故亦謂之"籥"。其中有簧，如管，故又謂之"管"。籥，其牝者也。管，其牡者也，貫乎籥中，所以關閉物者也。《説文》曰："闌，門下牡也。"誤矣。啓籥用"筳"，《説文》曰："筳，簧屬。"即此物。今人謂"管籥"爲"瑣"，不知瑣即連條，謂之"瑣"者，其聲瑣瑣，若連諸小貝然也。又謂筳爲籥筳，不知籥、筳乃兩物，其字古但作"肖龠""是"，後作"瑣籥""筳"，俗又作"鎖鑰""鎚"，或叚借"匙"。（王宗涑案：《説文》："籥，書僮竹笘也。""啓籥"猶云"發策"，"見書"謂見占詞，以下文"納册于金縢之匱中"證之，"啓籥"之"籥"非管籥明甚。）

猷大誥

《大誥》："猷大誥爾多邦。"傳："順大道以誥衆國。"疏："猷，道也。故曰'順大道'，鄭、王本俱'猷'在'誥'下。"

案："猷"在"誥"下，以《酒誥》"明大命于妹邦"例之，"猷"爲助詞，當作"于"，聲近而譌。"猷"在"大"上，以《微子之命》"猷殷王元子"例之，"猷"爲發聲。俱不當訓"大道"也。《釋文》云："馬本作'大誥繇爾多邦'。"

民碞

《召誥》："用顧畏于民碞。"《釋文》："民碞，五咸反。徐又音吟，《漢書》作'喦'。"

案：《説文》："嵒，磛嵒也。从'石''品'。《周書》曰：'畏于民嵒。'讀與巖同。""嵒，山巖也。从'山''品'，讀若'吟'。"《品部》："嵒，多言也。从'品'相連。《春秋傳》曰：'次于嵒北。'讀與聶同。"斅雲謂："民嵒"當從《漢書》作"喦"，謂民之多言也。孔傳訓"嵒"爲"僭"，蔡傳訓"嵒"爲"險"，皆未合。

抑畏

《無逸》："克自抑畏。"

案："抑畏"當即"寅畏"。寅，陽气髕寅於下，欲申而不能，亦有抑制之義。

詰

《周官》："司寇詰姦慝。"

案："詰"猶"鞫"也。《説文》："鞫，窮理辠人也。从'䇂'、从'人'、从'言'，'竹'聲。"又曰："𥷚，窮也。"

塾

《顧命》："左塾右塾。"

案：《説文》無"塾"，錢少詹事以"㙔"字當之。斅雲謂：門側之堂謂之"塾"，自是古制，中官署當有之，天下鄉亭未必有也。王莽使長安中官署及天下鄉亭皆畫伯升像于塾，旦起射之。塾原指射旳而言，非謂門側之堂也。且古人之射，皆在堂上，射侯皆在庭中，取其明顯也。若畫伯升像于門側之堂，則所畫像必當向北，在堂南墉，射者將仍立南向之堂上射之耶？抑立庭中向暗處射之耶？其事必不然矣。《後漢書》借"塾"爲"㙔"耳。《説文》未收"塾"字，疑是漏落。章懷太子引《字林》云："塾，門側堂也。"《字林》雖在許書之後，諸經之有"塾"字，自在許前。豈《東觀漢記》《續漢書》尚存古字，而諸經盡改于許作《説文》以後耶？又《古今注》："'塾'之爲言'孰'

也。臣朝君，至墊門，更詳所對之事。"即"家有塾"之"塾"，亦有習埶義。又"準旳"字，從"水"，"隼"聲，亦用"淳"字，從"水"，"享"聲。其作"埻"者，當是"淳"之異文。從"土"、從"水"，其義一也。然土之平以水爲準，則從"水"爲長。《周禮》多借"淳"爲"埻"。

三咤

《顧命》"三咤"，《釋文》："咤，陟嫁反。亦作'宅'。又音'妒'，徐又音'託'，又豬夜反。《說文》作'𠷾'，丁故反，奠爵也。馬作'詫'，與《說文》音義同。"

據此知"咤"古只作"宅"。宅，安也。奠，亦安也。又"宅"與"度"通，故有"妒"音。且"澤"有"度"音，"斁"有"妒"音，音之相兼，信矣。特字不當從"口"、從"言"耳。

兩造

《呂荆》："兩造具備。"

案：《大司寇》："以兩造禁民訟。"鄭注："造，至也。"與孔傳同。《史記·周本紀》引此經，徐廣曰："造，一作遭。"攷《說文》："曹，獄之兩曹也，在庭東。從'棘'，治事者，從'曰'。"《漢書·成帝紀》注："尚書四人爲四曹，成帝置五人，有三公曹，主斷獄事。"《續漢書·百官志》云："世祖分六曹。"據此，周時止有兩曹也。"兩造"蓋即"兩曹"，謂治獄之官。古"曹"與"造"通，《爾雅》："天子造舟。"注云："比船爲橋。"《說文》："漕，水轉穀也。一曰人之所乘及船也。""及船"即"比船"。比，及也。"䓹，艸皃。"小徐云："艸相次也。""曹，艸也。"疑即"䓹"之異文。"遭，遇也。一曰儷行。""儷"即並行，亦有"相比次"意。故徐廣謂"兩造"之"造"，"一作遭"也。且《周禮》"以兩造禁民訟"與"以五刑糾萬民""以圜土聚教罷民"，句法正同，其不以"兩造"爲"訟"者明矣。孔、鄭訓

"造"爲"至",未盷。

胥占

《吕荆》:"明啓荆書胥占。"

案:"占"是視其兆而斷其吉凶,此則察其辭而審其當否。

番番

《秦誓》:"番番良士。"傳以"番番"爲"武勇",本《爾雅·釋訓》。《大雅》"申伯番番",傳亦訓"武勇"。

案:"番番良士"與"仡仡勇夫"爲對文,一是老而無力者,一是勇而多力者,且下文云"旅力既愆",則以"武勇"訓"番番",尤不合。江叔澐集注云:"'番'當爲'皤',髮白也。"此用《説文》義。炏雲謂:"番"爲分布之意,老人髮短,不能整束,故謂之"番番",亦曰"波波"。後人加"手"爲"播散"之"播",加"白"爲"皤老"之"皤",非本義也。《禹貢》"滎波",疏云:"鄭、王本皆作'滎播'。"又"播揚"亦作"簸揚",故謂"番"與"波"通也。范成大《吴船録》云:"蜀中稱尊者爲波,祖及外祖皆曰波。"愚謂:今人稱老婦爲"婆婆",即"番番"也。《説文》作"媻",從"般","般"聲近"潘","潘"即"波"也。"媻姍"即"婆娑",《説文》作"鼜姍",《史記·平原君傳》作"媻散","媻散"即"布散"也。

斷斷

《秦誓》:"斷斷猗。"

案:"斷斷"即"亶亶"。《説文》:"亶,亶小謹也。"又《女部》:"嫥,壹也。"即所謂"專一"。"斷"之古文,從古文"叀"作"𠤎",而《首部》"𩠐"或从"專"作"𩠐","叀""斷"音近,故此經借"斷"爲"亶"。

休休

《秦誓》："其心休休焉。"

案："休休"即"煦煦"。《玉藻》"揚休"注："讀與'揚煦'同。"《説文》："昫，日出温也。""煦"，其俗字。"旭，日旦出皃。從'日'，'九'聲。讀若'勖'。"夌雲謂：亦可讀若"休"。《爾雅》"旭旭"，郭引《詩》"驕人好好"。是"旭旭""好好""昫昫"，古並通。"其心休休"，言相臣以仁愛之心爲國修養萬民，猶日以温和之气爲天昫育萬物也。

《詩》

窈窕

《關雎》："窈窕淑女。"傳箋並以"幽閒貞專"訓"窈窕"。正義云："窈窕者，淑女所居之宫，形狀窈窕然。"蓋以字皆從"穴"，望文生義耳。

夌雲謂："窈窕"當與"嬈嫋"通。窈窕，婦容也。淑，婦德也。《説文》："嬈，一曰嫋也。""嫋，直好皃。"（其榦案：揚雄曰："善心曰窈，善容曰窕。"）

芼之

《關雎》："左右芼之。"傳箋並云："芼，擇也。"

案：上文既云"采之"，"采"實有擇義，則"芼"不合又訓"擇"，明矣。夌雲謂："芼"當讀如《内則》"雉兔皆有芼"之"芼"，鄭於《禮》注云："菜釀也。"正義謂："皆有菜以釀和之"。則"芼"之云者，蓋謂以荇菜爲和羹之芼也。《説文・艸部》"芼"雖引此經爲證，而訓"艸覆蔓"，是不以爲"左右芼之"之"芼"，而以爲"維葉莫莫"之"莫"耳。古音"毛"讀如"無"。（其榦案：《説文》引《詩》又一義,猶"婓"訓"婦人小物",而偁《詩》"屢舞娑娑",皆非爲字義引證,吳說是。)

是濩

《葛覃》:"是刈是濩。"

"蔓"有商度之意。凡煮物,候有生孰,味有酸鹹,當商度之,使適宜,字故從"蔓"、從"水"。"濩"正訓煮,若煮物之濩,以其可以濩物,故名"濩",後人改從"金"旁。夌雲又見鄉人結魚網必以樗皮煮汁漬之,名曰"濩網"。"樗"《說文》作"檴",知"濩"之得名"漬以檴皮汁"故也。疏引孫炎曰:"煮葛以爲絺綌,煮之於濩,故曰濩。"尚未旳。

定

《麟趾》:"麟之定。"傳:"定,題也。"

案:《爾雅》:"顁,題也。"注:"題,額也。《詩》曰:'麟之定。'"然《說文》無"顁"字,蓋借"定"爲"頂"耳。"頂,顛也。"重文作"顊"。

方

《鵲巢》:"維鳩方之。"傳:"方,有之也。"

案:"方"訓"有",未聞。竊以爲鳩之宿也,雌雄相並,如船之相併,故曰"方"。當云"方,比也",雌雄相比而居也。

喓喓

《草蟲》:"喓喓草蟲。"傳:"喓喓,聲也。"

案:"喓喓"即"呦呦"聲之小也。

茇

《甘棠》:"召伯所茇。"傳:"茇,艸舍也。"

案："犮"與"本"同意。《説文》："茇，艸根。"《禮》："燭不見跋。"鄭訓"跋"爲"本"。凡艸拔則根見，或止或行，皆當茇去艸莽，故止曰"茇"，行曰"跋"也。《説文》："废，舍。"乃因"茇，艸舍"之故，又從"广"作"废"也。

塞淵

"燕燕于飛，其心塞淵。"傳："塞，瘞。"

案：《説文》："塞，隔。（先代切）"以爲"邊塞"字。"寨，實也。"引《虞書》"剛而寨"。小徐引此經"寨淵"。愚謂"塞"從"土"，有填實義，塞斷爲隔，塞滿爲實，一也。"塞"，本字；"寨"，別出字。（其榦案：《説文·𡈼部》："寨，窒也。"從"心"爲"寨"，與從"土"爲"塞"自別。）又《土部》："瘞，幽薶也。"《心部》："瘱，静也。"愚又謂薶没於土中則幽，幽則静，二字義亦相通。"瘞"，本字；"瘱"，別出字。毛作"塞""瘞"，俱用本字。

洵兮

《擊鼓》："于嗟洵兮。"《韓詩》作"敻"，"敻"亦"遠"也，與傳"洵，遠"義同。

案："敻"同"詗"。《説文》："冂，象遠界也。"重文作"冋"。"迥，遠也。""詗"亦有遠義。《釋文》作"詢"，"詗"之譌也。今作"洵"，"泂"之譌也。"洞酌"之"洞"，又"迥"之譌也。陸元朗音"洵"爲"呼縣切"，《説文》"讂"火縣切，則"洵""敻"，音亦相近也。

睍睆

《凱風》："睍睆黄鳥。"

案：《説文》："睍，出目也。""睅，大目也。"重文作"睆"，大徐所增。爻雲謂：鳥之傳神在於目，有所憂患則爲"瞿瞿"，有所好樂則爲"睍睆"。"睆"與"睅"異義，大徐以"睆"重"睅"，誤矣。"睅"猶"悍"也，當爲怒目。"睆"當爲明目。以"睆彼牽牛"、《檀弓》"華而睆"例之可也。

閱

《谷風》："我躬不閱。"傳："閱，容也。"

苳雲案：南宮閱，字子容。（其幹案：《孟子》："事是君則爲容悅者也。""悅"，俗"說"字。"說""閱"亦通。）

雱

《北風》："雨雪其雱。"

案：《說文》"雱"，古文"旁"。雪飛散亂不直下，故言"雱"也。

愛

《靜女》："愛而不見。"

案："愛"當訓"隱也"，靜女爲城隅所隱，故不見。《烝民》："愛莫助之。"傳云："愛，隱也。"《說文》作"僾"，云："蔽不見也。"又作"僾"，云："仿佛也。"引此經。石經亦作"僾"。《爾雅·釋言》："薆，隱也。"知從"愛"諸字皆有隱義。

展

《君子偕老》："其之展也。"傳："《禮》有'展衣'者，以丹縠爲衣。"箋："后妃六服之次。展衣宜白。""展衣"字誤，《禮記》作"襢衣"，疏引孫毓說："褘衣赤，褕翟青，闕翟黑，鞠衣黃，展衣赤，褖衣黑。"

苳雲案：《說文》："翰，天雞赤羽也。《周書》：'文翰若翬雉。'"知翬雉是赤，"褘"同"翬"，故知"褘衣"宜赤。又《爾雅》："江淮而南，青質，五采皆備成章曰鷂。"《說文》作"搖"，"褕"同"搖"，故知褕翟宜青。"闕翟"之名不可知，雉有十四種，無名"闕"者，"闕"亦作"屈"，疑與"褕"同色，但搖之義爲長。此二翟爲王后、夫人之祭服，其色惟赤與青，其餘三服之色，當依康成説。《説文》雖亦以"展衣"爲"丹縠衣"，"丹"當是"單"之譌。古"單""亶""旦"並通，故"墠""壇""坦"皆取平易之意，"襌""禮""袒"字義當亦不遠。《爾雅》："禮裼，肉袒也。"《鄭風》毛傳從之，《孟子》亦作"袒裼"，是"禮"與"袒"同。今《詩》作"展衣"，《禮》作"禮衣"，是"禮"與"展"同。故《爾雅》"展""亶"同訓"信"，又同訓"誠"。《國語》"亶厥心"，《周頌》作"單"，《荀子·議兵篇》"路亶"，《新序》作"落單"，是"單"與"亶"同。(吳鍾茂案："單父"，《吕氏春秋》作"亶父"。)《説文》："癉，勞病也。""疸，黄病也。"《爾雅》："癉，病也。""癉，勞也。"注引《詩》"哀我癉人"。《板》亦云"下民卒癉"，"單""亶""旦"並通，即此可證。《丰》箋云："褧，襌也。"蓋以襌縠爲之，此毛傳、《説文》"丹縠"本"單縠"字之譌之確證也。又"丹"之名不止于"赤"，《荀子》有"青丹"，《山海經》有"白丹""黑丹"。丹出於井，故從"井"，丹又各自成粒，不相聯系，故曰"丹"。丹者，單也。《説文》"旃"，重文作"旜"，則"丹"與"亶"亦可通，且與"展"聲相近。"展"《説文》作"襄"，從"衣"，"㔾"聲。《廣韻》："展，舒也。"蓋申衣之謂也。《國策》："衣焦不申。"衣固有申展之時也。"展，轉也。從'尸'，'襄'省聲。"此又一字。《關雎》《澤陂》皆云"輾轉"，當作此"展"，後人多借爲"展衣"字。《説文》無"禮"，《肉部》："膻，肉膻也。"引《詩》："膻裼暴虎。"是"膻"即"禮"矣。《説文》："瑳，玉色鮮白也。"箋以爲"展衣宜白"，是也。又《説文》："縛，白鮮色。"疑許以此爲"展衣"之"展"。昭廿六年《左傳》"縛一如瑱"，則又以"縛"爲"展舒"字。

將子

《氓》："將子無怒。"箋："將，請也。"

案："將"亦作"牄"，"青"亦作"倉"，故知"將"即"請"也。祈望之意存諸心爲"願"，形諸言爲"請"，見於容皃爲"將"。"將"者，争先之謂，《孟子》曰："不敢請耳，固所願也。"

帷裳

《氓》："漸車帷裳。"箋："帷裳，童容也。"

案：《士昏禮》"有襜"，今作"袡"，注："袡，車裳帷。《周禮》謂之'容'。"《說文》："幝，蔽膝也。""襜，衣蔽前。"無"袡"字，是許君以"幝"爲"帷裳"之"帷"，以"襜"爲"袡"也。又《龜部》："厖，龜甲邊也。"義與《襍記》注"袡謂鼈甲邊緣是也"合。《士昏禮》："女次純衣纁袡。"注："'袡'亦'緣'也。"義與《襍記》注亦合。而字從"冄"，又與《說文》"厖"字義合。合諸說觀之，"襜""袡""袡"皆可通用，其制則垂一面者，所以蔽膝，《論語》"帷裳"是也。垂四周者，所以蔽車中之婦人，此經所云"帷裳"是也。而龜鼈之甲，其邊有緣，象車蓋之下垂者。

瑳

《竹竿》："巧笑之瑳。"

案：《說文》："瑳，玉色鮮白也。"此蓋謂齒之鮮白也。

支

"芄蘭之支。"

案："支"與下章"葉"爲對文，古文"枝"也。《說文》："支，去竹之枝也。""枝"，後人加"木"。

韘

《芄蘭》章"童子佩韘"，傳："玦也，能射則帶韘。"箋："韘之言沓，所以彄沓手指。"疏云："《車攻》傳曰：'決，鉤弦也。'《繕人》注云：'玦，挾矢時所以持弦飾也，著右手巨指。'引《士喪禮》'玦用正，王棘若檡棘，則天子用象骨爲之'，著右臂大指以鉤弦。拾，一名遂，以韋爲之，著於左臂，所以遂弦，與玦別。鄭以《禮》無以'韘'爲'玦'者，故易之爲'沓'。《大射》云：'朱極三。'注云：'以朱韋爲之，食指、將指、無名指，小指短，不用。'此是彄沓手指也。"

夋雲案：《說文》："韘，射決也。所以鉤弦，以象骨爲之（今本"爲之"誤作"韋系"），著右巨指。"引此經爲證。又"韝"亦訓"射臂決"，字皆从"韋"，許乃云"以象骨爲"，蓋因毛傳而誤也。《大射儀》："司射適次，袒決遂，執弓，挾乘矢，於弓外見鏃於枘，右巨指鉤弦。"注云："決猶闓也。以象骨爲之，著右巨指，所以鉤弦，而闓之。遂，射韝也。以朱韋爲之，著左臂，所以遂弦也。"又先云"袒決遂，執弓"，後云"釋弓，脫決拾"。拾，遂也。又"小射正奉決拾以笥，坐奠笥於物南，取決，興，贊設決，朱極三"，注云："極猶放也。所以韜指利放弦也。以朱韋爲之。"愚謂：上云"奉決拾"，下云"贊設決，朱極三"而不言"拾"，疑"極"即"拾"也。鄭謂"拾即遂，著左臂，所以遂弦"，恐未是。又《士喪禮》曰："決用正，王棘若檡棘，組繫纊極。"注云："決猶闓也。極猶放弦也。以沓指放弦，令不挈指也。"愚謂：此但言"決"與"極"，而不及"拾"，是拾也、遂也、韘也、韝也、極也，皆以韋爲之，一物而五名也。著右手中三指，"決"則以著右手大指，一物單名者也。又鄭"一云韜指，一云沓指。沓，韜也"。《說文》："掐，指縫掐也。一曰韜也。""輨，轂端沓也。"《繫傳》作"錎"，《金部》："錎，以金有所冒也。"並可互證，若"韜，劍衣也"，"弢，弓衣也"，亦取冒之義。

杲杲

《伯兮》："杲杲出日。"

案：《說文·木部》："杲，明也。""杳，冥也。"二字皆言日，當入《日部》。"東"爲拂于扶桑，"杲"爲登于扶桑，"杳"爲夕陽反照，此象形會意字也。諧聲則"旭"即"杲"也，"旭，日始出也，從'日'，'九'聲。""九"古讀若"高"。故《爾雅·釋訓》"旭旭""蹻蹻"並訓"憍"，郭讀爲"好"，引《巷伯》"驕人好好"爲證。今案："旭"與"杲"義同音近，讀爲"好"，則"杲"之輕音也。《說文》作"讀若'勖'"，後人改。（王宗涑案：《說文》非後人改，"勖"從"力"，"冒"聲，古音亦當讀若"好"。）

瓊

《木瓜》："報之以瓊琚。"傳："瓊，玉之美者。"

案：古文《尚書》序"敻求得之"，今作"營求"，"敻""營"古今字，則"瓊""瑩"亦宜爲古今字。《說文》："瓊，赤玉也。""瑩，玉色。一曰石之次玉者。"引逸《論語》曰："如玉之瑩。"愚謂"瑩"從"熒"省，"熒"爲火光，宜赤。"瑩"曰玉色，當赤色也。"瓊"從"敻"，無赤義，蓋"瑩"之別出字。

暵

《中谷有蓷》："暵其乾矣。"傳："暵，菸貌。"疏云："《說文》：'暵，燥也。《易》曰："燥萬物者，莫暵乎火。"'《說文》云：'菸，蔆也。'"

夋雲案：《說文》："暵，乾也。《易》曰：'燥萬物者，莫暵于離。'"《繫傳》："暵，乾也。'燥萬物者，莫暵乎火。'火，離也。"據此大徐本蓋有譌脫。疏"燥也"，乃"乾也"之譌。又《艸部》："菸，鬱也。一曰蔆也。"無"蔆"字，則亦"蔆"之譌耳。（其幹案：段本《說文》"于離"已改"乎火"，尚奪"火離也"三字。）

英粲

《羔裘》："三英粲兮。"

案：傳、箋以"三英"爲"德"，未可信也。《羔羊》傳："紽，數也。古者素絲以英裘，不失其制。"正義："古者素絲所以得英裘者，織素絲爲組紃，以英裘之縫中。"《清人》傳："矛有英飾。"《閟宮》傳："朱英爲飾。"則此"三英"亦爲飾可知。"三英"者，蓋三處以素絲英裘也。朱子曰："三英，裘飾也。"義較傳箋爲旳。疏云："《周語》稱'三女爲粲'。"案：《周語》本作"人三爲衆，女三爲粲"，倒文爲"三女"，誤也。"粲"《說文》作"㪚"，粟一斗得米三升爲粲，粲之言殘也。《漢書》所云"白粲"，蓋殘之甚，則白亦甚矣。（王宗涑案："㪚"本"姦厶"之"姦"，从"女"，"奴"省聲。"㪚"訓"殘穿"，有"姦厶"意。"女三爲粲"，本作"姦"。"粲"以同聲而借，猶人三爲衆，叚借"似"之孳乳字也。經傳以"姦"爲"姦厶"字，亦以同聲而借。《說文》以"㪚"爲"㪚美"字，因《周語》借用"粲"字而誤。觀"粲之言殘"一語，"㪚"本"姦"字，益信。蓋殘米則爲"粲白"，殘女則爲"姦厶"。）以素絲英裘，其色白而明，故曰"粲"。箋以爲"衆"意，疏引外傳爲義，皆非也。

摻

《遵大路》："摻執子之手兮。"

案：《說文》無"摻"字。"攕"下云："好兒，《詩》曰'攕攕女手'。"今《魏風》作"摻"。愚謂"摻""執"二字不當連讀，"摻"當訓"好手兒"，摻之言尖也。

扶蘇

"山有扶蘇。"傳："扶蘇，扶胥，小木也。"

案："胥"與"疏"通，《詩》"疏附"《孔叢子》作"胥附"，"扶胥"即"扶疏"也。《爾雅》如"松栢曰茂"，郭曰"枝葉婆娑"，又"如槐曰茂"，郭曰"言扶疏茂盛"也。知經言"扶蘇"，傳言"扶胥"，郭言"扶疏"，字異而音義並同。又"扶桑"，《說文》作"榑桑"，則"扶"與"榑"亦通。扶之言布也，疏之言散也，"扶疏"言木之枝葉布散也。下章曰"橋松"，橋，高也；松，莖也，言其木高而枝葉葏松也。然則松栢與槐，古皆謂之"扶蘇"矣。

狂且

《山有扶蘇》："乃見狂且。"

案："且"乃古"粗"字，故箋謂"狂且"爲"狂醜"是也。

揚、清

《猗嗟》首章云"美目揚兮"，次章云"美目清兮"，三章又云"清揚婉兮"，與《鄭風》同。《衛風》亦云"子之清揚"，諸説不一。

愚謂"揚"者，眉目開爽；"清"者，黑白分明也。

糾糾

《葛屨》："糾糾葛屨。"傳："糾糾猶繚繚也。"疏："糾糾當爲稀疏之皃，故云：'猶繚繚也。'"

炎雲案："糾糾"當是織之屈曲成文也。《説文》曰："繚，繞也。"

英

《汾沮洳》："美如英。"傳："萬人爲英。"

炎雲案："英"當解爲"顔如舜英"之"英"，方與下章"如玉"爲類。彼傳云："英，華也。"又《説文》云："瑛，玉光也。"

璂

《鳲鳩》："其弁伊騏。"箋："'騏'當作'璂'，以玉爲之。"

炎雲案："璂"之爲字，義取于"箕"。"箕"，古文作"丌"。"廿"象箕之匡，"乂"象箕之文，後人加"丌"，爲其諧聲字，又加"竹"爲"箕"，"丌""其""箕"實一字。故凡物之形色似乎"其"者，皆謂之"其"。如婦人之服有"其巾"者，以青黑二色之繒，制爲方形，相間成文，似箕，故謂之"其"，以帛爲之。加"糸"作"綨"，

《説文》作"綨"，引《詩》"縞衣綨巾"。又馬之青色而有黑點者曰"其"，以馬故，加馬旁作"騏"。至皮弁之飾，以玉爲之，故於"綦"旁加"玉"，即士之皮弁，無飾而其縫當同，則文亦似箕，故同謂之"璂"。或作"騏"者，以"綦""騏"皆非本字，故借用也。又履亦名"綦"，《説文》："鈢，綦鍼也。"徐楚金謂"綦"爲"履底"，以履底之文亦似丌也。又弈者爲"棊"，以棊枰文亦似丌，而棊之布散又與騏馬之黑點相似，故名亦同。古以木爲之，故加"木"。

租

《鴟鴞》："予所蓄租。"傳："租，爲。"

案："租"訓"爲"，未詳。正義"租"訓"始"，則以"租"爲"祖"，非此經義。陸璣云："鴟鴞似黄雀而小，其喙尖如錐，取茅秀爲巢，以麻紩之，如刺襪。"然則鴟鴞爲巢，兼用麻也。"租"當爲"苴"，麻之有子者也。阮學士芸臺曰："《毛詩》作'祖'，讀爲'苴'，《韓詩》作'租'，今《毛詩》亦誤爲'租'矣。"

飫

《常棣》："飲酒之飫。"傳："飫，私也。不脱屨升堂謂之飫。"箋："私者，圖非常之事。若議大疑於堂，則有飫禮焉。"

夌雲謂：傳、箋但説"飫"，時禮制如此，而"飫"字本義未之及也。案："飫"从"夭"聲，所以从"夭"者，以飫時飲器上有兩柱，若頭容正直，不能飲盡，此酒須仰而夭屈其首，而後酒可飲盡。今俗呼兩柱爲"支貪"。《周語》："昔武王克商而作詩，以爲飫歌，名之曰支。以遺後人，使永監焉。"其謂此乎？今俗謂哺小兒曰"飫"，"飫"亦音"奥"，俗謂手持飲，强人而灌之曰"飫"。《角弓》"宜饇"，即"飫"之别出字。然則讀"飫"若"奥"，古音也，故毛以"飽"訓"饇"。（其榦案：據此樂府"鐃歌"當作"飫歌"，始於克商之詩，故以爲軍樂，作"鐃"，音譌也。又案：《左傳》："三年而治兵，歸而飲至。"所謂"飲至"者，蓋即飫之禮也。君行師從，其歸亦行飫禮。《左傳》曰："反行飲至。"）

嘽嘽、痯痯

《杕杜》："檀車嘽嘽，四牡痯痯。"

案：《說文》："嘽，車弊皃。""癉，勞病也。"義皆在"單"。"單"從"車"省，象車敝之形，"吅"即"讙"字，言車聲之讙也。車勞則敝，人勞則病。"嘽"，俗字也。《釋訓》："痯痯，病也。"郭注："賢人失志，懷憂病也。"邢疏引此經及《板》"管管"彼傳云："無所依也"。《釋訓》又云："懽懽、搖搖，憂無告也。"郭注："賢者憂懼無所訴也。"邢疏引《板》"老夫灌灌"彼傳云："猶款款也"。《說文·疒部》無"痯"，《心部》："悹，憂也。"《玉篇》："悹悹，憂無告也。"以爲即《爾雅》"懽懽"字。據《說文》，"這"或作"讙"，則"悹"與"懽"本可通。但《心部》又有"懽"，云："喜款也。"引《爾雅》"懽懽、愮愮，憂無告也"。愚謂既云"喜款"，則爲"懽喜"字矣。又引《爾雅》，則一字而兼憂喜兩義，且下即次以"愉"，云"懽也"，則許君蓋以"懽愉"爲"驩虞"也。又案：《心部》"悗"，重文作"瘸"，則"悹"亦可重以"痯"，許君偶失收耳。"痯痯"乃行立不能自主之皃，今俗語曰"滾滾倒"，蓋即"痯痯倒"也，吳人方音"痯"如"滾"也。如此，則傳以"嘽嘽"爲"敝皃"，"痯痯"爲"病皃"及"無所依"之義，俱得而明之矣。

罶

《魚麗》："于罶。"傳："罶，曲梁也。寡婦之笱也。"《爾雅》云："曲者爲罶。"義皆未旳。

案："梁"今謂之"斷"，所以絕其流而取魚者。"罶"今謂之"籠"，聲之轉也，所以承梁之空而取魚者。以竹爲之，一正一側，其形句曲，故又謂之"笱"。入處皆有逆須，魚入則留而不得出，故又謂之"罶"。其大者謂之"薄"。薄也，笱也，罶也，因物而異其名。《齊風》："敝笱在梁。"明"梁"與"笱"非一物。

魴鱧、鰋鯉

《魚麗》："魴鱧。"傳："鱧，鮦也。""鰋鯉"，傳："鰋，鮎也。"

案：《爾雅》："鯉，鱣。鰋，鮎。鱧，鯇。鯊，鮀。"四者皆以下一字釋上一字。毛傳於《碩人》云："鱣，鯉也。"於此經云："鯊，鮀也。""鰋，鮎也。"皆从《爾雅》。獨於"鱧"訓"鮦"，豈"鮦"與"鯇"爲一魚乎？《說文》："鯉，鱣也。""鱣，鯉也。""鮀，鮎也。""鮎，鰋也。""鰋，鮀也。"以"鱣"爲"鯉"，"鮎"爲"鰋"，與《爾雅》《毛傳》合，惟以"鮀"爲"鮎"則異。至於"鱧，鱴也""鯇，魚名""鯊，魚名"，無一合者，何也？竊意《爾雅》本以釋經，若依郭注，分鯉、鱣、鰋、鮎、鱧、鮀爲六，是古人於篇首但舉六魚之名，縣而不釋，有是理乎？舍人以鯉、鱣爲一魚，鱧、鯇爲一魚，孫叔然以鰋、鮎爲一魚，鱧、鯇爲一魚，是二儒者皆以鱧、鯇爲一也。毛公、許君則不以爲一，郭景純謂此六魚形狀有殊，無緣強合，陸元朗亦云："目驗毛解與世不協，或恐古今異名，逐世移耳。"炎雲以爲，"古今異名"，一說也；"方俗異言"，二說也；"異物而同名"，三說也。又《爾雅》不載"鱨""揚"，《說文》云："鱨，揚（以其鱴飛，故又名"揚"，今本誤从"木"）也。"本之毛傳。愚謂毛公必本《爾雅》，蓋毛公所見《爾雅》，乃在周秦之世，叔孫通、梁文未補，舍人、孫叔然未注之前，《釋魚篇》或本有"鱧""鮦""鱨""揚"之文，亦未可知。而景純耳濡殊俗之稱，目驗同名之物，注殘缺之古書，安能盡得其實？今之學者謹守毛傳，勿拘泥郭注可也。

淵淵、闐闐

《采芑》："伐鼓淵淵，振旅闐闐。"

案：《爾雅》先云"振旅闐闐"，郭注："振旅，整衆；闐闐，群行聲。"而箋以"淵淵"謂"戰時進士衆也，至戰士將歸，又振旅伐鼓闐闃然",則鄭義爲長。夋雲謂:"淵淵",《有駜》又作"咽咽",猶《周禮》"姻"作"婣"也。"闐闐",《説文·口部》引此經作"嗔嗔",《孟子》又作"填"。且《禮記·問喪篇》"殷殷田田",彼非言鼓聲,而其音正與此"淵淵""闐闐"同也。"淵淵"當讀爲"殷殷",言聲自近而漸遠也,出時所聞如此。"殷"从"殳",是擊鼓聲。"淵",借字,《説文》作"𩆜",俗字。靁聲與鼓聲相似,故《召南》亦云"殷其靁"。"闐闐"當讀若"陳陳",言聲自遠而漸近也,歸時所聞如此。古"田"聲如"陳",古人文字精當乃爾。

麌麌

《吉日》:"麀鹿麌麌。"箋云:"麕牡曰麌麌,復'麌'言多也。"

案:《韓奕》:"麀鹿噳噳。"《釋文》:"'噳',本亦作'麌'。"此章《釋文》則曰"《説文》作'噳',云:'麋鹿群口相聚也。'"則"噳"與"麌"字異而音義同。《説文》有"噳"無"麌","噳",正字;"麌",俗字。古人用疊字,皆形容之詞,無有稱物名而重言者。即"燕燕于飛",亦只形容乙鳥之鳴聲也。箋説非。

蓫

《我行其野》:"言采其蓫。"傳:"惡菜①也。"箋:"牛蘈也。"

案:《釋艸》:"蓫薚,馬尾。"郭引《廣雅》云:"馬尾,商陸。""《本艸》云:別名'蕩',今關西亦呼爲'蕩',江東爲'當'。"下文又"蓨,牛蘈",郭注:"今江東呼艸爲牛蘈者,高尺餘,方莖,葉長而鋭,有穗,穗間有華,華紫縹色,可淋以爲飲。"《釋艸》又云:"蕢赤莧、苕蓨、蕭荻。"郭注:"即蒿。"陸璣曰:"'蕭'即今人所謂'荻蒿'是也,或云'牛尾蒿'。"又《易·夬》九五:"莧陸夬夬。"《釋文》:"馬、鄭皆云:'莧陸,商陸也。'宋衷曰:'陸,當陸也。'

---

① "菜",本誤"采",據廣雅書局本改。

虞云：'莧，蓂也。陸，商也。'"《説文》："菖，蕾也。""蕾，菖也。""蓨，苖也。""苖，蓨也。""荡，艸。枝枝相值，葉葉相當。"五字相接，徐楚金于"荡"下引《爾雅》"蓫薚，馬尾"。此經二章"言采其蓫"，三章"言采其菖"，鄭云："菖，蕾也。"與《爾雅》《説文》同，然則鄭於此箋安知不據《爾雅》乎？《詩》釋文引箋作"牛蘈"，云："本亦作'蕢'。"知孔、陸兩家所見本不同也。《説文》有"隤""蕢"，而無从"艸"之"蘈""蘈"。"隤，下隊也。""蕢，秃皃。"二字異義，"蕢"今俗作"頹"，以爲"隤下"字。炙雲謂："蓫"亦《説文》所無，或即"苖"字，如《周禮》以"篴"爲"笛"之例。《釋詁》："逐，病也。"《考槃》："碩人之軸。"箋云："軸，病也。"疏曰："'軸'與'逐'，古今字異。"據此"蓫"與"苖"正可通。《爾雅》"蓫薚"，既與《説文》"苖薚"二字連文同，而"蓨""苖"互訓，又與"蕭""荻"互訓同，"蕭"即"苖"。陸璣以爲"牛尾蒿"，今鄭訓"蓫"爲"牛蘈"，其猶"牛尾蒿"之類歟？又《爾雅》"葆蓨""蓨苖"分置兩處，郭俱云"未詳"。不知此皆因其枝葉長而名之。《釋艸》又有"牛藻""牛脣""馬藍""馬舄"之名，郭皆以"大葉"解之，則古人之以牛、馬名艸，亦因其枝葉長大故也。今"荻"又名"馬尾"，與"荻"又名"牛尾蒿"，將毋同？《爾雅》既名"蓫"爲"馬尾"，安知不更名爲"牛蘈"乎？《爾雅》一物而異名，分兩處者甚多，"蘈，牛蘈"，恐上"蘈"字乃"蓫"字之誤。

翚

《斯干》："如翚斯飛。"箋："伊洛而南，素質五色皆備曰翚。"

案：此所謂"翚"，以飛之形勢言，不指言雉也。《釋鳥》云："鷹隼醜，其飛也翚。"舍人曰："翚，其飛疾羽聲也。"《説文》："翚，大飛也。《詩》曰：'如翚斯飛。'一曰，伊洛而南，雉五采曰翚。"明"翚"有二義，故加"一曰"以别之。

氐

《節南山》：“維周之氐。”傳：“氐，本也。”疏云：“氐，毛讀從邸，若"四圭有邸"，故爲本，言是根本之臣也。”

案：“氐"訓"本"，自是本義，非讀從"邸"也。《爾雅·釋言》：“柢，本也。”《釋天》云：“天根，氐也。”郭注：“角亢下繫于氐，若木之有根。”然則"氐"自有根本之義。《釋言》從"木"旁，乃後人以意加之。《周禮》：“四圭有邸。”鄭司農引《釋言》：“邸，本也。”《說文》：“柢，木根也。”“邸，屬國舍。”若據此說，“柢"與"邸"義甚不同，司農何以引"柢"釋"邸"也？惟古字只作"氐"，故可通。“邸”，徐楚金曰：“諸來朝所舍曰邸。”蓋亦謂京邑爲屬國之根氐也，後加"邑"旁。“四圭有邸”，本謂四面之圭，皆以中之一璧爲根氐，故曰"有氐"。作"邸"，叚借字。此經《釋文》：“氐，丁禮反。”愚謂《詩》自古音，下與"維""迷"爲韻，則當音"都兮反"。（王宗涑案：《說文》：“氐，至也。從'氏'下箸'一'。一，地也。”“氒，木本。從'氏'，大於末，讀若'厥'。”徐音"居月切"。“居”，古讀如"姬”，聲近。“維""迷”、“氒""居"雙聲，則"氒"亦可韻"維""迷”，《詩》蓋本作"氒”，故毛訓"本”，鄭又破爲"柢”。“柢""氒"亦聲近也。今作"氐”，形聲相涉而誤。若"柢""邸"自從"木”，木之箸地者，根，故"柢"訓"木根"；屬國之所氐至者，邸，故"邸"從"邑""氐"。“氐""氒"同從"氏""一”，氏崩但箸地，木之本穿地下入，字皆象之，而許君不以"氒"下之"一"爲地者，“氏”，崩厓也。“氒”，木顛而見地中之本，象形字，讀若"厥"。蓋即以爲"顛蹶"字也。“柢”，立木之根氐至於地，形聲字。）

馮河

《小旻》：“不敢馮河。”傳：“馮，陵也。”疏曰：“陵波而渡。”

案：“馮"訓"陵"，非"陵波而渡"之謂。“馮"者，躍而過之之聲。《說文》作"淜"，讀若"鼓聲彭彭"之"彭"。“馮"訓"馬行疾”，馬行疾則亦躍矣。故音同可借也。“陵”，古止作"夌"。《說文》：“夌，越也。”今經典通借"陵"。

佗

《小弁》:"予之佗矣。"傳:"佗,加也。"

案:"佗",《說文》曰:"何也。"然則以物加背謂之"佗",故傳訓"佗"爲"加"也。

荏染

《巧言》:"荏染柔木。"傳:"荏染,柔意也。"

案:《論語》:"色厲而內荏。"孔安國曰:"荏,柔也。"《釋艸》:"蘇,桂荏。"《說文》同。徐鍇曰:"荏,白蘇也。桂荏,紫蘇也。"無柔義。《說文》:"槩,弱皃。""荏"從"艸","槩"從"木",古蓋通用。"染"乃"濡染"字,亦無柔義,故"荏染"亦或作"荏苒"。《說文》:"姌,弱皃。"無"苒"字,故又通借"染"也。

有捄棘匕、有捄天畢

《大東》首章"有捄棘匕",六章"有捄天畢"。

案:匕以兩爲用,相交處或以韋聯之,一名畢。《特牲禮》:"宗人執畢。"注:"畢狀如叉,蓋爲其似畢星取名焉。"《爾雅》:"濁謂之畢。"注:"掩兔之畢,或謂之濁,因星形以名。"竊謂:"匕""畢"聲轉。掩兔之畢,相交處當亦聯以韋,如匕。古載牲體於俎用匕,謂之升,"升"篆文作"𠂬",正象兩匕相交之形。"畢"是田网,故從"田","畢"形止作"華"。"棘匕""天畢"皆云"有捄",知"捄"以交互處言也。求,聚也。又《釋器》:"簡謂之畢。"郭注:"今簡札也。"案:"簡"以竹爲之,其首亦聯以韋,故或謂之"韋編",狀雖不似天畢,其聯與掩兔畢相似,故亦曰"畢"。(其榦案:《禮記·雜記》:"枇以桑,長三尺,或曰五尺。畢用桑,長三尺,刊其柄與末。"注:"枇,所以載牲體者,此謂喪祭也。吉祭,枇用棘。畢所以助主人載者。"疏云:"畢,吉時亦用棘。"據此知畢亦枇之類。掩兔之畢,形蓋似之,"枇""匕"同。)

祊

《楚茨》："祝祭于祊。"疏："《釋宮》云：'閍謂之門。'李巡曰：'閍，廟門名。'"

案：傳云："祊，門內也。"箋云："孝子不知神之所在，故使祝博求之平生門內之旁待賓客之處。"蓋以門旁，故名"祊"，非廟門有"祊"名也。《爾雅》"閍謂之門"，當是叔孫通、梁文輩所坿益。

齊、稷、匡、勑

《楚茨》："既齊既稷，既匡既勑。"傳："稷，疾。勑，固也。"箋："齊，減取也。稷之言即也。馉之禮，祝徧取黍稷牢肉魚擩于醢以授尸。"

案：《甫田》："以我齊明。"傳謂："器實曰齊，齊即粱也。"《周禮‧肆師》注："粱，六穀也。"《甸師》注："粱，稷也。""稷"乃百穀之長，故教民播百穀之官曰"稷"，而在器之六穀亦總名爲"稷"，或曰"粱""稷"雙聲。祭祀於馉之禮，《少牢》《特牲》"佐食摶黍以授祝"，彼是士大夫，故獨言"黍"，此既云"天子"，當言六穀之長矣。言"齊"，又言"稷"，重其事。"匡"之云者，恐即《儀禮》"摶黍"之意，"勑"當爲"勑"。

芸

《裳裳者華》："芸其黃矣。"

案："芸"猶"蔫"也。《說文》："蔫，菸也。""菸，蔫也。一曰殘也。""蔫""芸"雙聲。今俗云"蔫黃潦倒"。

不那

《桑扈》："受福不那。"傳："那，多也。不多，多也。"

案：毛蓋以"不"爲發聲。"那"，《說文》作"邢"，云："西夷國，从'邑'，'冄'聲，安定有朝那縣。"是"那"無多義。炎雲謂："不"，古讀如"采采芣苢"之"芣"。"多"，"不那"之合聲也。短言爲"多"，長言爲"不那"。

怲怲

《頍弁》："憂心怲怲。"傳："怲怲，憂盛滿。"

案："炳"爲明之甚，"病"爲疾之甚，"怲"亦憂之甚也。

依

《車舝》："依彼平林。"

案：此與"鬱彼北林"同一句法。蓋借"依"爲"鬱"也。"鬱""依"雙聲。

童羖

《賓之初筵》："俾出童羖。"傳："羖，羊不童也。"

案：《易·大畜》："童牛之牿。"注云："能止健初，距不以角。"《爾雅》作"犝牛"，郭云："無角牛。"《説文》無"犝"字，古止作"童"。《爾雅》又云："羊：牡羒、牝羘。夏羊：牡羭、牝羖。"今案：《詩》意當是吳羊，牡者首大，牝者首小，故《苕之華》傳曰："牂羊墳首，言無是道也。""墳""羘""羒"古今字。夏羊則牝牡皆有角，故箋云："無角之羖羊，脅以無然之物。"箋又云："羖羊之性，牝牡有角。"似混，"羖"或"夏"之譌。

饇

《角弓》："如食宜饇。"

案：《説文》："餀，飽也。民祭，祝曰：'猒餀。'""餫，燕食也。"引《詩》"飲酒之餫"。二字音義並同。此經"饇"字，傳訓"飽"，則又與"餀""餫"二字同也，但《説文》失收耳。

麗

《文王》："其麗不億。"傳："麗，數也。"

案：麗之言歷也。"歷，數。"《爾雅·釋詁》文。《說文》作"䃯"，云："數也。"

身

《大明》："大任有身。"傳："身，重也。"

案："身"，篆作"𠂢"，《說文》："象人之身。從'人'，'厂'聲。"夌雲謂：身中作"𠃌"，與"𠅃"同意，蓋象大腹有所裹藏形。《說文》當云"象人之有身"，轉寫脱一"有"字耳。其他作"妊"、作"娠"，皆後起字。作"任"、作"震"，又"妊""娠"之通借字。（吳鍾茂案："有身"謂身中又有一身也。其榦案：吾鄉懷孕者謂"重身"，或謂之"重"，與傳訓合。）

俔

《大明》："俔天之妹。"傳："俔，磬也。"疏曰："《韓詩》作'磬'。則'俔''磬'義同。"

案："俔""磬"音同，非義同。"俔"之音義，古與"看"近。《爾雅》："閒，俔也。"注："《左傳》謂之'諜'。"蓋有乘閒窺伺之意，故《說文》"一曰聞見"。"聞見"即"閒見"，字之譌也。"磬"與"硻"同，故可借"磬"爲"俔"。（吳鍾茂案："磬"古當讀如"慳"。"俔"，從"見"之古音，當讀如"看"，先生故云"'俔''磬'音同"。疏引俗語"磬作然"者，猶云"看作然"也。故有"譬"義。）

捄

《緜》："捄之陾陾。"

案：《說文》："逑，斂聚也。""捊，引取也。"徐楚金引《詩》"原隰裒矣"以證之。《爾雅》："裒、鳩，聚也。"此經箋又云："捄，抟也。""捄""述""抟""鸠"義得相通，音亦不遠。

斯

《皇矣》："王赫斯怒。"箋："斯，盡也。"

案：《釋詁》："斯，此也。""悉，盡也。"《釋言》："斯，離也。"《説文》："斯，析也。""澌，水索也。"《玉篇》作"水盡也"。則"斯"本有盡義，特《爾雅》借"悉"爲"斯"。"斯""悉"聲轉也。

矇瞍

《靈臺》："矇瞍奏公。"

案："瞽""矇"皆从外有所蔽而得名。"瞍"則从内有所藏而得名。瞽之言郭，矇之言冒，瞍之言廋也。

中藪

《行葦》："舍矢既均。"傳："已均中藪。"箋："藪，質也。"

案："藪"訓"質"，當讀與"臬"同。《説文》："臬，射準旳也。""藪""質""臬"聲皆相近。《司弓矢》"楨質"借"質"爲"臬"。此借"藪"爲"臬"。《易·睽》六三："天且劓。"《説文》引作"𩕄"。

僕

《既醉》："景命有僕。"

案：《説文》："羕，漬羕也。"《釋木》："樸，枹者。"注："樸屬，叢生者爲枹。""枹，遒木。"注亦謂"樹木叢生"。《棫樸》箋："白桵，樸屬而生者。"《攷工記》："凡察車之道，欲其樸屬而微至。"注："樸屬，附箸堅固貌。"此傳訓"僕"爲"附"。箋云："附箸。"知"僕"與"樸"皆可訓"聚"也。"景命有僕"猶云"百禄是遒"也。彼傳云："遒，聚也。"

廬旅

《公劉》："于時廬旅。"傳："廬，寄也。"

案：此上"處處"，及下"言言""語語"皆疊二字成文。夋雲謂："廬"當作"旅"，"旅旅"亦重言，"廬"無寄寓之義，字從"盧"，古"盧""旅"通用，"旅"之音譌也。《説文》："旅，軍之五百人爲旅，從"㫃"、從"从"。从，俱也。然則"旅"之爲義，立㫃于上，而五百人俱寄于下也。《易·旅》釋文云："旅，羇旅也。""羇旅"即"寄旅"之通借。

徹

《公劉》："徹田爲糧。"傳："徹，治也。"

案："治"，從"水"、從"台"。"台"，象气從口出形，從"目"，與"矣"同義。江淮河漢之屬，水皆自谿谷流出。治水者，導之使出于口而入于海，故字從"水"，"台"聲。田閒水道，人力所爲，淺小易寒，每歲治之，故易"治"爲"徹"。徹，通也。字從"育"，"育"，養也，時其蓄泄，以養黍稷也。從"攴"，所以爲治也。"彳"，聲也。車迹似之，故亦名爲"徹"。

厲、鍛

《公劉》："取厲取鍛。"

案：《説文》："厲，旱石也。"蓋謂粗厲廉悍之石，如今之沙石也。《石部》："碫，厲石也。《春秋傳》曰：'鄭公孫碫，字子石。'"今攷《春秋傳》鄭尚有印段，宋有褚師段，並字"子石"，三人名皆作"段"。今本《説文》"碫"誤作"碬"，二徐音"乎加""痕加"二切，音義俱乖。夋雲謂："段"，《説文》訓"椎物"，蓋椎擊堅物之名。石之貴用粗厲者，取其能礦堅物，然久則厲者亦平，必更以椎琢之，乃復悍厲如初。毛傳云"鍛石"，猶言"椎石"，非以"石"訓"鍛"

也。今俗礲麥之磑，用久棱平，石工椎之，謂之"段"，故字从"殳"，"耑"省聲。後人以段石之椎用鐵，而所段者石，因又加"金""石"於旁，爲"鍛""碫"二字。

過澗

《公劉》："遡其過澗。"

案：《釋水》："山夾水曰澗。"又云："過辨，回川。"然則"過澗"者，水回轉于山之夾者也。又云："逆流而上曰遡洄。"《説文》"遡"重文作"遡"。

塈

《洞酌》："民之攸塈。"傳："塈，息也。"疏：《釋詁》："呬，息也。某氏曰：'《詩》曰："民之攸塈。"'"

案：《説文》："東夷謂息曰呬。（虛器切）""塈，仰塗也。（其冀切）"音義不同。而《詩》釋文："塈，音許器反。"則與"呬"同矣。又《論語》："不①使勝食氣。"《説文》引作"既"。《中庸》"既稟"，"既"讀爲"餼"，是"既"與"氣"通也。夌雲謂："塈"亦當與"愾"通，《説文》："愾，太息也。"

牖民

《板》："天之牖民。"傳："牖，道也。"疏："'牖'與'誘'古字通。"

夌雲案：《説文·羊部》："羑，進善也。文王囚于羑里，在湯陰。"《厶部》："㕤，相訹呼也。"重文作"誘"，又作"䛻"，古文作"羑"。徐鉉曰："此古文重出。"蓋此四字當以"羑"爲正。"羑"，從"羊"從"久"。"久"象從後致之形，羊性很不從，引則從後致之使前，故

---

① "不"字本衍，據廣雅書局本刪。

以爲"羑進"之"羑"。"厶"係後人所加,蓋既以"羑"爲進善,則世或有相引爲惡者,故又從"厶"爲"厹"。"羑里"之"羑",古亦作"牖"。《説文》:"牖,穿壁以木爲交窗也。譚長以爲上從'日',非户也。"愚謂:牖在室户之西。《詩》"綢繆牖户",牖亦户類,故從"户"。户所以啓明,牖亦所引堂上之明于室也,古即借"羑"。後人以從"羊"不類,故又作"牖",音則仍同"羑"也。牖無交窗,故孔子"伯牛疾,自牖執其手"。若有木爲交窗,則不能矣。牖但於壁上開孔,以木爲匡,故從"片"。從"甫"聲者,小徐謂:"古音'甫',蓋與'父'同聲,故云'甫聲'也。"今徐本"甫"下無"聲"字,此説恐未旳。

頻

《桑柔》:"國步斯頻。"

案:《説文》:"頻,從'頁'從'涉'。"涉,從"水"、從"步",行至水厓不得向前,而頻戚不安也。頻,比也,猶近也。上言喪亡之道滋長,此言喪亡之道日近也。

梗

《桑柔》:"至今爲梗。"傳:"梗,病也。"

夌雲案:《爾雅》:"梗,直也。"《説文》:"梗,山枌榆,有朿,莢可爲蕪荑者。""鯁,食骨留咽也。"愚謂:木之有朿,皆堅直而鋭,觸手爲人病。骨留咽中,亦人所病。"鯁"爲"梗"之後起字。

甡甡

《桑柔》:"甡甡其鹿。"傳:"甡甡,衆多也。"

案:《螽斯》傳:"詵詵,衆多也。"《釋文》云:"《説文》作'駪'。"《皇華》傳:"駪駪,衆多之貌。"《晉語》引作"莘莘",《楚詞章句》又作"侁侁",《説文》:"虩,衆盛也。""甡,衆生並立之兒。"引《詩》"麎麎其鹿"。"伿,行兒。""㲋,進也。""屾,二山也。""駪,馬眾多兒。""㷍,盛兒。讀若《詩》曰'莘莘征夫'。一曰役也。""姺,殷諸侯為亂者,疑姓也。《春秋傳》:'有姺邳。'"《說文》所載九字皆"所臻切"。"姺"以上八字,義並同。而《艸部》獨無"莘"字,疑轉寫誤脫,至於《詩》釋文所云,《說文》作"獂"者,今亦無之。愚謂"麎"為艸木禽獸之多,"㲋"為行人之多,"屾"為山之多,此三者為古文,餘皆後世所增。

彭彭

《烝民》:"四牡彭彭。"箋:"彭彭,行兒。"

夌雲案:"彭彭"即"馮馮",馬疾行聲也。"彭",叚借字。

濯征

《常武》:"濯征徐國。"傳:"濯,大也。"

夌雲案:《方言》:"荊吳揚甌之郊謂人大曰濯。"愚謂:字從"翟",本有長義,故為大。《說文》:"翟,山雉尾長者。"(其榦案:據此,《說文》以"狄"為"犬種",亦未可信。"狄"本作"翟",蓋以其人長大,故謂之"翟"。《魯語》以長翟為"大人",其明證也。)

五行之穀

《臣工》:"迄用康年。"箋:"五穀豐熟。"疏:"五穀者,五行之穀。"《月令》:"春食麥,夏食菽,季夏食稷,秋食麻,冬食黍。"

案:《說文》:"麥,金也。金王為生,火王而死。""禾,木也。木王而生,金王而死。"其於"黍""稷""麻""菽",皆不言所屬。鄭注《月令》云:"麥實有孚甲,屬木。菽實孚甲堅合,屬水。稷,五穀之長。麻實有文理,屬金。黍秀舒散,屬火。"然則春為木,食木穀;夏為火,食水穀;季夏為土,食土穀;秋為金,食金穀;冬為水,食火穀。春與季夏及秋,皆穀與時同行,獨夏與冬穀相反者何也?夌雲以

《説文》推之，當言"麥屬金，菽屬水，稷屬木，麻屬火，黍屬土"，各取所畏之行制，當王之氣，慮其太過，故制之，使中和也。知之者，"麥屬金"，許説也；"菽屬水"，鄭説也。"稷，五穀之長。""禾，嘉穀也。"嘉，故得爲長，禾既屬木，則稷亦當爲木也。麻實上鋭下鈍，象炎上形，故以爲火；黍之爲土，未得其義。但以上四穀，既各專一行，惟餘黍與土而已，故以黍屬土。又高誘《淮南》注云："菽，火也，故夏生冬死。"（其輈案：《月令》："春祭先脾，夏肺，秋肝。"皆祭其所勝。"季夏心"，則火生土。"冬腎"，水則本行也。似非一例可拘。）

應田

《有瞽》："應田縣鼓。"箋："'田'當作'朄'。'朄'，小鼓在大鼓旁，應鞞之屬也。聲轉字誤，變而作'田'。"

案：《説文·申部》："㬰，小鼓引樂聲也。从'申'，'柬'聲。（羊晉切）"此俗字，許君誤收之。亥雲案：此字《詩》作"田"，《周禮》作"陳"。古者"陳""田"同聲，蓋鼓音如此，因以名之。後人以"陳"爲引導之鼓，遂以"申"易"阜"旁而爲"朄"字。《説文》家見其字从"申"、从"柬"，"柬"非"東西"之"東"，蓋从"木"、从"申"。申，引也，故謂"引樂之鼓"爲"陳"。後既易"申"旁，乃以"東"爲"柬"云云，从"柬"聲，而入《申部》，殊多委曲。如箋意，謂"申"之譌"田"可，疏謂先脱去"柬"旁，又譌"申"爲"田"，支離甚矣。（王宗涑案："㬰"字之誤，古本作"柬"，从"木"，"申"省聲，申在木中，象建鼓形，曰楹、曰應、曰東，鼓一而已。"楹"以鼓中貫木言，"應"以聲應縣鼓言，"東"以鼓聲東東言。《采芑》"振旅田田"，其借字，"田""東"亦同聲也。"東"與"楹""應"聲並相轉。《阜部》"陳"本从"東"得聲，今本作"从'阜'、从'木'，'申'聲"，與此"㬰"字皆非《説文》元本。）

佛時

《敬之》："佛時仔肩。"傳："佛，大也。"

案：《説文》："𩕏，大也。讀若'予違汝弼'。"是古本有以"𩕏"

爲"弻"者，弓欲其曲，不曲則弻；道欲其直，不直則亦弻。直者曲之，曲者直之，必大異於本來，故从"大"作"奔"，而訓爲"大"。"奔"是"弻"之本字，《說文》既讀若"弻"，則"奔"與"弻"同。毛訓"佛"爲"大"，是"佛"與"奔"亦同也。錢少詹事曰："'佛'之訓'大'，猶'墳'之訓'大'，取同位之轉聲也。"

有噷

《載芟》："有噷其饁。"

《說文》："噷，聲也。（他感切）"《禮記》："毋噠羹。"《說文》："嚃，歠也。（他合切）"無"噠"字。夋雲謂："噷""嚃"皆飲食聲也，傳云"眾貌"，未盱。

振古

《載芟》："振古如茲。"傳："振，自也。"箋："振亦古也。"

案：《爾雅》："振，古也。"郭注引此經。而毛公不從者，蓋以"振"爲"古"，則經文爲"古古如茲"，不辭矣，故訓爲"自"。但訓"振"爲"自"，毛公以前亦未聞，故箋不從傳，而仍從《爾雅》。夋雲謂：此與"辰"訓"時"同類，古"辰""時"同聲。《說文》"觶"，或从"辰"作"觛"，或从"氏"作"觝"，"辰"與"氏"亦同聲。又云："麎，牝麋也。"《小雅》作"祁"，箋："'祁'當作'麎'。"是"辰"與"示"亦同聲也。自，始。農爲民田之始，晨爲一日之始，是"振"亦有始義也，故訓"振"爲"自"，於音義皆有取爾也。（吳鍾茂案："振"有"起"義，"起"即"始"也。"自"亦有起始義，故毛訓"振"爲"自"。）

糾

《良耜》："其笠伊糾。"傳、箋皆不訓"糾"字。

案：糾，撟也。風日燥烈，笠不和順之皃。

趙

《良耜》："其鎛斯趙。"傳："趙，刺也。"

案：《說文》："趙，趛趙，久也。"久，從後致之，象後有致之者。"致"又作"撠"，"刺之財至也"。轉相爲訓，知傳訓"趙"爲"刺"，自是古義。

櫛

《良耜》："其比如櫛。"

傳、箋不訓"櫛"字，《說文》："櫛，疏比之總名也。"許説亦襲。《史記》："文帝遺單于比余。"《漢書》作"比疏"。《倉頡篇》曰："靡者爲比，麤者爲疏。"是疏與比爲二物也。"櫛"《周禮》亦作"柳"，柳之言積也。蓋"櫛"之爲物，其比次至密者也。如許説，則物之疏者亦得云如櫛乎？（其榦案：《左傳》只言"櫛"，知"櫛"爲疏、比總名，自是古義。《倉頡篇》但解"比""疏"，未嘗言比、疏古不統名"櫛"也，不得以此譏許説之襲。）

敦商

《閟宮》："敦商之旅。"箋："敦，治也。"

案：《有客》："敦琢其旅。"疏云："敦，治玉之名。"蓋彼以"敦"爲"雕"，此又當與"追琢其章"之"追"同。《周禮》"追師"注："追，治也。"《說文》作"鎚"，云："關東謂之鎚，關西謂之柎。"釋其名不釋其義。又"椎，擊也，齊謂之'終葵'。"此名義俱釋矣。又"琢"亦訓"擊"，知《詩》之"追琢"，《說文》作"椎琢"。又《殳部》："毃，椎擊物也。""毇，椎物也。""毃"與"琢"同，"毇"又"追"之轉聲。《棫樸》傳曰："追，彫也。金曰彫，玉曰琢。""追"與"毇"，皆治金之名，故"毇"有從"金"、從"石"之異文。然"追""鎚""椎""敦"皆非本字，本字只作"自"。自，小阜也。隹，小鳥。形亦相似，音亦相近，故"自"俗作"堆"，又作"墩"。

咸

《閟宫》："克咸厥功。"箋："咸，同也。"

案："咸"之訓"同"，是本義。《顧命》："上宗奉同瑁。"傳："同，爵名。""槭"，《廣韻》以爲"栢"也。爰雲謂："同"象爵之覆形。凡"同"皆有口，字作曰，此"同"形也。截竹爲筒，亦當用此爲正字。"咸"之爲字從"口"，與"同"同；從"戌"者，"戌"與"曰"同音，加"一"又與"月"同義。從"口"作"咸"，則亦如"同"之有口可以容物也。《禮記》："席間函丈。"《史記·天官書》："閒可咸劍。"是"咸"與"函"通。"函"與"含"同。凡物有口可含容者，字每從"今"得聲，如"矜，矛柄也"。此所云柄與斧之有銎同，可更以堅木入之也。《説文》"玲璩"，《上林賦》作"瑊玏"，則"咸"與"今"聲相近，知"咸"與"含"亦同也。"咸"亦物之有口，可以冒於他物者也。"咸"與"同"義通，而物亦相類，故訓"同"爲正義。《釋詁》："咸，皆也。"又多一轉矣。

詹

《閟宫》："魯邦所詹。"傳："詹，至也。"

案：《説文》："广，仰也。一曰屋梠也。齊謂之广。"《木部》："檐，楣也。""楣，梠也。""梠，楣也。""楣，秦名屋櫋聯也。齊謂之檐，楚謂之梠。"以"广"之第二義觀之，則"广"即古"檐"字。（王宗涑案：广即屋脊，與"屋櫋聯"皆名"梠"，而不同物。）而愚謂"广"之爲字，象登高仰望之形，故訓"仰"。"危"從"广"。《説文》"極"下云"棟也"，小徐曰："屋脊之棟也。"今人謂"高"及"甚"爲極，義出於此，亦謂之"危"，《春秋後語》"魏人將殺范痤，范痤登危而説"是也。"广"又古"瞻"字，"瞻"古亦作"詹"，《春秋》莊十七年《經》"齊人執鄭詹"，《公羊》作"鄭瞻"是也。詹者，登高以望雲气，分別吉凶，以決休咎之謂也，故從"广"、從"八"、從"言"。

《説文》以爲"多言",謬矣。"詹"故又與"占"通,《楚詞》:"往見大卜鄭詹尹。"王逸注云:"工師姓名。"恐非。"詹尹"蓋亦官名,楚謂大卜爲"詹尹",猶古以巫爲"巫咸"也。"詹"與"巫",皆其職掌,特彼繫以名,此繫以官耳。(其榦案:據此,《左傳》昭十三年"使爲卜尹","卜"本作"占",涉上"開卜"而誤,又"詹尹"當是鄭之大卜,奔楚爲此官,故云"大卜鄭詹尹"。)《説文》:"占,視兆問也。"又曰:"覘,窺也。"《檀弓》:"我喪也斯沾。"《學記》:"伸其佔畢。""沾"與"佔",注皆以爲"覘"字。故愚謂:"詹"又與"占"通,然則此經"詹"當訓爲"望",謂泰山爲魯之望也。《春秋》"猶三望",泰山其一也。"五日爲期,六日不詹",亦謂不能望而見也。又《五經異文》曰:"《説苑》作'魯侯是瞻'。"(吳鍾茂案:朱傳:"'詹'與'瞻'同。"較毛義爲長。又《説文》:"瞻,臨視也。""臨視",蓋謂登高臨下而視也。)

九圍

《長發》:"帝命式于九圍。"傳:"九圍,九州也。"

案:"或"與"域"皆訓"有"。《説文》"或",重文作"域"。"或",从"囗"得聲得義。夌雲謂:"囗"即"圍"之古文,故"九有""九圍"並與"九域"同。

綴旒

《長發》:"爲下國綴旒。"

案:《五經異文》曰:"'綴旒',《韓詩》作'畷郵'。"《禮記》:"郵表畷。"注:"郵表畷,謂田畯所以督約百姓於井閒之處也。"引《詩》亦作"畷郵"。傳訓"綴"爲"表",是毛亦謂"綴旒"即"畷郵"也。

龍

《長發》:"何天之龍。"

案："龍"當讀爲"籠蓋"之"籠"。則毛訓爲"和"，鄭讀爲"寵"，兩解俱得而通之矣。籠蓋則無所不包，故爲"和"。和者，襍也。天子爲天所籠蓋，是得其覆庇，所謂"寵"也。

卷二　經說中

《周禮》

閽

《天官·敘官》："閽人。"《説文》："閽，常以昏閉門隸也。"

案：《詩》："昏椓靡共。"箋："昏、椓皆奄人。'昏'，其官名也。"字止作"昏"，以《論語》"晨門"例之，"閽"從"門"，後人所加。"昏"與"奄"古當聲近，"奄"從"申"聲也，故昏人亦稱"奄人"，《説文》："閹，豎也。宮中閹閽閉門者。"是"奄"即"昏"也。

憲

《小宰》："以官刑憲禁于王宫。"《小司徒》："令群吏憲禁令。"《小司寇》："憲刑禁。"

夋雲案："憲"皆當讀如《樂記》"武坐致右憲左"之"憲"，故《小宰》《小司徒》注並云："憲謂表縣之。"《小司寇》注又云："憲，表也，謂縣之也。"

膏

《庖人》："膳膏。"疏據《内則》注"釋者曰膏，凝者曰脂"，謂"彼是相對之義，通則'脂''膏'一也，故司農以'脂'解'膏'。"

夋雲案：《攷工記》："宗廟之事，脂者、膏者以爲牲。"是牛羊爲

"脂"，豕爲"膏"也。《説文》："脂，戴角者脂，無角者膏。""膏，肥也。""肥，多肉也。"然則膏謂豕之肥肉也，牛羊、麋鹿肥肉絶少，許君故云"戴角者脂"。膏者易流，脂者難化，故有"脂凝""膏釋"之分。

臊、腥

《庖人》："夏行腒鱐膳膏臊，秋行犢麛膳膏腥。"杜子春云："膏臊，犬膏。膏腥，豕膏也。"康成云："膏腥，雞膏也。"

案："腥"當作"胜"，《説文》："腥，星見食豕，令肉中生小息肉也。""胜，犬膏臭也。""臊，豕膏臭也。"許君以"臊"爲"豕膏"，從司農此經注也。其以"胜"爲犬膏，當亦司農説。今此經注無之，殆轉寫之誤脱。又案：《内饔》云："犬赤股而躁臊，豕盲眡而交睫，腥。"《禮記·内則》亦同此説。夌雲謂：杜子春"膏臊，犬膏。膏腥，豕膏"義蓋本此。以經解經，較鄭、許爲可信。

互物

《鼈人》："掌取互物。"

案：龜鼈之屬名"互物"，其義難知，予友張華坪（其幹案：名顥，字震昌，嘉定諸生。）云：《易·説卦》："離爲鼈、爲蟹、爲蠃、爲蚌、爲龜。"此義與"互物"之"互"字可相發明。"離"之爲卦，上下皆陽，中藏一陰，龜鼈之屬，皆骨在外，肉在中。骨，陽也；肉，陰也。兩骨連結不解，正"離卦"兩陽外合，一陰中含之象也。然則於卦爲"離"，於文爲"互"，於物爲龜鼈之屬，其義一而已矣。此説最爲精覈。又鄭注"蟎胡"二字，不見經典。夌雲謂："蟎"當讀如《左傳》"曼伯"之"曼"，"胡"當讀如《詩》"狼跋其胡"之"胡"，謂龜鼈甲邊之緣也。

廞裘

《司裘》："大喪廞裘。"注："故書'廞'爲'淫'。鄭司農云：'淫裘，陳裘也。'玄謂：廞，興也。若《詩》之'興'，謂象似而作之。"

烎雲案：《爾雅》："廞、熙，興也。"《説文》："廞，陳輿服于庭也。讀若'欽'。"知後鄭从《爾雅》，許君从司農也。而康成注《學記》"不興其藝"云："興之言喜也、歆也。"正義引《爾雅》："歆、熙，興也。""廞"作"歆"正與許君"廞讀若歆"合，則古《爾雅》"廞"，別本或作"歆"矣。司農以"淫裘"爲"陳裘"，亦謂裘但陳而不用，猶粢盛牲物但使神歆之耳。若康成訓"廞"爲"興"，又轉"興"爲"比興"之"興"，似太曲，且《顧命》云："大輅在賓階面，綴輅在阼階面，先輅在左塾之前，次輅在右塾之前。"此"大喪陳輿于庭"之確證也。而"裘服之陳"，從可推矣。

嬴物

《大司徒》："其動物宜嬴物。"注："嬴物，虎豹貔貙之屬淺毛者。"疏云："《爾雅》及諸經，不見有'貙'，《曲禮》云：'載貔貅。'此鄭云'貔貙'，'貙'即'貅'也。"

案：《泰誓》："如虎如貔，如熊如羆。"《史記》作"如虎如羆，如豺如離"，注："'離'與'螭'同。"《説文》："螭，若龍而黄，北方謂之地螻。或曰無角曰離。丑知切""螭，蜥螭也。""离，山神獸也。歐陽喬説：'离，猛獸也。'"又《上林賦》："鮐鱒蜥離。"司馬彪注曰："蜥離，魚名。"《集韻》："蜥離，蟲名。"烎雲謂：衆説雖殊，要以《史記》《説文》爲斷，《史記》既以"離"與"豺""虎"連文，則與康成以"貙"與"虎""豹"連文合矣。而歐陽説以"離"爲"猛獸"，然則"离"爲正字，"貙"爲俗字，"離""螭"皆借字。陳進士詩庭嘗謂余云"古人有'高漸離''要離'名，皆取猛獸爲義"。諒哉！

牲牷

《牧人》："以共祭祀之牲牷。""鄭司農云：'牷，純也。'玄謂：

'牷，體完具。'"

案：先鄭説是。《説文》："牲，牛完全。""牷，牛純色。"又下文"用牷"與"用尨"相對，"尨"《犬人職》作"駹"，注云："'尨'謂襍色不純。"則"牷"爲純色可知。又《攷工記·玉人》以"全"對"龍"，"龍"亦"尨"之叚借。《説文》"全"下云："純玉曰全。""牷"从"全"得聲，其爲純色無疑。疏引《尚書》"犧牷"，謂"'牷'對'犧'，不得爲純色"，據傳"色純曰犧，體完曰牷"而言。然下文"共其犧牲"，注："犧牲，毛羽完具也。周景王時，賓起見雄雞自斷其尾，曰：'雞憚其犧。'"是康成不以"犧"爲純色也，且賈侍中説"犧"非古字，《説文》有明文，何得據流俗"犧"字，以疑"牷"之非純色也！（王宗涑案："犧"古但作"羲"，从"兮"，"義"聲。古"義""獻""鮮"同音，《説文》以"鑊"重"䤯"，《禮記》以"鮮羔"爲"獻羔"可證，而"鮮""全"亦同音，"犧"當即"牷"之俗字。或曰"犧牲"猶"獻牲"也。）

憲罰、徇罰

《市師》："小刑憲罰，中刑徇罰。"注："徇，舉以示其地之衆也。鄭司農云：'憲罰，播其肆也。'"

夌雲案："徇"是以其身示衆人，"憲"是以其名示衆人，"徇"則徧歷于列肆，"憲"則書表于一廛。

審、摶、縛

《羽人》："十羽爲審，百羽爲摶，十摶爲縛。"注："'審''摶''縛'，羽數束名。《爾雅》：'一羽謂之箴，十羽謂之縛，百羽謂之緷。'其名音相近也。一羽有名，蓋失之矣。"

案：鄭意乃謂《爾雅》"箴""縛""緷"三名，與此經"審""摶""縛"三名，字不同，音相近也。但其一羽有名，或是字誤，故云"失之"，賈疏釋之未明。夌雲謂：《爾雅》本作"十羽謂之箴，百羽謂之緷，千羽謂之縛"，字誤句倒，遂至"十"作"一"，"千"作

"十"耳。《楚語》："莊王使士亹傅大子箴。"韋注："箴，恭王名。"宋庠云："按：《左傳》《史記》楚恭名皆作'審'。"是"審""箴"古本通用。

斝

《司尊彝》："祼有斝彝。"鄭司農云："'斝'讀爲'稼'。'稼彝'，畫禾稼也。"

案："畫禾稼"之説，始于司農，康成《明堂位》注從之。《説文》："斝，玉爵也。夏曰琖，殷曰斝，周曰爵。"從《詩》"洗爵奠斝"傳。竊以爲"稼"之得名，因其自家而出種之于田，故謂之"稼"。"稼"爲種穀別名，猶"嫁"爲歸女別名也。殷爵果畫禾形，當名此爵爲"禾"，不當云"稼"。司農之説，殆有未安。苃雲以六書之義推，"斝"從"冂"，與"同"字同意。凡爵止一口，故"同"從"冃"、從"口"。"斝"非有叩囂之義，獨從二"口"者，殆殷爵形制，一口中作界限，使若二口然，字故從"叩"爲"斝"，而讀若"界"音。是則夏曰琖，琖之言淺；殷曰斝，斝之言界；周曰爵，爵之言節。三代命名之義皆防酒之生禍也。

愷樂

《大司樂》："王師大獻，則令奏愷樂。"

案："愷"古字作"豈"，"豈"即"䇓"，古文"鼓"字。上象飾，與古文"磬"作"岜"同意；下象足箸地。夏以前，鼓皆足。《明堂位》云："夏后氏鼓足奏豈。"即所謂"豈樂"也，故"喜"字從"豈"。《詩》曰："鐘鼓樂之。"《司馬法》曰："愷樂愷歌，示喜也。""愷"，後人加心。又《鼓人》云："以鼖鼓鼓軍事。"是"奏愷"，奏鼖鼓也。《鎛師》："鼓愷樂。"疏云："以晉鼓鼓之。"未昉。

襘、物

《司常》："襘帛爲物。"

夋雲案："襮"與"物"古文皆作"十",《月令》："仲冬行秋令,則天時雨汁。"注云："'雨汁'者,水雪襮下也。"是"汁"有襮義。"汁"从"十"得聲,"十",一從一橫交相襮也,故謂之"十",讀若"襮"。又《射禮》,工人畫物,若丹若墨,作"十"字。是以"十"爲"物"也。上文"通帛爲旜","旜"本作"旃","通帛"是大赤,故字从"丹";"襮帛"是赤白相襮,故謂之"物"。（王宗涑案:"十",五方之襮也;"汁",五味之襮也。故《説文》"汁"訓"液"。）

師都

《司常》："師都建旗。"《説文》引作"率都"。

夋雲謂："師都"與下文"州里縣鄙"爲類,"率都"則不倫矣,當是"師"誤作"帥",妄人又改爲"率",非許君原文也。

三鼓

《大司馬》："中軍以鼙令鼓,鼓人皆三鼓。"

案：擊鼓以三爲節,故《説文》"彭"訓"鼓聲",其字从"壴"、从"三"。《左傳》莊十年,曹劌曰："一鼓作氣,再而衰,三而竭。"亦其證也。

蜡

《秋官·敘官》："蜡氏。"注："蜡,骨肉腐蝕,蠅蟲所蜡也。'蜡'讀如'狙司'之'狙'。"

案："蜡"古文作"胆"。《説文·肉部》："胆,蠅乳肉中也。"《虫部》："蜡,蠅胆也。《周禮》：'蜡氏掌除骴。'"夋雲謂："昔",七略切;"且",七也切,雙聲,字音本相近。古从"且"从"昔"之字並可通,如"租"與"藉","助"與"借"是也。《孟子》："助者藉也。"求助于人曰"藉",以我藉人曰"助"。《説文》無"藉""借",蓋即用"藉",然則"蜡""胆"固一字也。

奴

《司厲》:"其奴,男子入于罪隸,女子入于舂稾。"鄭司農云:"今之奴婢,古之罪人也。"

案:《説文》"奴",古文作"仅"。然則"婢"古文亦可作"俾"也,但古書"俾"皆只"卑"。(其榦案:《小雅》:"俾民不迷。"《荀子·坐宥》引作"卑"。)

川游

《萍氏》:"禁川游者。"

案:"游"當作"汙",《説文》:"游,旌旗之流也。从'㐬','汙'聲。""汙,浮行水上也。"鄭注:"備波洋卒至沈弱也。"《釋文》:"洋,音翔。又音羊。"夌雲謂:"洋"字義與"浪"同,有揚起之意,讀從"翔"音爲是,言波浪揚起,若鳥之高翔也。"弱",古"溺"字。

于

《鳧氏》爲鐘,"銑閒謂之于。"鄭司農云:"于,鐘脣之上袪也。"

夌雲案:"于"與"紆行"之"紆"同意,"于"當訓"曲",謂當兩欒之閒上曲處。

甬

《鳧氏》爲鍾,"舞上謂之甬,甬上謂之衡。"注:"此二名者,鍾柄也。"

案:"鍾"《説文》作"鐘",重文作"銿"。夌雲謂:古文只作"甬",後人加"金"旁。"甬",象鍾形,下從"用",象鍾體及名篆之鍾帶;上從"㇇",象鍾柄也。"鐘""鍾"皆俗字。

甌、盆、甑

《陶人》："甑，實二鬴，厚半寸，脣寸，七穿。"甌與盆，其實及厚與脣，皆與甑同。鄭司農云："甌無底甑。""甑"及"盆"皆無注。

夌雲謂：小而高曰"甌"，卑而大曰"盆"，故所實同。《説文》："頒，大頭也。"帉，大巾也。坋，大防也。凡从"分"之字皆有大義。故知"盆"形大而卑，甌形同甑，甑之異于甌者，有底而七穿耳，盆當有底。《説文》："盆，盎也。"（其榦案：《爾雅》："小山別大山，鮮。"可爲甌小之旁證。）

椑

《廬人》："句兵椑。"鄭司農讀"椑"爲"鼓鼙"之"鼙"。康成云："齊人謂柯斧柄爲椑，則椑隋圜也。"

案：《説文》："椑，圜榼也。"非是。《詩》云："有扁斯石，履之卑矣。""卑""扁"雙聲，義亦得通。"椑"从"卑"，有扁義，後鄭説是。且"椑"與下"摶"爲對文，"摶"訓"圜"，則"椑"不圜也。

殳

《廬人》爲廬器，"殳兵同强。"

案："殳"古"擊"字。《説文》："殳，相殳中也，如車相擊，故从'殳'、从'唐'。"夌雲謂：殳，所以殳之器也，"擊"又从"手"，違六書之義，但經典多作"擊"，此"殳"字爲古文之僅存者。（其榦案：《弓人》："和弓殳摩。"亦作"殳"。）

晉

《廬人》爲殳，"參分其圍，去一以爲晉圍"。鄭司農云："晉，矛戟下銅鐏也。"

俊雲案：司農訓"晉"爲"鐏",《曲禮》："進戈者前其鐏。"注云："銳底曰鐏。""銳底"者，擬插地豎之，故《典瑞》"王晉大圭"，司農亦訓"晉"爲"插"。"晉"從"㮳"聲,《易》曰："晉，進也。""晉"自有插義，若"鐏"從"尊"，無義，可推知"晉"爲"鐏"本字。（王宗涑案："鐏"當從"奠祭"之"奠"，"金"旁，上作"酋"，下從"丌"。"奠"，定也。立矛于地，非此剡銳之銅鐏，則不定也。"尊"，從"寸"，或體也。本從"⺕"，隸變作"廾"。"廾""寸"形並近"丌"，致《説文》"鐏"旁之"奠"，遂譌爲"尊"。韻書音"徂寸""祖悶"等切，莫有知"鐏"本從"奠"得聲得義者矣。司農以"鐏"訓"晉"，"晉"古讀若"箭"，"晉""鐏"同聲。時"鐏"蓋猶未誤爲"鐏"。）

灸

《廬人》："試廬事，灸諸牆，以視其橈之均也。"

案：《説文》："久，從後灸之，象人兩脛有距也。《周禮》曰：'久諸牆以觀其橈。'"俊雲謂：牆，平均者也。"灸諸牆"者，以矛戟之柄，依牆立之，柱楥其下，若脛之有距、灼龜之有契然。經作"灸"，《説文》作"久"，其義一也。既灸諸牆而試輓其上，則本末勝負可知矣。注以"柱"訓"灸"，是也，又云"以柱兩牆之閒"，失之。

甽

《匠人》："廣尺深尺謂之甽。"

案：《説文》："〈，水小流也。《周禮》：'匠人爲溝洫，廣五寸，二耜爲耦；一耦之伐，廣尺、深尺，謂之〈。'倍〈謂之遂，倍遂曰溝，倍溝曰洫，倍洫曰巜。甽，古文〈，從'田'從'巛'。'畎'，篆文'〈'，從'田'，'犬'聲，六畎而爲一畝。"又"巜"下引《虞書》"濬〈巜，距巛"。"容"下引作"容畎澮距巛"。據此"〈"是古文，"甽"是古文之別體，"畎"則今文也。此經"甽"本作"甽"，故康成云："甽，畎也。"以今字訓古字。今作"甽"，轉寫脫誤耳。又云："其墾中曰甽，甽上曰伐。"說亦未明。（其榦案：墾之言壅也。謂〈兩旁之田塍，故云"其壟中曰畖","畖"田閒水道,非所耕之土。"伐",治田也,故云"畖上曰伐",伐之言發也。)

斥蠖

《弓人》:"麋筋斥蠖濸。"注:"斥蠖,屈蟲也。"

案:"斥蠖",《易》作"尺蠖",其蟲長不過尺,故名"尺蠖"。《說文》謂之"屈申蟲",較鄭注為備。"屈申"轉聲為"邱引",又轉聲為"曲善"。"斥"古與"尺"通。《莊子》"斥鷃"亦借"斥"為"尺"。鷃飛以尺計,雉飛以丈計,古謂高一丈,長三尺為一雉,準乎雉之飛而名也。

《儀禮》

缺項

《士冠禮》:"緇布冠缺項,青組纓屬于缺。"注:"'缺'讀如'有頍者弁'之'頍',圍髮際結項中以固冠也。項中有紕,亦由固頍為之耳。"

案:《說文》無"紕"字,疏云:"頍之兩頭皆為紕,別以繩,穿紕中結之,然後頍得牢固。"是"紕"亦環類耳,字當作"繘",《說文》:"觿,環之有舌者。"重文作"鐍"。徐楚金曰:"言其環形似玦,《詩·小戎》:'鋈以觼軜。'"亦言以兩驂之内轡納其中也。《說文》:"喬,以物有所穿也。""夬,穿也。"是穿物為"喬",物穿為"夬",從"喬"、從"夬"之字,義可通矣。經曰"缺",注曰"繘",皆以頍頭之環言。"紕",俗字也,其環形似玦,故曰"缺"。環結于項中,故曰"缺項"。注讀"缺"為"頍",未昭。

匴

《士冠禮》:"爵弁、皮弁、緇布冠各一匴。"注:"匴,竹器。古文

'匴'爲'篹'。"

案：《説文》："匴，淥米籔也。"非藏冠器，然亦無"篹"字。交雲謂："篹"當作"籫"，《竹部》："籫，竹器。讀若'纂'。""纂""籫"二字，義皆與"續繼"之"續"同意。"纂"從"糸"，謂以絲繼續而成組。"籫"從"竹""贊"，亦謂以細竹絲繼續而成器也。

阼階

《士冠禮》："立于阼階下。"注："阼猶酢也，東階所以荅酢賓客也。"

案：《鄉飲酒禮》："主人獻賓，賓酢主人。獻介則主人自酢，皆東階上事。"注當云"賓客所以荅酢也"，否則當作"所以荅酢主人也"，今本轉寫之誤，且荅酢義取往來迻遗，當以"醋"爲正字。"阼"不從"昔"而從"乍"，違六書之義。《説文》："醋，客酌主人也。""酢，醶也。"義極分析。《𨸏部》："阼，主階也。"是仍以"酢"爲"酬醋"正字。（其榦案：《説文》"醋"，重文作"䣈"，從"昔"、從"乍"之字，似本可通。）據注疏本，"酬醋"字見于此經者三十有二，從"昔"者僅十有四，《士昏禮》一、《鄉飲酒禮》二、《鄉射禮》二、《燕禮》二、《大射禮》二，凡九字，並從"乍"。《士虞》一，從"昔"；《特牲禮》凡十，從"昔"者三；《少牢禮》二，皆從"昔"；《有司徹》十，從"昔"者八；《釋文》惟《鄉射禮》"醋主"、《大射禮》"以醋"，與注疏本異。

離肺

《士冠禮》："離肺實于鼎。"注："離，割也。"

案："離"當作"剺"，謂割之使剺絶也。《説文》："剺，剥也。"因割而剺絶，故字從"刀"。（其榦案：析物曰斯，《詩》"斧以斯之"是也。吾鄉以手裂物而析之謂之"斯"，又轉音"西"，"斯""西""離"聲相近，義亦相通，故"離"有割義也。）

繶

《士冠禮記》:"青絢繶純。"注:"繶,縫中紃也。"

案:"繶"與"薏"同義,《釋艸》"盱中薏"皆取譬于心中之志意也,故"繶""薏"並從"意"。

啓會

《士昏禮》:"贊啓會卻于敦南。"注不訓"會"字。

案:"會"即"蓋"也。上文云"黍稷四敦皆蓋",則此"啓會"即"啓蓋"明矣。會,合也。蓋與敦相合,故即名蓋爲"會","會""蓋"亦疊韻字。

挎越

《鄉飲酒禮》:"皆左何瑟,後首挎越。"注:"挎,持也。越,瑟下孔也。"

案:《說文》無"挎"字。《易》:"刳木爲舟。"《書》:"刳剔孕婦。"刳者,空其中之謂也。瑟孔中空,以手指入其中執之謂之"挎"。"挎"與"洿"同義,《說文》:"洿,一曰窊下也。"故《鄉射禮》疏以手入深爲挎越。瑟孔名"越"者何?"越"有空大之義,與"斂"同。《說文》:"斂,空大也。讀若《詩》'施罟濊濊'。"《繫傳》作"泧泧",則"越"與"斂"聲亦近矣。《詩》釋文"濊濊"引馬云"大魚岡目大豁豁也"。夌雲謂:"濊"古當止作"斂","斂"爲罟孔之大,"越"爲瑟孔之大也。

狗

《鄉飲酒記》:"其牲狗也。"

案:"牲"不云"犬"而云"狗","狗",其小者也。《爾雅·釋畜》:"犬未成豪,狗。"與牛之用"犢",羊之用"羔"若"羜",豕之用"豚"同意。

豫

《鄉射禮》："豫則鉤楹内。"注："'豫'讀如'成周宣榭災'之'榭'。《周禮》作'序'。"

夌雲案：《孟子》曰："序者，射也。"古序以習射，故即謂之"射"。或讀如"謝"，方音之不同也。从"木"旁作"榭"，俗書之失，其實以"射"爲本字，或亦以"予"爲本字。"予"，《説文》作"㐛"，象揖讓形，此"次序"之"序"古文。从"广"作"序"，後人緣屋蓋之義加之耳。"豫"亦从"予"，故得與"序"相通借。康成所引"成周宣榭災"，乃《公羊》文，賈疏以《左氏春秋》釋之，故有"火""災"之異。

后

《鄉射禮》："而后下射射。"注："古文'后'爲'後'。玄謂：后，後也。當从'后'。"

案："后"字从反"人"、从"口"，尾下竅也。"後"从"幺"，"幺"，幼子也；从"彳"、从"夊"，言行如幼子之遲曳夊夊也，故《説文》訓"遲"，此"先後"之"後"，二字本義各別，《戰國·韓策》："寧爲雞口，無爲牛後。"《史記·蘇秦傳》同。夌雲謂：此"後"字當作"后"，聲之誤也，故張守節云："雞口雖小，乃進食；牛後雖大，乃出糞。"且后是尾下竅，即"司"字可證。古"詞"與"飼"皆止作"司"，言从口出曰"司"，食从口入亦曰"司"。而"司"从反"后"，則"后"爲"尾下竅"明矣。《説文》猶未收"飼"字，"詞"亦後人加"言"旁。若《詩·無羊》傳："呞而動其耳。"《釋文》："'呞'，本亦作'齝'。"又皆"飼"之別出字。此經言"上射""下射"，發矢之序乃"先後"之"後"，鄭云"當从'后'"，未旳。（王宗涑案：《説文》："后，繼體君也。"因《爾雅》"后""侯"並訓"君"，而爲之辭。《舜典》"后稷"最先見經，棄實始封，則"后"字明是"侯"之叚借。至"繼體"對"受命"，言當用"後"字。《酒誥》曰："在今後嗣王。"《左傳》"后杼""后寒"，皆叚借。先生"后""司"二說，許君亦當俛首。）

五臄

《鄉射禮記》："薦脯用籩，五臄，祭半臄，橫於上。"注："臄猶胵也。古文'臄'爲'戴'，今文或作'植'。"

案：《說文》有"戴"無"臄"。夌雲謂：當即用"橶"，《說文》："橶，弋也。""弋，橜也。""橜，弋也。"三字互訓，一物也。橶之長短小大雖未聞，大約與脯之脅骨相類，故經名"脅骨"爲"橶"，"臄"與"胵"皆俗儒易"肉"旁。《說文》："戴，大臠也。"《鳥部》："鴰，鳥也。肉出尺戴。"則戴亦以"尺"爲"度"矣。然《曲禮》"右戴"注："純肉切曰戴。"則戴乃臄之無骨者，特長與臄相若。下文云："臄長尺二寸。""臄"以骨言，故注訓"胵"，今文亦作"植"。鄭又云："臄，廣狹未聞也。"竊謂以脅骨一枝爲一臄，廣不過寸，五臄合五寸，橫半臄於上，兩端各出半寸，古或然也。

仞、尋

《鄉射禮記》："杠長三仞，以鴻脰韜上二尋。"注："七尺曰仞，八尺曰尋。"疏："王肅則依《小爾雅》'四尺曰仞'，孔君則'八尺曰仞'。"

案：七尺曰仞，鄭從包咸《論語》注。趙岐注《孟子》則從孔君，《說文》亦從孔君。夌雲謂："仞"，從"人"，"刃"聲，人長八尺，"仞"之所從得義也。尋、仞皆八尺，古人舒肱知尋，"尋"以橫言；人長八尺，"仞"以從言。故度從以"仞"計，度橫以"尋"計。如《攷工記·匠人》云"同閒廣二尋，深二仞謂之澮"，是也。《左傳》昭三十二年："仞溝洫。"杜注云："度深曰仞。"

韋當

《鄉射禮記》：楅"其中蛇交、韋當"。注："直心背之衣曰'當'，以丹韋爲之。"疏:"直,通身之言。"

案:《記》云"韋當",如今衣之無裹者,俗謂之"背心",亦曰"背當",但呼"當"聲如"丹"耳,"丹""當"聲轉。楅橫陳于中庭,南爲心、北爲背,以丹韋被之,南北垂者,正相當也。"當"即"直"之謂,賈疏未盻。

肆夏

《燕禮記》:"賓及庭奏《肆夏》。"

案:《爾雅》:"堂塗謂之陳。"而"肆"亦訓"陳",古人制此樂,專以節堂下之步武,故名"肆夏","肆"猶"陳"也。賓及庭奏《肆夏》與賓出及階奏《陔夏》同義,"陔,階次也"。

簜

《大射禮》:"簜在建鼓之間。"

案:《爾雅》:"簜,竹。""篠,箭。"又云:"筍,竹萌。""蓧,箭萌。""竹"與"箭"爲對,蓋竹大而箭小也。《禮記》:"竹箭之有筠。"《爾雅》:"會稽之竹箭。"大小並舉。《說文》:"筱,箭屬小竹也。""簜,大竹也。""箭"次"竹","簜"次"筱","蓧"次"筍",皆小大對舉。《尚書》:"篠簜既敷。"鄭注依《爾雅》,僞孔"篠,竹箭。簜,大竹",合"竹""箭"而一之,名實紊矣。此經"簜"字注:"竹也,謂笙簫之屬。"案:《爾雅》笙、簫有大小之別,管、籥有大中小之分,均名爲"簜",則其爲笙、簫、管、籥之大者可知。

拭圭

《聘禮》:"賈人北面坐,拭圭。"注:"拭,清也。"

案:《說文》無"拭",而注中往往有之,《手部》:"揢,拭也。"《又部》:"叔,拭也。"《巾部》:"幭,拭也。""幡,書兒拭觚布也。"其實"拭"乃俗"式"字,《巾部》:"飾,叔也。讀若'式'。一曰襐飾。"而《攷工記·函人》注云："容謂象式。"蓋"厰""飾""式"三字同義，故可互訓。又案：《鄉飲酒禮》："坐挩手。"注："挩，拭也。"《内則》："左佩紛帨。"注："紛帨，拭物之佩巾也。"《説文》："帥，佩巾也。"重文作"帨"。《周禮·凌人》注："刷，清也。"與此經"拭"注同，則"帥"與"厰""挩""刷"義並可通。《説文》："刷，刮也。"

駕

《公食大夫禮》："雉兔鶉駕。"注："駕，無母。"

案："無母"當作"母無"，轉寫誤倒。《月令》注又誤作"鴾母"，正義及《釋文》皆作"母無"，舍人注《爾雅》亦作"牟無"。夌雲謂："牟"古讀若"務"，"牟""母"聲相近。

卓上

《覲禮》："匹馬卓上。"注："'卓'讀如'卓王孫'之'卓'。卓猶旳也，以素旳一馬爲上。"

案：鄭言"卓王孫"者，偶舉及之，其實"卓"當讀如《爾雅》"卓雉"之"卓"。《釋鳥》："轎雉，鷂雉。"注："今曰鶔也。江東呼白轎亦曰白雉。"《説文》作"卓雉"，《鳥部》無"鷂"，知漢時《爾雅》作"卓雉"也。白雉曰"卓"，素旳之馬亦曰"卓"，其取義正同。又云"卓猶旳也"者，古讀"卓""旳"同音。《説文·火部》："焯，明也。"引《周書》"焯見三有俊心"。今書作"灼"，是"卓"與"勺"同聲也。《詩·韓奕》："有倬其道。"箋："倬然明著。"《釋文》云："《韓詩》作'晫'。"《説文·日部》："旳，明也。"是"晫"與"旳"同義也。《馬部》："駉，馬白額也。""旳"之別出也。

六升

《喪服》："冠六升。"注："布八十縷爲升。'升'字當爲'登'。"

疏:"今亦云八十縷謂之宗,'宗'即古之'升'也。"

案:牲體出于鼎謂之"升",載于俎謂之"登"。因載俎之義通諸升階,又作"登","升""登"義自可通。以爲布縷數名,並爲借用,無所取義。疏以爲"登"義強于"升",未旳。又案:《説文》:"總,聚束也。""綜,機縷也。""終,絿絲也。古文作'夊'。"夌雲①以爲綜之言從,即所謂"經"也。而古文"終"正象機縷總束之形,此八十縷爲宗之本字。"終","夊"之孳乳字。"宗",同音之叚借,而俗又加"糸②"爲"綜"。"升"與"夊"聲相轉,字因誤爲"升",注云"當爲登",亦未旳。

緝

《喪服傳》:"齊者何?緝也。"疏:"'緝'則今人謂之'縗'也。"

案:"緝"當作"緀",《説文》:"緶,緀衣也。""緀,緶衣也。""緀"與"緶"互訓,若"緝"則與"績"字互訓,其義自別。上文云:"斬者何?不緝也。"古"斬"讀與"嶃"同,故"漸"从之得聲,言但嶃之不緀之使齊,故曰斬,緀其衰而齊之則曰齊,《説文》:"齌,緶也。"後人加"衣",今讀"斬"如"琖","齊"如"咨",非古音也。

薦屨

《喪服》傳:"疏屨者,藨蒯之菲也。"

案:上經注:"疏猶麤也。""疏屨"即"麤屨"。《曲禮》"苞屨"注:"苞,藨也。齊衰藨蒯之菲也。"《説文》:"苞,艸也。南陽以爲麤屨(今作"履")。""藨,麃(今譌"鹿藿")也。讀若'瓢'。一曰蔽。""蔽,艸也。""麤,艸屨(今作"履")也。""蒯,艸也。或作蕳。"《爾雅·釋艸》:"蕳,蒚。"注作"履苴艸"。又云:"藨,麃。"又云:

---
① "雲"字本脱,據廣雅書局本補。
② "糸",本誤"系",據廣雅書局本改。

"薰、荞，荼。""茹、蔏，芳。"注："皆芳、荼之別名。"夌雲謂：《爾雅》"蘆"即《說文》之"蘿"，《說文》"苞"即"蔏"，"蔽"即此經之"蒯"也。

緌中、牢中

《士喪禮》："鬠笄緌中。"注："'緌'，笄之中央以安髪。"又"握手牢中"，注："'牢'，讀爲'樓'，'樓'謂削約握之中央以安手。今文'樓'爲'緌'。"

案：古文不作"樓"，"樓"是鄭君所改字。注當云"今文'牢'爲'緌'"，轉寫之譌也。"牢""樓"聲相近，但"緌中"爲削約笄之中央，"牢中"爲削約握之中央，義同字異。《說文》無"緌"，即"牢""樓"二字亦與削約之義無關。夌雲謂："緌""牢"皆當讀爲"鏤"，凡彫刻器物謂之"鏤"，字从"金""婁"。《說文》："婁，空也。"亦有削約義。"笄"及"握"之中央者，皆削之使約，故並曰"鏤中"，"緌""牢"以聲近而譌。一說"緌"當作"樓"，《說文》："樓，摩田器也。""樓"，一名櫌，一名樓。《說文》："櫌，種樓也。"《齊民要術》亦謂之"鎛鏤"。"鎛"即俗"樓"字，"櫌""樓"一物也。其把手處，蓋亦刻削細約，故此笄與握中央之削約者，或謂之"櫌"，或謂之"樓"。"樓"譌爲"牢"，猶"櫌"轉爲"勞"也，《齊民要術》："古曰櫌，今曰勞。"

侇

《士喪禮》："男女奉尸，侇于堂。"注："侇之言尸也。今文'侇'作'夷'。"

案：《郊特牲》："尸，陳也。"《小司寇》："肆之三日。"注："肆猶申也，陳也。"《論語》："肆諸市朝。"鄭注："陳其尸曰肆。"《左傳》成十七年："皆尸諸朝。"昭二年："尸諸周氏之衢。"是"尸""肆"同義。《爾雅》："雉，陳也。"而左氏訓"雉"爲"夷"。昭十七年《傳》："五雉爲五工正，夷民者也。"知"夷""雉"義亦同，是"夷""尸""肆"三字皆"陳"也。"夷"，古作"𡰿"，見《玉篇》。峑雲謂："𡰿"，从"尸"从"二"。"二"非"二三"字，乃"三"字中二畫。"三"古文"四"，"三"與"三"上下二畫並象天地，"三"以中一畫象天地閒之人，"三"以中二畫象人與物並陳于天地閒也。"三"義爲"陳"，聲亦與"肆"同，"𡰿"从"三"省，故云："夷之言尸也。"

無有近悔

《士喪禮》："無有近悔。"

案：上文"筮宅曰無有後艱"，此"卜日曰無有近悔"，蓋日之有凶，其殃立見；宅之不吉，其禍漸來。故"近悔""後艱"分別言之。

啓期

《既夕》："請啓期。"注："今文'啓'爲'開'。"

案："開"，从"开"得聲，古讀"開"如"啓"，故字又作"闓"。漢避景帝諱，以"開"代"啓"，正以"開"與"啓"聲義皆同。

納車

《士喪禮記》："遂匠納車于階閒。"注："車，載柩車，《周禮》謂之'蜃車'，《襍記》謂之'團'。或作'輇'，或作'槫'，聲讀皆相附耳，未聞孰正。"疏引《遂師職》注云："'蜃車'，四輪迫地而行，有似于蜃，因取名焉。"

案：《說文》"輪"下云："有輻曰輪，無輻曰輇。""輇"下云："蕃下庳輪也。一曰無輻也。讀若'饌'。""饌"从"巽"得聲，"輇"从"全"得聲，"全""巽"聲相近。《鄉飲酒禮》："遵者降席。"注："今文'遵'爲'僎'，或爲'全'。"《易·襍卦》"巽伏"，韓注："巽貴卑退。"《文選·魯靈光殿賦》作"踆伏"，《說文》："踆，一曰卑也。"是皆"全""巽"聲近義通之證。又《艸部》:"尊,蒲叢也。(常倫切)"《廣韻》亦作"萅",是"專"亦有"純"音。《説文》"全"下云:"純玉曰全。"《鄉射禮》:"二算爲純。"注:"純猶全也。"是"全"又有"純"音也。"屋"从"辰","辰"即"夷上灑下"之"厣",本有卑下迫地之義,故"薅""槈"皆从"辱","辱""農"皆从"辰",並有迫地去艸之義。夌雲謂:以輪形言之曰圍,言其全木圍圜也。"軨",後起字。"槫",俗字。以車形言之曰屋,言其卑下迫地也。當以"辰"爲正字,"屋"亦以同聲通借。(其榦案:《周禮》"屋車",王之載柩車也,當飾以屋灰,故曰"屋車","屋"兼卑與白二義。)

軒輖

《士喪禮記》:"志矢一乘,軒輖中。"注:"輖,摯也。"

案:"軒輖"猶言"輕重"也,輕則揚起而前,軒;重則底下而前,輖。夌雲謂:古必以"干""至"二文爲正字,《説文》"干"作"ᐊ","至"作"ᐁ"。"干"从反"大",象人到立形,故"逆"字从之。《説文》:"赶,舉尾走也。"蓋"舉尾"則形亦似到也。"至"象鳥前首致地形,《詩·六月》:"如輕如軒。"後人加"車"旁。《攷工記》"轅摯",借"摯"爲"至"。《禮記》"致右憲左",又借"憲致"爲"干至"。《説文》無"輕",《車部》:"輖,重也。""摯,抵也。"許君蓋以"摯"爲"輕"之正字,然"輖""摯"雙聲,"輖"古而"摯"今,《説文》所無,鄭注失之。(王宗涑案:"干"與"ᐊ",古實一字,《説文》:"ᐊ,古文'櫱'。从木無頭。"而"不"字"一"下篆作"ᐊ",是"ᐊ"亦古"飛"字也,故"不"以爲聲。鳥飛向上,自下望之,不見其首,故止象翼足尾形。"ᐊ"與"獻"同聲,故"軒""肝"諸字从之,古"飛""櫱"並作"ᐊ",猶"上""下"並作"二"也,篆作"ᐊ",筆法小變耳。許君謂从反"入"、从"一",先生謂从"反大",皆非。干,至義。)

脄上

《士虞禮記》:"膚祭三,取諸左脄上。"注:"脄,脜肉也。"

案："脤"《説文》作"嗌",云:"咽也。"籀文作"𦝩",云:"上象口,下象頸脈理也。""胚,項也。"據此則嗌爲頸之前,胚爲頸之後。走獸首前尾後,則胚正在嗌之上。注釋經文"脤上",故云"胚肉"。今本"脤"下脱一"上"字,乖于胚之義矣。

沐浴

《士虞禮記》："虞,沐浴,不櫛。"注:"今文曰'沐浴'。"又"沐浴櫛搔翦",注:"今文曰'沐浴'。"

案：注引今文,以其異於古文也。此經注並作"沐浴",必有一誤。夌雲謂：經二"沐浴"並當作"浴沐",賈氏"沐浴不櫛"疏云："明期以下,虞而浴沐櫛可也。"

卒哭

《士虞禮記》："三虞,卒哭。"注引《喪服小記》曰："報葬者報虞,三月而後卒哭。"

案：三月而葬,叚如丁日朝而葬,則日中而虞,己日再虞,庚日三虞,壬日卒哭。自丁至壬,六日而畢,若以有故及家貧,不及三月,因三日殯而即葬,如《喪服小記》云云。虞雖即在葬日,卒哭仍須待哀殺而爲之,故彼云："三月而後卒哭。"

東房

《特牲饋食禮》："豆籩鉶在東房。"注:"房中之東。"

案：先儒皆言天子、諸侯有東西房,大夫、士直有東房西室,故鄭以"東房"爲"房中之東"。夌雲謂：此説未可信。以堂言之,棟之前楣下有兩楹,則後楣下亦必有兩楹,兩楹之閒有壁,壁有户牖,户牖之內爲室,室必居中,其勢然也。室東爲東房,室西爲西房,亦其勢然也。以其在室兩旁,故"房"從"户""方",房之言旁也。若大夫、士無西房,則室西不屋,有是理乎！依先儒"東房""西室"對言之説，似於堂後中間隔斷以分東西，則室與房皆華離不正矣，有是理乎！

《春秋左氏傳》

八音

隱五年《傳》："夫舞所以節八音。"疏引《樂緯》云："坎主冬至，樂用管；艮主春，樂用塤；震主春分，樂用鼓；巽主夏，樂用笙；離主夏至，樂用弦；坤主秋，樂用磬；兌主秋分，樂用鐘；乾主冬，樂用柷敔。"

案：《白虎通·禮樂篇》引《樂記》云："塤，坎音也；管，艮音也；鼓，震音也；弦，離音也；鐘，兌音也；梧敔，乾音也。"與《樂緯》大略同，特缺笙、磬二音，又塤、管二音相反耳，疑亦《樂緯》文，以緯爲經，古人往往如此。《說文》云："鼓，春分之音。""鐘，秋分之音。"蓋亦用《樂緯》說，唯以管爲十二月之音，笙爲正月之音則不同。據《樂緯》言之，《說文》"十二"當是"十一"之譌。"正月"蓋"正陽月"，即四月也。（其榦案：《說文》："物開地牙故謂之管。""物生故謂之笙。"與《律歷志》"紐牙于丑""引達于寅"二義合。管，十二月音。笙，正月音。當別有所據。）

率

桓二年《傳》："藻率鞞鞛。"

案：服注以"率"爲"刷巾"者，"刷巾"即"帨巾"，《說文》"帨""帥"是重文，（吳鍾茂案："帨""帥"聲之轉）"帥"與"率"通。又《說文》："琫，佩刀上飾。""珌，佩刀下飾。""鞞，刀室也。""削，鞞也。"無"鞛"字。炎雲謂："琫"與"鞞"，"珌"與"鞛"皆通。

鞶厲

二年《傳》："鞶厲游纓。"

案：帶般旋于身故曰"般"，俗加"革"。《士昏禮》"施鞶"，《穀梁》疏引作"般"，"般"指帶體之狀言，"厲"指帶餘之狀言。"厲"與"來""離"二字皆聲之轉。毛傳云："離離，垂貌。"《易》曰："升不來也。"以"來"對"升"，是"來"有降下之義，"來"從"从"，與"巫"字同意，"巫"即今"垂"字。"來""離"皆有下垂之義，故帶之垂者爲"厲"。

騑

三年《傳》："騑絓而止。"注："騑，騑馬。"

案：杜以"騑"爲"騑"，《說文》以"騑"爲"騑"，是"騑""騑"一也。然"四牡騑騑"，則又不單指"騑"言。夌雲謂："非"，古"飛"字，鳥翼有兩，謂之"非"。凡物之兩相對者，亦謂之"非"，如腓，脛腨也；菲，艸屨也；扉，門扇也。兩服、兩騑皆相對，故均曰"騑"。

楠木

莊四年《傳》："卒於楠木之下。"

案：《說文》："楠，松心木。"又"朱，赤心木。松柏屬。"則松柏與楠，皆赤心木也。《爾雅》："虋，赤苗。"《說文》同。《玉部》："璊，玉䞓色也。禾之赤苗曰虋，言璊，玉色如之。"《毛部》："氋，以毳爲縟，色如虋。故亦曰氋。《詩》曰：'毳衣如氋。'"此三字皆"莫奔切"，"虋"其本字，从"釁"得聲，亦从"釁"得義。釁，血祭也。"虋"言苗色赤，如釁祭之血也。《詩·生民》又作"穈"，从"麻"，無義。"楠""璊""氋"，从"㒼"亦無義，皆諧聲字耳。

溠

四年《傳》："除道梁溠。"《說文》："溠，水。在漢南，荊州浸也。《春秋傳》曰：'脩涂梁溠。'"

案：《傳》下云："會于漢汭，而還濟漢，而後發喪。"然則楚在漢南，隨在漢東北。今云"除道梁溠，營軍臨隨"，是溠水近隨，而在漢北也，《説文》恐誤。

齊

六年《傳》："後君噬齊。"

案："齊"，古"臍"字。"齊"之爲國，亦以其地當天齊而名之。

皋比

十年《傳》："蒙皋比。"

案："皋"亦作"獆"，宣二年"夷皋"，《公羊》作"夷獆"。《説文》"嗥"或作"獆"，襄十四年《傳》："犲狼所嗥。"凡聲之大而長者曰"嗥"，"皋"，其本字也。《士喪禮》："皋某復三。"注："皋，長聲也。"《檀弓》："且號者三。""號""皋"音義同。"號"，從"虎"，"号"聲，蓋虎聲也。虎聲皋，因名虎爲"皋"，故地名"虎牢"轉爲"成皋"，"比""皮"音同。

㪍

十一年《傳》："其興也㪍焉。"注："㪍，盛貌。"

案："㪍"《説文》以爲"詩"之重文，義與"背"同。"㪍"當讀爲"㞷"，《説文》："㞷，艸木盛㞷㞷然。"《孟子》"則苗浡然興之矣"，亦"㞷"之借字，《説文》無"浡"。

炎

十四年《傳》："其氣炎以取之。"《釋文》："炎，音豔。"

案：唐石經先作"炎"，後改"燄"。夌雲謂：作"炎"是。火氣炙灼相迫者，焦庚气鬱積相感成祅。"炎"有炎上熏蒸義，古讀與"燄"同，《説文》："燄，火行微燄燄也。"與傳意不合。

屝

僖四年:"屝屨。"

案:"屝",俗字,當依《喪服傳》作"菲"。《説文》凡屨屬之類字,皆从"履"省,在《履部》,《尸部》"屝",妄人增入。

輔車

五年《傳》:"輔車相依。"注:"輔,頰。輔車,牙車。"

案:《小雅》:"乃棄爾輔,載輸爾載。"是輔與車不可相離也。因車之兩旁謂"輔",故面之兩旁亦曰"輔",遂名"牙"爲"車",此借義也。《傳》云"輔車",當以本義釋之,杜解未旳。

競病

七年《傳》:"心則不競,何憚於病!"

案:梁曹景宗破魏軍還,武帝於華光殿宴,聯句,令沈約賦韻,景宗後得韻,惟餘"競""病"二字,景宗曰:"去時兒女悲,歸來笳鼓競。試問行路人,何如霍去病!"帝歎賞不已。以"競""病"爲韻,正與古諺合。

葵丘

九年:"葵丘。"

案:《説文》:"郔,河東臨汾地,即漢之所祭后土處。"攷《漢書》:"立后土祠於汾陰脽上。""脽",《漢舊儀》作"葵",如淳曰:"土之積高爲脽。"蓋陳留外黄爲宋之葵丘,河東汾陰爲晉之葵丘。故杜注以爲陳留外黄東,而《釋例》或曰河東汾陰有葵丘,非也。閻百詩知齊地臨淄西有葵丘,不知臨汾又有葵丘。甚矣,攷古之難也。

濼

十五年《傳》:"還濼而止。"注:"濼,泥也。"

案："㲻""泥"古今字，古"甯"母即"泥"母。

孔云

二十二年《傳》引《詩》："昏姻孔云。"

案：《詩》釋文云："本又作'員'。"夋雲謂："員"从"○"得聲，古只作"○"，而"勻回"之"回"，古亦只作"○"，《説文》"云"，古文作"㇒"。"回"，古文作"回"。而愚以爲同作"○"者何？"云""員"古今字也。毛傳："云，旋也。"《爾雅·釋畜》"回毛"，注家皆以爲"旋毛"，知最初之古文"云""回"並作"○"，故"云""回"皆訓"旋"。"○""旋"亦古今字，"云"義同"回"，古文又同作"○"，則古文別體亦當同作"回"。"云"有"回"音，即"君"讀若"威"、"軍"讀若"圍"、"皵"讀若"不龜手"之"龜"可證。"勻"，古"均"字，"勻回"即"均規"，一聲之轉。"規"亦"○"之借字也。（王宗涑案："云""回"同作"○"，信矣。而"勹""回"既判之後，義自微別，左轉爲"勹"，右轉爲"回"。《左傳》："左旋入於宋，右回梅山。"此"勹""回"之本義也。日月星皆右旋，故《禮》曰："星回于天。"《書》曰："若弗云來。""云來"猶"旋來"也。水流東注，乃左旋，故"㳺洄"之"洄"从"回"，"勹""回"之別以左右也章章矣，特散言之，則義均爲"旋"耳。）

鼓儳

二十二年《傳》："鼓儳可也。"

案：《曲禮》："母儳言。"注："儳猶暫也。"蓋暫然突出，人不及防之謂"儳"。《國語》："襲侵密聲，暫事也。"注："暫，暫其無備。"《説文》："猒，犬暫逐人也。"意皆同。

駢脅

二十三年《傳》："聞其駢脅。"疏引《國語》同，今《國語》"駢"作"骿"。

案：《説文》："駢，駕二馬也。""骿，并脅也。"則"骿"爲正字，疏引《説文》云："駢脅，并幹也。"直以"骿"解，訓"駢"，又增"幹"字，到"并脅"字，舛戾殊甚。古人引書，不詳檢元文，致有此誤。

掖

二十五年《傳》："二禮從國子巡城，掖以赴外。"

案：《説文》："亦，人之臂亦也。从'大'，象兩亦之形。""㧈，以手持人臂投地也。一曰臂下也。"焭雲謂："亦"，古文也，俗作"腋"。《説文》不收，是也。"肘亦"又借爲"誘掖"之"掖"，以"誘掖"必扶其兩亦也。从"手"、从"夜"作"掖"，亦俗字。《説文》收之，非也。孔沖遠反以"持臂"爲本義，以"臂下脅上"爲借義，均由不知"掖"即俗"亦"字也。

鹽

二十八年《傳》："而鹽其腦。"注："鹽，啑也。"

案：此杜依服氏爲訓，《説文》無"啑"，疑即"咀"聲之轉也。《方言》："鹽，且也。"《小爾雅》："姑，且也。""鹽""姑"可通，"且""咀"亦可通。《孟子》："蠅蚋姑嘬之。"阮芸臺謂："'姑'即'鹽其腦'之'鹽'，咀也。"此説極是。

昌歜

三十年《傳》："有昌歜。"疏："此'昌歜'之音相傳爲'在感反'。"

案：《玉篇》："歜，鳴也。又俎敢切，昌蒲葅也。"與杜解"昌歜"注同。焭雲謂："葅"古音如"粗"，又轉爲"歜"，乃以字形相涉而譌"歜"。（王宗涑案：《傳》本作"昌蘁"，故音"在感反"。《説文》："蘁，瓜葅也。""歜，盛怒也。"徐音"才六切"，重文作"噈"。从"龜"得聲之字，無音"俎敢切"者，

《玉篇》第二訓亦據誤本《左傳》增入。)

馬矢

文十八年《傳》："殺而埋之馬矢之中。"

案："矢"當作"菌"，《說文》："菌，糞也。（式視切）"《華部》"糞"从"釆"，"官溥說：'似米而非米者，矢字。'"據此，"釆"與"菌"乃一字也。爻雲謂："釆"讀若"辨"，即"菌"聲之轉，故"釆"或爲"旋"，或爲"便"，猶"菌"或爲"矢"，或爲"私"也。襄十五年《傳》："師慧過宋朝，將私焉。"定二年《傳》："夷射姑旋焉。""私""旋"注並訓"小便"，"釆""菌"皆正字，"旋""便""矢""私"皆以聲近叚借。又《齊策》："章子之父殺其母而埋馬棧之下。"《春秋後語》作"埋諸馬屎之中"。"棧"與"釆"亦聲近。"屎"，俗"菌"字。

於菟

宣四年《傳》："謂虎於菟。"

案：隱十一年"菟裘"，《公羊》作"塗裘"，是"菟"亦與"塗"通。《說文》："㸤，黃牛虎文。讀若'塗'。"爻雲謂："黃牛虎文"，黃牛有白文如虎者也。牛有白文謂之"㸤"，虎有白文謂之"菟"，獸之白者謂之"兔"，茅秀之白者謂之"荼"，飾牆以蜃灰謂之"塗"。《說文》："堊，白塗也。"然則以"菟"名虎，不獨聲近，義亦可通。

守陴者

十二年《傳》："守陴者皆哭。"

案：《說文》："睨，衺視也。""俾，益也。""倪，俾也。""埤，增。""陴，城上女牆俾倪也。"是"睨"與"倪"通，"俾""埤""陴"三字皆有增益義。《爾雅》釋龜"左倪""右倪"，猶言"左顧""右顧"，注以"左庫""右庫"解之，與《說文》"倪"訓"俾"

正同。

轅

十二年《傳》："軍行右轅。"

案：大車駕牛，以兩木从車箱下兩旁直出爲轅，古亦作"爰"，爰者，易也，兩木同制，可交爲用也。小車駕馬，以一木从車箱下中間出，而穹窿上曲，至末而下垂爲輈。輈者，曲也。《詩》："生於道周。"傳："周，曲也。"古"舟""周"字通。此"輈""轅"名實之不同。《攷工記·輈人》言"輈"者十七、言"轅"者五，《車人》言"轅"者一，皆謂曲者輈、直者轅，二物截然不同。《毛詩·小戎》傳："梁輈，輈上句衡也。一輈五束，束有歷録。"《匏葉》傳："由輈以上爲軌。"即《左氏》隱十一年"挾輈"、宣四年"汰輈"、昭二十六年"繇胸汰輈"，皆不以輈爲轅，獨此《傳》"右轅"與上"南轅""乘轅"，凡三言"轅"，皆是小車之輈，當是漢時俗儒所改，與楊用修言"永樂中製《春秋大全》盡改《左傳》'駉'爲'驛'"正同。《方言》："楚衛之間，轅謂之輈。"此"輈""轅"互釋之所由昉也。定四年《傳》："直轅冥阨。""直轅"雖係道名，然轅言"直"，則輈爲"曲"矣。

廣隊

十二年《傳》："晉人或以廣隊。"注不釋"隊"字。

案："隊"當讀爲"夜入且于之隧"之"隧"，隧，隘道也。《説文》作"䚩"，云："兩𠂤之閒也。"車廣隧隘，故下云"不能進"。"隊"，叚借字。《説文》："隊，從高隊也。"疏以"隊坑"解"廣隊"，未盷。

脫扃

十二年《傳》："脫扃。"注："扃，車上兵闌。"疏："服虔云：

'肩，橫木。有橫木投（當作"設"）于輪閒。一曰肩，車前橫木。'"

案：《説文》："冂，象遠界也。"古文作"回"。"肩，外閉之關也。"夌雲謂：凡橫木之象冂形者，皆可曰"冂"，故車上兵闌亦曰"肩"。"肩"，"冂"之孳乳字，其形亦正如冂也。古者兵車所建，出先刃，入後刃，其實在車兩旁。雖有向前向後之分，刃皆裹出于兵闌之外，《攷工記》所謂"既建而迤"是也。故礙于隊而車不能進，"脱肩"則盡棄其兵，而無所礙矣。服注前一説是，後一説非。又案：兵車三人，右主擊刺，戈矛殳戟宜建于右，則此所脱之肩，蓋右旁兵闌也。

拔旆

十二年《傳》："拔旆。"注："使不帆風。"

案："旆"是車左旁直上之旗，不礙于隊，但能帆風。而隊道之中，風尤猋疾，《詩》曰"大風有隊，有空大谷"是也，故必拔旆，馳驅乃便。

軍

十二年《傳》："晉之餘師不能軍。"注："不能成營也。"

案：軍，圍也，古讀"軍"有"圍"音。"營"，環也，古讀"營"有"環"音。"圍""環"義同。

麥麴、山鞠窮

十二年《傳》："有麥麴乎？又有山鞠窮乎？"

案：《爾雅》："大菊，蘧麥。"注："一名麥句薑，即瞿麥。"夌雲謂：薑是禦溼之物，大菊得名薑，其即《傳》所謂"麥麴"歟？《説文》："营藭，香艸也。'营'或作'芎'。"夌雲謂："营""藭"疊韻，"鞠""窮"雙聲，而"鞠""营"亦為雙聲。"藭"，後人加"艸"。

辟

成二年《傳》："辟司徒。"

案："辟"，古"壁"字。《月令》"東辟"，亦不從"土"，經傳唯此二字尚存古文。

蜃炭

二年《傳》："用蜃炭。"注："燒蛤爲炭，以瘞壙。"疏："劉炫以爲用蜃炭者，用蜃，復用炭。"

案：劉説非。《周禮》"掌蜃"，注："先鄭引此傳作'蜃灰'。"（毛本亦誤"炭"。）交雲謂：灰物、炭物之徵令，掌炭兼主之者，以灰類於炭也。然炭實別於灰，炭可復然，灰不復然，故《説文》曰："炭，燒木餘也。""灰，死火餘㶳也。"燒蛤爲灰曰"蜃灰"，猶今燒石爲灰曰"石灰"，皆不復然之死灰也。若石墨可以然火，即名"石炭"矣。且古無以"蜃灰"爲"蜃炭"者，"掌蜃共白盛"之"蜃"，注："今東萊用蛤，謂之义灰。"《攷工記·匠人》"白盛"，注："蜃灰也。"使《傳》本作"蜃炭"爲用蜃用炭，杜當不至炭、灰不辨，而以炭爲灰也。況"燒蛤爲灰"本依康成"用蛤"而言，經文、注文二"炭"字，皆轉寫之譌耳。

蟲牢

《五年》："同盟于蟲牢。"注："蟲牢，鄭（毛本誤"歸"）地。陳留封丘縣北有桐牢。"

交雲案：《檀弓》讀"重"爲"童"，《尚書》讀"沖"爲"童"，此讀"蟲"爲"桐"，皆古音也。

州蒲

十年《傳》："晉立大子州蒲以爲君。"《釋文》："'州蒲'本或作'州滿'。"

案：古讀"州滿"如"壽曼"，故《史記》作"壽曼"，字隨音轉也。"蒲""滿"形相涉而譌。

公子茷

十六年《傳》："囚楚公子茷。"疏："《晉語》謂之'發鉤'。蓋一名一字也。"

案："發""茷"聲相近，"鉤"亦語助，如"邾婁""於越"之類，疏説非是。（其榦案：哀五年《傳》"公子鉏"，六年《傳》作"且于"，亦"茷"與"發鉤"之類也。）

靡角

十八年《傳》："遇楚師于靡角之谷。"

案："靡角"即"礦角"，成二年《傳》："靡笄之下。"亦以"靡"爲"礦"。

鳩兹

襄三年《傳》："克鳩兹。"注："在丹陽蕪湖縣東，今皋夷也。"

案："鳩""皋"聲相近，"夷"古讀如"遲"，"夷""兹"亦聲相近。

司武

六年《傳》："司武而梏于朝。"

案：《説文》："馬，武也。"古人讀"武"若"母"，讀"馬"亦若"母"。杜故云："司武，司馬。"（吳鍾茂案：《禮記》"鸚鵡"，《釋文》作"嬰母"，是"武""母"同音之證。又"馬""武"同音，"馬""午"亦同音，"司馬"亦名"典午"，古蓋讀"馬"如"五"。）

僖閎

十一年《傳》："乃盟諸僖閎。"注："僖宫之門。"

案：周時廟制，一説大廟居中，左昭右穆，以次而南。一説大廟居中，左昭以次而東，右穆以次而西。夋雲以《爾雅》"衖門謂之閎"推之，當從"以次而南"之説。襄公之世，僖、宣爲昭，文、成爲穆。由雉門以内轉東入門爲東西大衖，衖之中閒入門爲南北大衖，直至大廟大門，衖中左旁入北一門爲昭廟，大門前東西小衖，入南一門爲次昭大門，前東西小衖，其右旁穆廟，與次穆之門衖仿此。廟皆南鄉，大衖一横一直，四小衖皆横。"僖閎"乃昭廟衖首之門，閎，大也。凡在大廟大門前，南北大衖中四門，皆得稱"閎"，故別言。入僖廟之衖門爲"僖閎"。若二昭二穆與大廟並列，則每廟雖有隔牆之門，無所爲衖，并無所爲曲，《聘禮》何以云"每曲揖"也？

務婁

十四年《傳》："執莒公子務婁。"

案："務婁"與"部婁""苻離""蒲蘆"皆聲之轉。

庾公差

十四年《傳》："庾公差。"

案："庾公差"字"魚"。而《孟子》作"庾公之斯"。夋雲謂：古"斯"與"鮮"皆讀若"西"，《孟子》蓋借"斯"爲"鮮"，猶《蓼莪》"鮮民之生"，借"鮮"爲"斯"也。此《傳》"差"疑亦"鮮"之譌。（王宗涑案："差"當讀爲"鯗"，《説文》："鯗，臧魚也。""鯗""差""斯"聲皆相近。）

胙

十四年《傳》："世胙大師。"

案：《説文》無"胙"，本作"祚"，"祚，福也"。"福""報"聲相近，故杜亦以"報"訓"胙"。

隱

二十三年《傳》："踰隱而待之。"注："隱，短牆也。"

案：《檀弓》："其高可隱也。"注："隱，據，封可手據。"蓋高四尺所，毛本"踚"作"隃"誤。

啓

二十三年《傳》："啓。"注："左翼曰啓。"

案：《爾雅·釋畜》："前右足白，啓。"據此"啓"當爲"右翼"。夌雲謂：古人上右，《左氏序》："繻葛之戰，虢公林父將右軍，曼伯爲右拒。"皆先於左，獨"子元請爲左拒"，則先於右。蓋一記設謀，一記行軍之次第也。此《傳》亦記出師隊伍之序，"啓"是右翼無疑。疏謂"凡言左右，以左爲先"，竊恐未然。（其榦案：桓八年《傳》云："楚人尚左。"則他國尚右可知。）

藥石

二十三年《傳》："孟孫之惡我，藥石也。"

案："藥"謂艸木，"石"謂箴砭。成十年《傳》："攻之不可，達之不及，藥不至焉。"《釋文》："杜云：'達，鍼也。'林云：'攻，熨灸。'"《説文》："砭，以石刺病也。"然則治病之法，三者爲大端矣。孔冲遠以"石"爲"鐘乳、礜、磁石之類"，非也。

然明

二十四年《傳》："以語然明。"注："鬷蔑。"

案："蔑"與"威"同。《淮南子》："雖明者不能然也。"注："然猶明也。""蔑"，字"然明"，蓋取火威復然之義。

療

二十六年《傳》："不可救療。"

案："療"，《詩》作"藥"，"藥"从"樂"聲，"樂"即"櫟"，言飲藥櫟櫟然難下也，故名其艸爲"藥"，而治其病爲"療"。《説文》：

"癈，治也。"重文作"療"。又"藥，治病艸。""嚛，含辛嚛也。""瘌，楚人謂藥毒曰痛瘌。""瘍，朝鮮謂藥毒曰瘍。"《玉篇》："瘌，辛也，痛也。""瘍，瘌也。"《説文》又云："辛，金剛味辛，辛痛即泣。""刺，戾也。"據此數義，知治病之物皆辛瘌、違戾不順於口，義以"刺"爲主，"勞""樂""寮"三字皆與"刺"聲相近。

璽書

二十九年《傳》："璽書追而與之。"注："璽，印也。"

案：古者封書，盛以竹筒，口用泥封，或用蠟。上以手爪畫文爲信，故"印"從"爪"。重其事，封欲密，故又謂之"璽"，從"土"、從"爾"，"爾"者，密也。至周更以玉，《掌節》曰："守邦國者用玉節。""節"即"璽"也，故籀文始從"玉"作"璽"。《説文》："璽，王者印也。"亦據秦漢以後言之耳。

象箾

二十九年《傳》："見舞《象箾》《南籥》者。"

案：《説文》："箾，以竿擊人也。虞舜樂曰箾韶。（所角切，又音"簫"）"蓋許兩釋之，徐亦兩音。夌雲以音義求之，"箾"即今所謂"槊"，以長竹爲之。象舞之用箾，猶萬舞之用干也。且許時但有"簫"音，無"所角切"音。《説文》："捎，自關以西，凡取物之上者爲撟捎。（所交切）"此即《上林賦》"捎鳳皇"之"捎"，謂以長竿擊物也。"捎"與"箾"音義皆同。若"箾韶"即下"韶箾"，當以《尚書》"簫韶"爲正，"箾"但以同聲通借耳。（其榦案：《象》《南》與《酌》《桓》《賚》《般》相類，皆樂章名也。箾與籥類，"簫"之通字，蓋以簫籥吹《象》《南》之詩，以節舞也。）

復陶

三十年《傳》："使爲君復陶。"注："復陶，主衣服之官。"

案:"復陶",疑古止作"富匋","富"从"人",與"衣"同意,取覆蓋之義。"匋"从"勹",勹,裹也。"富匋"猶"覆幬"也,聲亦與"覆幬"相近。

公子祧

三十一年《傳》:"公子祧。"

案:《說文》:"袛裯,短衣。""裯,短衣也。《春秋傳》曰:'有空裯。'"交雲謂:"裯"即"祧"之異文。《說文》本作"《春秋傳》:'魯有公子裯。'"轉寫譌脫耳。

完塓

三十一年《傳》:"繕完葺牆。"

錢竹汀先生以"繕""完""葺"三字義重,疑"完"爲"院"之譌。交雲謂:《傳》"塓館宮室",下三字義亦重,古人有此文法,"完"字未必譌也。又案:《說文》無"塓",《水部》:"漠,拭滅皃。"即"塓"字。古从"蔑"、从"末"之字可通,《禮記》:"瓦不成沫。"謂未加塓飾也,則"塓"又可作"沫"矣。(其幹案:杜注:"葺,覆也。"《說文》:"葺,茨也。""茨,以茅葦蓋屋。"是"茨""葺"爲蓋屋之名,而屋蓋亦可名"茨""葺"。《詩》"如茨",孔疏言:"如屋茨。"《史記》:"茅茨土階。""茨"與"階"爲對文,然則"葺"亦屋蓋也。覆者曰葺,且上言"高其閈閎,厚其牆垣",此不當獨言牆。正義云:"以艸覆牆。"引《攷工記》"葺屋"爲證,意以"葺牆"爲"艸覆之牆",恐未是。"館宮室"亦謂"館之宮室"耳。)

禜

昭元年《傳》:"於是乎禜之。"疏:"賈逵以爲營欑用幣。欑,聚也,聚艸木爲祭處。"

案:《說文》:"百家爲酇。酇,聚也。""欑,積竹杖也。一曰叢木。""籫,竹器也。讀若'纂'。一曰叢。"三字音義俱近。《樂記》"行綴",注:"綴,讀爲'酇'。"此又作"欑"。《國語》:"置茅蕝,設望表。"《說文》:"蕝,朝會束茅表位曰蕝。""䕼,設綿蕝爲䕼,以禳風雨。"是"蕝"乃"欑"之正字。

冱寒

四年《傳》:"固陰冱寒。"

案:"冱"《釋文》作"沍"。夌雲謂:《傳》止作"互",故疏引《周禮》"掌取互物"爲證。"互"之爲字,象交結不解之形,杜故訓"閉"。"寒"即"仌"也。"互寒"謂仌上下堅凝,如龜鼈之甲也。"冱""沍"並俗字,《說文》未收。

送女

五年《傳》:"晉韓宣子如楚送女,叔向爲介。"

案:"送女",相臺、岳本及各本皆同,注家亦無説。夌雲謂:"送"當作"致",字之譌也。攷桓三年《經》:"秋九月,齊侯送姜氏於讙。冬,齊侯使其弟年來聘。"《傳》曰:"致夫人也。"注:"古者女出嫁,又使大夫隨加聘問,存謹敬,序殷勤也。"又成九年《經》:"二月,伯姬歸于宋。夏,季孫行父如宋致女。"注:"女嫁三月,又使大夫隨加聘問,謂之致女。"是古嫁女之後,有致女之禮也。今《傳》上云"晉侯送女于邢丘",下又云"君親送之,上卿及上大夫致之",是明言宣子及叔向致女也。然則韓宣子如楚致女,正與季孫行父如宋致女一例,故知"送"爲字之譌。

聳

六年《傳》:"聳之以行。"注:"聳,懼也。"疏:"《釋詁》文也。彼作'竦',音義同。"

案:《爾雅》注引《詩》:"不戁不竦。"毛傳:"戁,恐。竦,懼也。"《説文》:"戁,敬也。""竦,敬也。""愯,驚也。讀若'悚'。""𢥠,懼也。《春秋傳》曰:'駟氏𢥠。'"今《傳》作"駟氏聳"。夌雲謂："敬""驚"皆有"懼"意，"竦""愯""慫"三字音義同。"聳"，《說文》作"𦕾"，云："生而聾曰𦕾。"蓋以音同叚借。

經略

七年《傳》："天子經略。"注："經營天下，略有四海。"

夌雲謂：直行曰經，方折曰略。經，織之直者。《禮記》："經禮三百，曲禮三千。""有經而等也，有曲而殺也。"皆以"經""曲"對言，以"經"有直義也。

陽

十二年："納北燕伯于陽。"《傳》作"唐"。

夌雲謂："陽"當作"喝"，即古文"唐"。"喝"見《說文·口部》，形與"陽"相涉而譌。注云："陽即唐。"以今字訓古字，則杜所見本"喝"猶未譌爲"陽"也。

送子

十四年《傳》："欲請送子。"注："送使出奔。"

案：《樂記》："投殷之後於宋。"《說文》："宋，居也。讀若'送'。"夌雲謂：宋本商丘地，武王以前未有"宋"名，蓋因投送武庚而名爲"宋"。"宋"與"送"音義皆同，"投""宋"亦聲轉，猶"蕾"之於"菿"也。

肄

十六年《傳》："莫知我肄。"注："肄，勞也。"

案："肄"，《雨無正》作"勩"，毛傳訓"勞"，《說文》引《詩》亦作"勩"，云："勩，勞也。"然《谷風》"既詒我肄"毛傳亦訓"勞"，正義曰："《釋詁》文。《爾雅》作'勩'，孫炎曰：'勩，習事之勞也。'"《說文》："肄，習也。"然則"勩""肄"音義並近，古本通用。

鋭

十六年《傳》："不亦鋭乎。"注："鋭，細小也。"

案：《説文》："鋭，芒也。"籀文作"剡"。而"錐""鑱"並訓爲"鋭"，又《食部》："餀，小餤也。"《艸部》："藆，艸之小者。"然則"鋭"訓"小"，正義也。

采叔

十七年《傳》："季平子賦《采叔》。"注："《采叔》，《詩·小雅》。"

案：《晉語》："秦伯賦《采叔》。"亦作"叔"。此《傳》釋文無"采叔"，唐石經及各本皆作"叔"。《説文》："未，小豆也。""叔，拾也。汝南名收芌爲'叔'。"重文作"村"，無"菽"字。爻雲疑《毛詩》"菽"字，後人加"艸"，陸德明所見本亦同。此《傳》借"叔"爲"未"，故《詩》釋文既不云《左傳》作"叔"，而此《傳》亦不更爲"采叔"音釋也。

司事

十七年《傳》："鶻鳩氏，司事也。"疏："《釋鳥》云：'鶻鳩，鶻鵃。'舍人曰：'今之斑鳩。'司事，謂營造之事，於六官屬司空。此各爲一官，猶《舜典》司空、共工各爲一官也。"

案："營造之事"，自有五工正主之。爻雲謂：古"事"與"士"通，"司事"即"司士"也。周之司士屬司馬，掌治朝之班位。少皞、司士當兼典人神之秩序，猶周之宗伯也，故與司馬、司空並列。又案："鶻""鵑"聲近，"鵃""鳩"亦聲近。杜注"鶻"作"鵑"，字亦可通。當是鳥之群飛有序如鴈鷖者，故俗又稱斑鳩，而古以名典禮之官也。

徵

十七年《傳》："是其徵也。"注："徵，始有形象而微也。"

案："徵"字從"壬"、從"微"省，杜解"徵驗"之"徵"。《説文》："徵，召也。壬①爲徵，行于微而文達者即徵之。"乃解"徵召"之"徵"，故二説不同。《尚書序》："虞舜側微，堯聞之聰明。"其經曰："舜生三十徵，庸。"（王宗涑案：《説文》"徵行"當作"德行"，"文達"當作"聞達"，字之譌也。解兼"驗"與"召"二義言。）

東門

十八年《傳》："子産辭晉公子、公孫于東門。"疏："自晉適鄭，當入西門，而辭之東門者，鄭城西臨洧水，其西無門。"

案：十九年《傳》："龍鬭于時門之外洧淵。"時門臨洧，當即西門，疏説未盷。

屏攝

十八年《傳》："巡群屏攝。"疏引《楚語》"屏攝之位"。

案：韋昭云："屏，屏風也。攝形如今要扇，皆所以分別尊卑爲祭祀之位，近漢亦然。"據韋氏説，當讀"攝"爲"襵"。《檀弓》"置翣"，注："翣，以布衣木，如今襵。"正義云："襵，漢時之扇。"（其榦案：疏引鄭衆云："攝，束茅以爲屏蔽。"據此，攝即茅蕝也。"蕝"古讀如"色"，"攝""蕝"聲近，"蕝"，正字；"攝"，借字。漢易"蕝"爲"扇"，以布衣木，因改用"襵"。）

嫠婦

十九年《傳》："己爲嫠婦。"《釋文》作"釐"，云："依字作'嫠'。"

案：《説文》無"嫠"，"釐，家福也。""斄，塀也。"然則古止作

---

① "壬"字本無，據《説文》補。

"𠭥"。

乘遽

二十年《傳》："乘遽自閱門入。"

案："乘遽"即"乘遽"也。《説文》："遽，大馳也。""遽，傳也。"音義並近。

萑苻

二十年《傳》："取人於萑苻之澤。"注："萑苻，澤名。"

案：《釋文》："'苻'音'蒲'，又如字。"焌雲謂：古音多重脣，讀"苻"如"蒲"。"萑苻之澤"與前"澤之萑蒲"，字異義同。以澤有萑苻，故謂之"萑苻之澤"，非澤名"萑苻"也。

耆

二十三年《傳》："不懦不耆。"注："耆，彊也。"

案："耆"有彊義，故魚龍脊上有立起者爲耆，人老則骨節不和、屈伸不利，亦謂之耆。

陪敦

定四年《傳》："分之土田陪敦。"

案：正義引《明堂位》言："魯地七百里者，有附庸以包之也。"是孔意"陪敦"爲附庸也。焌雲謂："土田陪敦"與《閟宫》"土田附庸"語正合。"陪"讀與"附"同，"敦"當爲"㒄"字之譌也。《説文》："坿，益也。""附，附婁，小土山也。《春秋傳》曰：'附婁無松柏。'"今《傳》作"部婁"，是"陪"與"附"通也。《㒄部》："㒄，用也。讀若'庸'。"《左傳》多古字、古言，以"陪㒄"爲"附庸"，皆古文也。

直蓋

九年《傳》："與之犀軒與直蓋。"注："直蓋，高蓋。"

案：《攷工記》："輪人爲蓋，達常圍三寸，桯圍倍之，六寸。"鄭司農云："達常，蓋斗柄，以下入杠中也。桯，蓋杠也。"夌雲謂："桯"猶"楹"也。蓋杠謂之"桯"，其直可知，"達常"謂之"蓋斗柄"，以其曲如斗柄也。《說文》"㫃"注云："从'中'，曲而下垂。"則旌旗之杠亦上曲者也。《攷工記》又云："部長二尺，桯長倍之，四尺者二。"部即蓋斗柄，部二尺，桯八尺，是蓋高一丈，乃定制，未聞有高卑之等。古者立乘，人長八尺，與桯等，斗柄上曲，欲人得立蓋下之中也。杠無長短，唯弓有長短，六尺謂之庇軹，五尺謂之庇輪，四尺謂之庇軫。所庇者小，暑雨易侵，故必上曲其柄，令人居中；所庇者大，暑雨難入，人雖不居中可也。然則直蓋者，謂弓長八尺之大蓋歟？（其榦案：《史記·管晏列傳》："擁大蓋。"晏子是卿，注以"犀軒"爲"卿車"，則直蓋謂大蓋，明矣。）

董安于

十三年《傳》："董安于聞之。"

案：《趙策》："夫董閼安于，蒲子之才臣也。"增一"閼"字。夌雲謂："閼""安"聲近，"安于"或作"閼于"，遂致誤衍一字，《晉語》亦止作"董安于"。

栽

哀元年《傳》："里而栽。"疏："築牆立版謂之栽。栽者，豎木以約版也。"

案：《釋文》引《說文》云："築牆長版也。"不若疏之精核。栽，植也。

三罪

十七年《傳》："數之以三罪而殺之。"注："三罪：紫衣、袒裘、帶劍。"

案："三"當爲"亖"之誤，"亖"，古文"四"。上文云"請三之後，有罪殺之"，則必有四罪，而後可殺也，故知《傳》本作"亖"，且左氏序"褻甸"於"紫衣"之上，是亦一罪也，亦適合亖罪之數。

卷三　經説下

《春秋公羊傳》

襚

隱元年《傳》："衣被曰襚。"注："襚猶遺也。"

案："襚"，當讀爲"裞"，裞之言挩也。死者之衣被，不復解挩，而"裞"取"解挩"爲名者，不忍死其人之意也。《説文》："裞，贈終者衣被曰裞。"蓋即據此傳爲説，是《公羊》古自有作"裞"之本可知。"襚，衣死人也。《春秋傳》曰：'楚使公親襚。'"是則贈之爲"裞"，衣之爲"襚"也。二字義别，此借"襚"爲"裞"，"裞"聲近"襚"也。

桓賊

桓二年《傳》："隱賢而桓賊也。"

案：唐石經"賊"作"賤"，或以何注有"賤不爲諱"之文，疑毛本"賊"爲譌字。夋雲謂：隱元年《傳》明言"隱賢而桓貴"，此云"桓賊"，以桓弑隱故耳，石刻自誤。

鹿門、爭門

閔二年《傳》："自鹿門至于爭門者是也。"注："鹿門，魯南城東門也。"不釋"爭門"所在。

案：《説文》："净，魯北城門池也。"徐楚金引此傳，又云："臧孫奔齊，自鹿門争門。則（古"則""即"通）净門皆北門也。"爻雲謂："臧紇斬鹿門之關，出奔邾"，小徐以爲"奔齊"誤矣。"邾"即今騶縣，在曲阜東南，宜从何注。

土

僖三十一年《傳》："天子祭天，諸侯祭土。"

案："土""地"聲轉，"土"之於"地"，猶"火"之於"焜"，"貨"之於"賄"，古今字也。故經傳多以"土"對"天"，《易》"麗乎天""麗乎土"、《詩》"溥天率土"與此傳皆是。

嶔巖

三十二年《傳》："必於殽之嶔巖。"

案：《穀梁傳》作"巖唫"，彼《釋文》云："'唫'本作'崟'，音吟，一音欽。"《説文》無"嶔"。"崟，山之岑崟也。""巖，岸也。""崟，山巖也。讀若'吟'。"徐楚金於"崟"下引張協詩云："周文走岑崟。"而李善注《文選》引《公羊》此《傳》解之。然則"嶔"乃俗字，《穀梁》別本作"崟"，正字也。"崟""巖"音義並同。

騂犅

文三十年《傳》："魯公用騂犅。"注："騂犅，赤脊也。周制以脊爲差。"

疏正以"山脊"曰"岡"，故知"騂犅"爲赤脊矣。《釋文》云："'犅'，《詩》作'剛'。"《漢書·五行志》注云："鬣，領上鬣也。"《楚詞·守志》："覽高岡兮嶢嶢。"注云："山嶺曰岡。""嶺"俗"領"字。然則"岡""領"同義。《曲禮》："豕曰剛鬣。"亦謂豕肥則脊上毛長也。"剛"，叚借字，古止作"岡"。"騂犅"爲赤脊，信矣。天子騂犠，純赤，諸侯騂犅，但脊上毛赤，以是別尊卑之等，故注云："周制以脊爲差。"《説文》："犅，特牛也。"不若何説之旳。

侵柳

宣元年："晉趙穿帥師侵柳。"《左氏》作"崇"。

案：《春秋經》三《傳》，多以聲近相借，如"歸邴"之爲"歸祊"，"包來"之爲"浮來"，"曲池"之爲"毆蛇"，"夫童"之爲"夫鍾"，"犀丘"之爲"鄭丘"、又爲"師丘"，皆是。獨此《傳》以義同借。鄭注《尚書大傳》及《周禮》皆云："柳，聚也。"《酒誥》"其敢崇飲"傳、《左傳》"崇，卒也"，注亦皆云："崇，聚也。"

畚

六年《傳》："有人荷畚。"注："畚，草器。若今市所量穀者是也。齊人謂之鍾。"

案：《左傳》："置諸畚。"注："畚，以草索爲之，其器可以盛糧。"《周禮·挈壺氏》鄭司農注亦云："畚，所以盛糧。"然則《説文》云："畚，䒵屬，蒲器也。所以盛穜。"乃"盛糧"之譌矣。許君所謂"蒲器"，是編蒲柳以爲器，可以盛糧，如今俗所謂"笆"是也。字書無"笆"，疑即"畚"之聲轉。夌雲謂："畚"爲蒲艸之器，漢時或然。字從"甾缶"之"甾"，當是瓦器。古量穀用六斛四斗之鍾，亦是瓦器，故齊人謂"畚"爲"鍾"。（其榦案：謂"畚"之聲轉爲"笆"，確極，故俗或呼"笆"爲畚斗。"鍾"亦"畚"之聲轉，猶"伯尊"之爲"伯宗"也。量穀、盛土，古並用畚，當以其器輕而易舉故也。謂是瓦器，未旳。）

暴桑

六年《傳》："活我于暴桑下者也。"注："暴桑，蒲蘇桑。"

案："蒲蘇"猶"扶疏"也，然則"暴桑"即"槫桑"矣。"槫""蒲""暴""柔"皆一聲之轉。《大雅》云："鬱彼桑柔。""柔"，古讀如"猱"，《左傳》謂之"翳桑"，杜注："桑之多翳蔭者。"意亦與此同。

柑馬

十五年《傳》："柑馬而秣之。"注："秣者，以粟置馬口中。柑者，以木銜其口。"

案："柑"從"木"。《釋文》、唐石經並同。而《說文》無"柑"，《木部》"某"從"木"、從"甘"，訓"酸果"，與"柑馬"義絕異。夋雲謂："柑"當止作"甘"，即"銜"也，"甘""銜"古今字。以金置馬口中曰銜，行馬則銜之，止馬則卸之，故"銜"從"金"，"行"聲。"甘"《說文》作"㘴"，從"口"含"一"，象口中有物形，正"銜"在馬口中象也。古文一字兼數義者甚多，則"甘"即"柑"之本字明矣。《說文》："拑，脅持也。""鉗，以鐵有所結束也。"此謂持以手，束以鐵，若口之含物然，故從"手"、從"金"。"銜"，馬口所含，不能含物，古即有以木爲之者，字不當從"木"。"柑"，俗字也。馬口有柑，則不能食，置粟馬前，示敵以粟有餘也。注謂"以粟置馬口中"，未是。

棓

成二年："踊于棓。"注："凡無高下有絕，加躡版曰棓，齊人語。"

案：《說文》："棓，梲也。（步項切）"即今"棒"字，非此義。"棓"當讀與"桴"同，《論語》"乘桴"，《爾雅》作"乘泭"。"桴"之爲"泭"，猶"浮"之爲"柎"也。古所謂"桴"，今之浮橋是其遺制；古所謂"棓"，今之浮梯是其遺制。吳俗名"浮梯"爲"踏棓"，從"音"、從"孚"、從"付"之字，古皆通用。《左傳》"楄柎"，《說文》作"楄部"；"部婁"，《說文》作"附婁"。《釋文》"棓"，音"普口""步侯"二反，未合古音。

薪采

哀十四年《傳》："薪采者也。"疏："'薪采'猶言'采薪'也。"

案："薪"古止作"新"，以斤斫取曰"新"，故"新"從"斤""亲"；以手折取曰"采"，故"采"從"爪""木"。木伐更生，凡除舊生新者，皆名爲"新"；果孰必采，凡采而可食者，皆名爲"采"。加"艸"作"薪""菜"，以別"新舊"之"新"，"采取"之"采"，非古文也。包束乾艸曰"芻"，攀折木枝曰"蕘"，《説文》："新，取木也。""采，取也。""薪，蕘也。""蕘，薪也。""芻，刈艸也。象包束艸之形。"（王宗涑案：《説文》："茭，乾芻。"則芻非乾艸矣。蕘非木枝，故訓"薪"。"薪"與"新"別，芻、蕘、薪，皆艸也，故字亦皆從"艸"。芻，艸之短者，宜於包束；蕘，艸之長者，字故從"堯"。《費誓》"芻""茭"、《無羊》"薪""蒸"，皆生芻、乾艸相對。薪若木枝，豈可飼牛羊?）

《春秋穀梁傳》

所俠也

隱九年《傳》："俠者，所俠也。"注："俠，名也。所，其氏。"疏："尹更始云：'所者，俠之氏。麋信以爲，所謂斥也。'"

夌雲案：麋氏蓋讀"所"爲"訴"，故訓"斥"。《廣韻》："所，亦姓。漢有諫議大夫所忠。"

厶

桓二年："蔡侯鄭伯會于鄧。"注："鄧，某地。"

案：《釋文》"某"作"厶"，云："本又作'某'。不知其國，故云'厶地'。後皆放此。"據此知何注元本"某"皆作"厶"，此古文之僅存者。"厶"即《説文》訓"姦衺"之"厶"。夌雲謂："厶"兼"晦""某""私"三音，字當作"囗"，象一夫百畮之形，與"〇"

（音"圈"）"○"（音"環"）（"○"，王宗涑案："圈"即"環"，分爲二，非。）二字同意。古者井田中百畮爲公田，八家皆囗百畮。《説文》引韓非"自營爲囗，背囗爲公"，而其本書作"自環爲囗，八囗爲公"，則韓非蓋謂"自○者爲囗"耳。"八"，古"別"字，"八囗爲公"，謂別于"囗"也。公田唯一，囗田有八，八家各有其一，故曰"厶（音"某"）田"，環而不帀者，辟"○""○"二字也。（王宗涑案："公""厶"二字，皆爲井田而制，"厶"之別于"○"，不在"不帀"，"○"圜轉而帀，"厶"當方轉而周，作"囗"。"○"形象天，有"圈""轉"二音；"囗"形象地，有"私""某""矩""方"四音。而"○""囗"又並有"圈""營"二音。《周語》"規方千里"，以"規""圈""囗"同音，而借"田"從"囗"，讀如陳，即"營"音之轉也。囗田有八，各系以田主之名，則曰"某"。"囗"與"某"，義之轉，亦聲之轉。田百畮爲頃，"頃"即"營"，"營"即"囗"也。以田百畮必作一方界以營之而名，後人變體作"ㄥ"，環而不帀，又借爲"姦囗"字，於是更作"私""畮"二字，"某"又"畮"之叚借也。然《説文》曰："私，禾也。北道名禾主人曰私主人。""私禾"猶云"某禾"，可證"私""某"古同作"囗"也。"公"外從"八"，中從"囗"（音畮），以私田環外者八，中止百囗也。"囗"，古讀如甫，聲轉爲"公"。猶"喉"音如"胡"聲轉爲"嚨"也。"公"與"谷"實一字，《説文》"谷"訓"九州之渥地"，與《左傳》"井衍沃"義合。《説文》"裒"，從"公"聲，陸元朗以爲《説文》"裒"字從"谷"。愚謂："谷""公"之聲轉，字本同，"農"從"凶"聲可證也。又案："畮"，本"某人"之"某"，或以爲"頃畮"字，乃"頃步"之通借，古"畮""步"同音也。一頃之田，從橫皆百步，其形方，畮以步計，人行向前，其形長，廣則伸臂一尋，如前行八尺之度，《説文》"步百爲畮"，以從言，其實橫止一步也，故曰"畮"。田有頃畮，猶算有面線也。先生之説，較許書爲精核，而義有未盡，復爲箋釋之如此。）

謹言

三年《傳》："謹言而退。"

案："謹言"《公羊》作"結言"，"結""謹"聲相近。

昔

莊七年《傳》："日入至于星出，謂之昔。"

案："昔",上从"夶"。古文《尚書》以"夶"爲"虞"字。夌雲謂:"昝"與"莫"同義。"莫",將没之日也,故從"日"在"茻"中。"昝",日入虞淵,既没之日也,故從"日"在"夶"下。《説文》:"昝,乾肉也。从殘肉,日以晞之,與'俎'同意。"失之。訓"乾肉"之"昝",自當依籀文作"膳"。"昝"古與"寫"同音,故經"辛卯昝",左氏作"夜"。"昔""夜"音義並近。

沙鹿

僖十四年:"沙鹿崩。"傳:"林屬於山爲鹿。沙,山名也。"

案:"鹿"當爲"陸",高平曰陸,故有大陸、平陸之名。古字止作"圥",上从"屮",象林也。其地平,故公羊以爲"河上之邑,陷入地中"。而此《傳》亦云:"無崩道也。""沙鹿"猶"旱麓",《國語》引《詩》作"旱鹿",蓋以其山多旱石而名。《説文》:"厲,旱石也。"旱石今俗呼"沙石"。

《禮記》

辟咡

《曲禮上》:"辟咡。"注:"口旁曰咡。"

案:《説文》無"咡"。《口部》:"咠,聶語也。"《耳部》:"聶,附耳私小語也。"夌雲謂:"辟耳"猶"附耳"也,字當止作"耳"。

繕

《曲禮上》:"急繕其怒。"注:"繕讀曰勁。"

夌雲案:"繕"當讀爲"引"。

展軨

《曲禮上》:"僕展軨。"疏:"舊解云:'軨,車闌也。'盧氏云:

'轳，轄頭轊也。'皇氏謂：'轳，轊頭。'盧言是也。一則車行由轄，二則'闌笒'之字不作'車'邊爲之。"（其榦案：阮刻注疏本"轄頭轊"，"轊"作"靵"，"轊頭"，"轊"作"轄"。陸氏《釋文》單行本"靵"從"旦"，《説文》無"靵"字，"靵，柔皮也。"此引疏文似誤。）

案：《説文》："轳，車輹間横木。"重文作"轊"。"笒，車笒也。"徐楚金曰："車闌下竹織孔聆聆也。""轊，車横轳也。""専，車軸耑也。"重文作"轊"。《玉篇》："轊，車軸頭也。"《説文》："舝，車軸耑鍵也。""轄，車聲也。一曰轄，鍵也。"據此，"轳""笒"文異義同。"轊"，亦其物也。經文既作"轳"，舊解爲是。但駕車效駕之前，似不當展視轳闌，故有盧氏之説，而皇氏从之。然脂車設舝，皆駕車之事，且"舝"不當云"展車舝"。傳云："閒關，設舝也。"姣雲謂："轳"，當讀爲"鈴"，展鈴，蓋展視鸞和之類。

歲、年

《曲禮下》："歲凶，年穀不登。"疏引《周禮》注曰："朔數曰歲，中數曰年。"

姣雲謂：疏説非。"歲"以天事言，凶荒是天事，故云"歲凶"；"年"以人事言，穀是人事，故云"年穀"。若通言之，則豐、凶亦稱"年"。

卻地

《曲禮下》："相見於卻地曰會。"注："卻，閒也。"

姣雲謂："卻"當讀爲"隙"。《左傳》："宋鄭之閒有隙地焉。"《説文》："卻，節欲也。""隙，壁際孔也。"是"隙"爲"閒隙"，"卻"乃"卻退"也。《周禮》曰："鳴鐃且卻。"（其榦案："卻"陳氏《音注》作"郤"，隙同。）

檀弓

"檀弓"，正義云："六國時人。知者，以仲梁子是六國時人。此篇載仲梁子，故知也。"

斆雲案：檀弓與孔子、子游同時，第一節立子立孫之議可證也。篇中所載仲梁子説帷堂之故，亦記《禮》者述之云爾，非檀弓之記述。孔沖遠引以爲證，與兒童之見無異，真不可解。

頎

《檀弓上》："頎乎其至也。"注："頎，至也。"

案：《説文》大徐本無"頎"，《繋傳》："頎，頭佳也。"毛傳："頎，長貌。"皆非此經義。斆雲謂："頎"當爲"齦"。《説文》："齦，齧也。"凡齧物必切齒，故俗謂"真至"爲"齦切"，是"齦"有"至"義也。字或作"狠"，《説文》："狠，齧也。"音義皆與"齦"同，蓋豕之齧也。俗作"懇"，《攷工記·輈人》："輈欲頎典。"注："鄭司農云：'頎讀爲懇。'"

從從

《檀弓上》："爾毋從從爾。"注："從從謂太高。"

案："從"，古"聳"字。《廣韻》："聳，高也。"陸德明："音總，一音崇，又仕江切。"皆未旳。

卜人

《檀弓上》："卜人師扶右。"注："'卜'當爲'僕'。"

案：《説文》"墣"，重文作"圤"，是二文本通也。《木部》："樸，木素也。""朴，木皮也。"當亦可通。即"仆"與"僕"亦何不可通？（王宗涑案：朴，木皮堛裂如龜兆。仆，人身傾頓，如卜之偃臥龜版，故並从"卜"。樸，木上削下之素，輕薄如叢屮。僕，人供細小之役，如収執叢屮，故並从"丵"，此四字義不可通。土可収執者，其塊也，而塊必堛裂，故《説文》以"圤"重"墣"。先生但究其聲，未詳其義也。）

桃茢

《檀弓下》："以巫祝桃茢。"注："桃，鬼所惡。茢，萑苕，可埽不祥。"

案：《淮南子·説山訓》："羿死于桃棓。"古"棓"與"棓"通，注故以"桃""茢"爲二。然《説文》云："茢，芀也。""芀，葦華也。""䕛，黍穰也。""芀"即"苕"，"䕛"即"茢"。黍穰亦可爲茢，故稱"䕛"。然則"桃茢"，蓋以桃枝爲茢也。經言"桃茢"，明拂殯之茢，異於常用之葦茢、黍䕛也。

韇弓

《檀弓下》："韇弓。"注："韇，韜也。"

案：實其中謂之"韇"，冒其外謂之"韜"。

畫宮

《檀弓下》："畫宮。"注："畫地爲宮象。"

案：《聘禮》："爲壝壇，畫階，帷其北，無宮。"注："無宮，不壝土，畫外垣也。"然則"畫宮"是兼畫外垣者。《爾雅》："大山宮小山。"注："宮謂圍繞之。"是也。

辟雍、頖宮

《王制》："天子曰辟雍，諸侯曰頖宮。"注："辟，明也。雍，和也。所以明和天下。頖之言班也，所以班政教。"

案：康成此注，尚是肐説。《魯頌》箋云："辟雍者，築土雝水之外，圜如壁，四方來觀者均也。泮之言半也。半水者，蓋東西門以南通水，北則無之。"乃得正解矣。

仂

《王制》："祭用數之仂。"

案:《説文》作"仂",云:"材十人也。"蓋以一人而兼十人之材者,字故从"十",是"仂"本有什一之義,故鄭以"什一"訓"仂"。(其榦案:"仂""什",聲義並同。《説文》"佰"字注云:"相什佰也。")

廛

《王制》:"市廛而不稅。"

案:《説文》:"廛,二畝半,一家之居。"此説未是。《冂部》:"市有垣,从'冂'。"《宫部》:"營,市居也。"知市宅與民居不同。古者居民五家爲比,同一巷;二十五家爲里,同一閭;市則外周以大垣,其中四面皆有屋,故以"營"爲"市居"。夌雲謂:古讀"營"如"環","環"音"旋",是"營"與"廛"爲音近;"廛"有"纏繞"之意,是"廛"與"營"爲義近也。《孟子》"願受一廛",亦市居。又案:澶水當以水流環繞得名,故《説文》無"澶"。(其榦案:古民居,邑曰廛,野曰廬。《詩》:"中田有廬。"即公田中二十畝爲廬舍也。《孟子》"廛無夫里之布",與"市廛而不征"別言之,是"願受一廛",非"市廛"也。《説文》"廛"義自確,蓋邑居圍聚,有環繞之意;野居散布,有廬陳之意。先生"廛"字之説,兼民居言,義亦通也。)

囹圄、桎梏

《月令》:"仲春,省囹圄,去桎梏。"

案:《廣雅》:"周曰囹圄。"乃其臆説。此疏引焦氏苕崇精"囹圄何代之獄"問,曰:"《月令》,秦書,則秦獄也。"其説是。徐楚金曰:"圄,櫺也,櫺檻之屬。"説更精。蓋獄舍四旁皆施闌楯,其孔櫺櫺,故字从"令",圄之有圄,所以防囚之越逸。《説文》:"圄,獄也。"疏:"蔡云:'圄,牢也。'"並非"圄"字本義。又疏曰:"《掌囚》云:'上罪梏拲而桎。'""拲"爲在手,"梏"與"拲"連文,故知亦在手。夌雲謂:在手曰"梏",鄭注本誤。《爾雅》:"梏,直也。"知與拲横施者異。梏,蓋一端箸于頸、一端箸于手,故亦名"梏拲"。(其榦案:梏、拲不相連,司馬遷《報任安書》云:"關三木。"關,貫也。謂頸貫梏,手貫拲,足貫桎。)《噬嗑》上九："何校滅耳。""校"在頸，故云"何"。"梏""校"聲相近。《説文》："梏，手械也。""告，牛觸，角箸橫木，所以告人。"説並非。牛觸，則以竹若木附于繩，一端支牛口鼻之旁，一端人執之，使牛不得近人。"告""梏"古今字。（王宗涑案：《説文》"所以告人"謂"告"，"所以梏人"與"角箸橫木"爲二義。"告語"字，先生《小學説》以"卜"字當之，是也。《木部》"梏"，後人竄入。"告"即梏衡，"告""梏"聲近，"衡""告"雙聲。古牛放牧，告箸于角；吴牛繫牧，告附于繩。）"桎"與"銍"同意。刈禾從禾根刈之曰銍，故在足之械亦謂之桎。

畢翳

季春，"置罘、羅網、畢翳"。注："網小而柄長謂之畢。翳，射者所以自隱也。"

案："畢"訓"網"，常訓也。但言"網"者多，不當遺弓矢。夌雲謂："畢"當爲"彈"，"翳"當爲"䈰"。《説文》："彈，躲也。《楚辭》曰：'弓焉彈日。'""䈰，盛弓弩矢器也。《國語》曰：'兵不解䈰。'"今《國語》亦作"翳"，後人所改。況今《月令》"翳"作"弋"，"畢""弋"連文，益見此二字當作弓矢解矣。又《齊風·盧令·序》云："襄公好田獵畢弋。"（王宗涑案："彈"即"弋"之正字。凡物之聯繫者曰"畢"，彈躲之弓與矢亦有系以聯之，故字從"畢"。弋，橛也。《隹部》"雉"，俗字，"彈翳"相爲用，"翳"解宜从注。）①

蕤賓

仲夏，"律中蕤賓"。

案：《周語》以"安靜"釋"蕤"，是讀"蕤"爲"綏"。《漢書·律厤②志》釋"蕤"爲"繼"，則讀"蕤"爲"緌"。《釋詁》："緌，繼也。"然"綏""緌"古通用。

---

① 此下本有"仲夏律"三字，乃涉下文衍，今據廣雅書局本刪。
② "厤律"，本誤"律厤"，據廣雅書局本改。

臺榭

仲夏，"可以處臺榭"。注："闍者謂之臺，有木者謂之榭。"疏："《釋宮》云：'闍謂之臺。'李巡曰：'積土爲之，所以觀望。'又云：'無室名曰榭。'"郭云："榭，今之堂堭。"

案：《爾雅》既云"闍謂之臺，有木者謂之榭"，又云"無室曰榭，四方而高曰臺"。前後異文，當亦異義，邢叔明謂"榭"有二義，無室之榭，以《春秋》宣十年"成周宣榭①"及《鄉射禮》"榭則鉤楹內"二"榭"當之，有木之榭，以此"可以處臺榭"當之。此說是也。夌雲因通解之，曰"闍"者，上小下大之謂，《說文》："䑏，一曰下大也。"字亦从"者"，可以類推。故康成用《爾雅》"闍謂之臺"，增一"者"字，與下"有木者"句同法。臺，無木者也，故下云"有木者謂之榭"。郭云"臺上起屋"，則此榭與高臺爲類，是"榭"之高者。又云"無室曰榭"者，承上文"室有東西箱曰廟，無東西箱有室曰寢"而言也。廟、寢皆有室，故曰"無室曰榭"，則此榭與廟、寢爲類，是榭之平者也。下又云"四方而高曰臺"者，以前文單言"闍"，義有未盡，故於此因言"榭"，而兼足前文也。

占兆

孟冬，"命大史，釁龜筴占兆，審卦吉凶"。注："筴，蓍也。占兆，龜之繇文。卦吉凶，謂《易》也。審者，錄之而不釁。筮，短於兆也。"疏："觀鄭注'占兆''釁'之分明，而皇氏云'唯釁龜筴命大史，唯占視兆書不釁'與鄭注違，其義非也。"

案：鄭以"釁龜筴占兆"五字連讀者，以不解"占"字有視義也。皇氏訓"占"爲"視"，依《方言》也，其說爲長。"龜"爲"卜"，"筴"爲"筮"，"占兆"承"龜"而言，"審卦"承"筴"而言，"吉

---

① "榭"，本誤"射"，據廣雅書局本改。

凶"則總承"兆、卦"而言，經文固顯然可知。《説文》："占，視兆問也。"《周禮》："君占體，大夫占色，史占墨，卜人占坼。"康成彼注："體，兆象也。尊者視兆象而已。"亦訓"占"爲"視"。獨注此經及《論語》"不占而已矣"，俱不以"占"爲"視"。

鍵閉

孟冬，"修鍵閉，慎管籥"。注："鍵，牡；閉，牝也。管籥，搏鍵器也。"

案："鍵"與"楗"同。《説文》："楗，限門也。""鍵，鉉也。"炱雲以爲，建，立也。"鉉"即"門"，乃横設之物，今限門或用從者、或用横者，則鍵當從，閉當横也。（王宗涑案：《説文》："閉，闔也。從'門''才'，所以歫門也。""歫門"，俗謂之"堂門"，楗、閉皆從，但楗長而閉短耳。）

來年

孟冬，"天子祈來年于天宗"。

案：《説文》："來，周所受瑞麥也。""年，穀孰也。從'禾''千'。"炱雲謂：孟春祈穀，季春爲麥祈實，分而祈之也。此"祈來年"，合而祈之也。"來"指麥言，"年"指禾言也。

麋角解

仲冬，"麋角解"。

案：《説文》："鹿，獸也。"《爾雅》疏引作"解角獸也"。凡四足而毛者，皆獸也，許君必不單訓爲"獸"，蓋總訓之曰"解角獸"。而下文云"麔，牡鹿也，以夏至解角。""麋，鹿屬，冬至解其角。""麎，牝麋也。""鹿""麔"二篆相接，"麋""麎"二篆亦相接，明麋與鹿同類而異種。其"夏至解角"者，既是牡鹿，則"冬至解角"者爲牝麋可知。蓋許君以牝牡分陰陽者也，而此經但言"鹿""麋"，則以山澤分陰陽者也。

亨

《禮運》："以亨以炙。"注："亨，煮之鑊也。"

案：今人煮物當煎齏之，候洪以酒酢，謂之"亨"，然後蓋而煮之，以孰謂度，此正"亨"之古義。亨，所以解其羶而發其香也。故《祭義》云："亨孰羶薌。"言亨而孰之，則羶者亦香也。"香""薌"古通用。煮物馨香則可享，《說文》"亨""享"並作"亯"，訓"獻"，"亨"之轉義也。

酪

《禮運》："以爲醴酪。"注："酪，酢截。"

案：《說文》："截，酢漿也。""酢漿"猶云"酸漿"，《漢書·食貨志》："醋截灰炭。""醋截"猶云"查滓"也。

羔豚、大牢

《禮器》："羔豚而祭，百官皆足。大牢而祭，不必有餘。"注："足猶得也，稱牲之大小而爲俎，此指助祭者耳。而云'百官'，喻衆也。"

案：此當是爵卑則助祭者少，故羔豚亦足；爵尊則助祭者多，故大牢無餘，此之謂"稱"也。注以"稱"爲"稱牲之大小"，似未盷。

惡池

《禮器》："必先有事于惡池。"注："惡當爲呼，聲之誤也。呼池、嘔夷，并州川。"

案：《說文》："滋，水入呼沱。"鄭說是也。

雕幾

《郊特牲》："丹漆雕幾之美。"注："幾謂漆飾沂鄂也。"

案：此注有脱譌。"幾"通"畿"，"畿"即"圻"，故《少儀》注作"圻鄂"，此當云"雕，謂以丹漆飾之。幾，圻鄂也"。郭璞《上林賦》注："彫，畫也。""彫""雕"古通。又《哀公問》注："雕幾，附纏之也。"（其斡案："纏"即"靭"，《説文》："車約靭也。《周禮》：'孤乘夏靭。'"蓋以漆飾約靭，若夏翟然，其義與"雕幾"合。）

稰穛

《内則》："稰穛。"注："孰穫曰稰，生穫曰穛。"

案：《説文》："稰，糧也。""穛，早取穀也。""早取"即"生穫"之謂。

潄澣

《内則》："冠帶垢，和灰請潄。衣裳垢，和灰請澣。"注："手曰潄，足曰澣。"

案：《説文》："涑，澣也。""澣，濯衣垢也。或作'浣'。""涑""澣"通爲濯衣之名，注未旳。

醷濫

《内則》："漿水，醷濫。"注："醷，梅漿。濫，以諸和水也。以《周禮》六飲校之，則濫，涼也。紀莒之閒，名諸爲濫。"

玟雲案：《漿人》《酒正》"醷"並作"醫"，司農云："醷、醫一物。"又案：《漿人》注："司農云：'涼，以水和酒也。'"《説文》作"䣼"，云："襍味也。从'酉'。"則司農説是也。若依康成説"名諸爲濫"，則"濫"似即《説文》"蘫，瓜菹也"之"蘫"，"蘫"與"乾梅""煎茱萸"類，非飲也。（王宗涑案："以諸和水"承"梅漿"説，"醷"、"濫"二字句，俗以梅漿汜水爲飲，名梅漿涼水。《説文》"襍味"即襍梅味，"梅"聲近"味"，从"未"，木味也。梅酸，得木正味，故曰"味"。"味"，古"梅"字。梅，柟也。非酸果，"某"亦非古文。）

芝栭

《内則》："芝、栭、蔆、椇、棗、栗、榛、柿、瓜、桃、李、梅、杏、楂、棃、薑、桂。"注："蔆，芰。椇，枳椇也。楂，棃之不臧者，自'牛脩'至此三十一物，皆人君燕食所加庶羞也。"疏："庾蔚云：'無華葉而生者曰芝栭。'賀氏云：'栭，軟棗。芝，木椹也。'但鄭云'三十一物'，則數'芝栭'爲一物也。"

夋雲案：《爾雅》"栵栭"，郭云："樹似檟檄而庳小，子如細栗。今江東亦呼爲栭栗。"栭有"栗"名，而此經自有"棗""栗"，若栭爲栗屬，則當與"栗"連文，如"楂棃"一例。今乃與"芝"連文，知與芝爲同類也。"芝"生無種，即《楚詞》"菌桂"之"菌"，《説文》謂之"地蕈"，所謂"無華葉而生者"是也，"栭"亦當然。《釋文》："'栭'本作'檽'。"愚謂"栭"蓋"檽"之通字，《説文》："檽，木耳也。"鄭不云"栭"當爲"檽"，闕疑也，"芝""栭"實二物。"枳椇"，《説文》作"枳枸"。（其榦案：庶羞古無奇數，分"芝栭"爲二，乃合偶數三十二，第"芝栭"似當作"芡蓮"，與蔆爲類，三品水物，下皆陸産，上文"麋、鹿、田豕、麕皆有軒，雉、兔皆有芼"，"芼"亦兼"麋、鹿、田豕、麕"言，即《醢人》所云"昌本、麋臡、菁菹、鹿臡、茆菹、麋臡、芹菹、兔醢"也。此皆豆實，"臡""軒"聲近。而《籩人》"加籩"，再言"蔆芡""栗脯"，別無"芝栭"。"芡"與"次""吹"同從"欠"，"蓮"古讀如"闌"。"栭"從"而"，有"難"音。"芡蓮""芝栭"聲近易譌。）

燒

《内則》："雛燒。"注："燒煙于火中也。"

案："煙"當與"堙"同，塞也，實也。蓋實之火中也。

柤棃

《内則》："柤棃曰攢之。"

案："柤"，上文作"楂"，《爾雅》《説文》皆作"樝"。夋雲謂：

柤，粗也。柤粗于棃，故從"且"。許君偶失收耳。《說文》"虘"訓"虎不柔不信"，亦有剛暴義，"楂"，俗字。"攢"《爾雅》作"鑽"。

脄

《內則》："取牛羊麋鹿，麋之肉必脄。"注："脄，脊側肉也。"

案：《說文》無"脄"，當用"脢"字，《肉部》："脢，背肉也。"

咳

《內則》："咳而名之。"

案：小兒啼曰"呱"，笑曰"咳"。"呱"亦作"孤"，啼聲也。"咳"亦作"孩"，笑兒也。小兒笑尚無聲，頷動而已。此經上文云"父執子之右手"，當是父以左手執子之右手，以右手動其頷，使笑而名之。

唯、俞

《內則》："男唯女俞。"

注①：唯，雉鳴也。其聲急疾，男之應聲如之。俞者，舒緩之意，女之應聲如之。《爾雅》釋"俞"爲"然"，散言之也。散言之則"唯"亦訓"然"，故"唯諾"亦云"然諾"。

邃延

《玉藻》："前後邃延。"注："言皆出冕前後而垂也，天子齊肩，延，冕上覆也。"

案：邃，深也。延，長也。覆冕之延，出冕前後甚深，其形延長，故曰"邃延"。"延"猶"檐"也，此單指冕上之覆說。注曰"垂曰齊肩"則襟及旒矣，不知旒止施於前也。

---

① "注"當是"案"之誤。

褶

《玉藻》："帛爲褶。"

案：《説文》無"褶"，凡從"習"之字，取重疊之義，故"震疊"亦作"震慴"。《説文》："緁，緶衣也。"重文作"䙡"，即此"褶"字。

湅

《玉藻》："湅用湯。"注："湅猶同也。"

案：陳澔讀"湅"爲"湅"，云："洗也。"《釋文》："湅，力旦反，釋也。""釋""洗"一聲之轉。爻雲謂：注"同"字，當爲"闌"之譌，故正義云："釋去足垢而用湯闌也。"《説文》"灡"重文作"湅"；"䉵"重文作"䉵"。《水部》："湅，潘也。"知"湅""闌""湅""潘""灡""湅"古並通。

采齊

《玉藻》："趨以采齊。"注："'齊'當讀爲'楚薺'之'薺'。"

案：鄭注《禮》用《韓詩》，然則以"楚茨"爲"楚薺"，蓋《韓詩》也。爻雲謂："采""楚"一聲之轉。"薺"云"楚楚"，猶卷耳、芣苢之云"采采"也。《説文》："茨，以茅葦蓋屋。""薺，菜也。"毛用借字，韓用正字。

愓愓

《玉藻》："凡行容愓愓。"注："愓愓，直疾貌。"

案：《釋文》："愓音'傷'，又音'陽'。"《説文》："愓，放也。一曰平也。"知"愓"即"蕩平"字，"平"與"直"義近。

德

《玉藻》："立容德。"注："如有予也。"疏："德，得也。立則磬折，如人授物與己，己受得之形也。"

案：《釋文》："德，徐音置。"以下文"山立"義合之，徐說是也。"置"即"植"，有立義。（其榦案：《左》定十年《傳》云："步左右，皆至而立，如植。"）

喪容

《玉藻》："喪容纍纍，色容顛顛，視容瞿瞿梅梅，言容繭繭。"注："纍纍，羸憊貌也。顛顛，憂思貌也。瞿瞿梅梅，不審視也。繭繭，聲氣微也。"

案：《易·大壯》："羸其角。"鄭、虞本作"纍"，馬云："大索也。"是彼借"羸"爲"纍"，此經則借"纍"爲"羸"也。"顛"即《問喪》"殷殷田田"之"田"，蓋借"顛"爲"填"也。"梅"當爲"昧"，《說文》："昧，目不明也。"疏云"梅梅猶微微"，不若陳澔云"猶昧昧"之旳也。《秦誓》："昧昧我思之。"傳亦訓"不明"，《說文》："𣋒，衆微妙也。古文以爲'顯'字。或曰衆口皃。讀若'唫唫'。或以爲繭；繭者，絮中往往有小繭也。"夌雲謂："繭"，古文作"䙎"，從"見"。"繭"字從"芇"，"芇"從"冂""見"。"冂""絲"聲皆相近，疏謂"繭繭猶絲絲"是也。"絲絲"，無力之意。

戎容

《玉藻》："戎容暨暨，言容詻詻。"

案："暨"當讀爲"仡仡勇夫"之"仡"。"仡"從"气"聲，古音"仡"與"暨"同。"詻詻"猶"咢咢"，《爾雅·釋天》："在西曰作噩。"《史記》"噩"作"詻"。

鸞車、鉤車

《明堂位》："鸞車。"注："鸞有鸞和也，'鸞'或爲'樂'也。""鉤車。"注："鉤有曲輿者也。"疏："輿是車牀，曲輿謂曲前闌也，虞質未有鉤矣。"

案：孔以夏后氏始名"鉤車"，知有虞氏尚無鉤曲之輿也。然則有虞氏車惟有直闌耳，故曰"欒車"。"闌""欒"古通用，《説文》："欒，木，似欄。""鸞"，聲之誤也。（王宗涑案："鑾"亦以鈴在車闌上得名。《蓼蕭》傳："在鑣曰鸞。"《大馭》注："鸞在衡，和在軾。"並誤。《郊特牲》云："聲和而後斷。"以"和"釋"鸞"，知"和"即"鸞"也，鸞聲近和。）

泰

《明堂位》："泰，有虞氏之尊也。"注："泰用瓦。"

案："泰"《釋文》作"大"，云："本亦作'泰'。"《禮器》："君尊瓦甒。"注："瓦甒，容五斗。"《燕禮》："公尊瓦大兩。"疏引《禮器圖》云："瓦大受五斗，口徑尺，頸高二寸，徑尺，大中，身鋭，下平。"據此知大亦下平，無足，此疏以下文著爲無足，而推大爲有足，非也。"大""泰""甒"並聲相近。

梡

《明堂位》："俎，有虞氏以梡。"

案：《説文》："梡，梡木薪也。""楄，梡木未析也。""梱，門橛也。"皆謂木橛之未析者，有虞氏蓋斷楄木爲俎足，因以"梡"名。注謂"梡，斷木爲四足"，是也。

穎

《少儀》："枕几穎。"注："穎，警枕也。"

案：古之警枕，其形圓，以木制造，寢而枕之，旋轉難安，古人所用以自警其惰者。"穎"字無義，可推孔疏曰"穎發則鋭而不圓"，非也。下文以"穎"爲"刀環"，則"穎"自有圓義矣。（王宗涑案：刀環曰"穎"，以古讀"環"如"穎"而借，"穎枕"之"穎"當爲"頃"，以枕頃仄而名。穎，禾首下垂之芒，故《説文》訓"禾末"。）夋雲謂："穎"从"頃"得聲，《車攻》傳："古者戰不出頃，田不踰防。"古又謂田畝爲"頃"，"頃"有環外之義。古"環"與"營"通用，"頃""營"聲相近，故《説文》"褮衣"，《儀禮》亦作"穎"。今"穎"從"禾"，與"私田"之"私"同，"穎"或爲"百畝爲頃"之正字歟？（吳鍾茂案：《説文》"高"，重文作"亩"。《士昏禮》："被穎黼。"注："穎，襌也。"《玉藻》"襌"爲"絅"。皆一從"同"聲，一從"頃"聲，知"同""頃"同音。"同"本作"冂"，《説文》云："象遠界也。"井田以百畝爲畍，可謂遠矣，則"同"乃"百畝爲頃"之"頃"耳。其榦案："凡穎"，阮刻本作"穎"，《校勘記》引段玉裁云："'穎'蓋與'熲'同，熲之言耿耿也，故爲'警枕'，《詩》言'耿耿不寐'，是也。'穎'誤，'穎'俗。"）

膴

《少儀》："祭膴。"注："膴，大臠。謂剖魚腹也。膴，讀如'昴'。"

案：上文"冬右腴"注："腴，腹下也。"則"膴"即"腴"矣。"膴""腴"音義並同。夌雲以人名"曳駓"推之，知古止作"曳"，與"亦""要""申"同，"肉"旁皆俗加。

臂臑

《少儀》："臂臑折九箇。"疏："臂臑謂肩腳也。"

案：《説文》："臑，臂羊矢也。"徐楚金謂："其骨形似羊矢而名。"夌雲謂：臂，牲前足之脛也，疏云"肩腳"只解得"臂"字。

佔畢

《學記》："呻其佔畢。"注："呻，吟也。佔，視也。簡謂之畢。"

案：鄭訓"佔"爲"視"，非也，"佔"當爲"笘"，《説文》："笘，潁川人名小兒所書爲笘。"又"籥"下云："書僮竹笘也。"笘與畢同類，"佔"，《説文》未收。

節目

《學記》："後其節目。"

案：此可據以説"相"字，蓋木之有節，其狀如目，故云"節目"。"相"即從此"節目"得義。凡目張而不動曰視，《説文》："相，省視也。從'目'、從'木'。"蓋言目不轉睛，如木之節目也。

緣

《樂記》："青黑緣者。"疏："寶龜之甲，以青黑爲之緣。"

案："緣"即"膧"，龜甲自有之邊，非人爲之也。《公羊》："龜青純。"注："純，緣也。"謂龜甲瞳也。千歲之龜青髯。"瞳""髯"並俗字。

煦嫗、區萌

《樂記》："煦嫗覆育萬物，然後草木茂區萌達。"注："氣曰煦，體曰嫗，屈生曰區。"

案："煦嫗"猶云"休養"，聲之轉。昭三年《左傳》"燠休"之"燠"即"嫗"，"休"即"煦"。《説文》："姁，嫗也。"即此"煦嫗"。古讀"嫗"若"奧"，故或轉爲"燠"。"區萌"即《月令》之"句萌"，彼注亦云："句，屈生者。""句"，正字；"區"，借字。

觡

《樂記》："角觡生。"注："無䚡曰觡。"

案：《説文》："䚡，角中骨也。""觡，骨角之名也。"又"玉"篆下云："䚡理自外，可以知中。"諸説皆不能證明"觡"從"各"之義。一説麋鹿有枝曰"觡"，牛羊無枝曰"角"。爻雲謂："䚡"亦指角中細文而言耳。

實

《襍記》："上使某實。"注："'實'當爲'至'。"

案：《覲禮》："伯父實來。"注："今文'實'爲'寔'。"與《春秋》桓六年①"春②正月，寔來"之文正合。夌雲謂："實""寔"同聲，而"寔"從"是"，是聲近"至"，然則"實""至"亦聲相近，故從"至"之字多訓"實"。《檀弓》："經也者，實也。"《說文》："室，實也。"

目瞿、心瞿

《襍記下》："見似目瞿，聞名心瞿。"

案："瞿"古止作"䀠"。《說文》："䀠，左右視也。從二'目'。"則"䀠"有驚惶瞻顧之義。此經"目瞿"與《玉藻》"視容瞿瞿"、《詩》"良士瞿瞿"皆爲"䀠"字本義。"瞿"從"隹"，乃鳥之驚視也。義亦就目言之，言"心瞿"，則非其義矣。文字、聲音、訓詁，積久成譌，往往如此。（王宗涑案："心瞿"當爲"心惢"，《說文》："惢，心疑也。"然"惢"從"心""䀠"，言心驚顧䀠䀠也，作"䀠"似亦可。）

關、輠

《襍記下》："以其杖關轂而輠輪者。"

案：《鄉射禮》："不貫不釋。"注："古文'貫'作'關'。"是"關"即"貫"也，故疏訓爲"穿"。《說文》無"輠"字，《木部》："楇，盛膏器。讀若'過'。"而《玉篇》《廣韻》皆首義同《說文》，次義則云："紡車，收絲具。"今曒俗收紗之具亦名"楇車"，其輪與轆轤相類，是"楇"亦以回轉爲義。"輠"，疏訓"迴轉"，即俗"楇"字也。

嬰兒

《襍記下》："嬰兒失其母。"注："嬰兒猶驚彌也。"

案：《說文》以"嬰"爲"頸飾"，以"嬰婗"爲"嬰兒"。《玉

---

① "年"字本脱，據廣雅書局本補。
② "王"字本衍，據廣雅書局本删。

篇》："人始生曰嬰婗。"夌雲謂："嬰""婗"聲近，注"鷖彌"即"嬰婗"通字。（其榦案：《內則》云："男女未冠笄者，總角，衿纓。""纓"即"嬰"也，小兒飾頸以嬰，故曰"嬰兒"。飾頸以采絲聯系，故字或從"糸"。）

設階

《喪大記》："虞人設階。"注："虞人，主林麓之官也。""狄人設階。"注："狄人，樂吏之賤者也。階，梯也，簨虡之類。"

夌雲案：升山伐木多用階梯，虞人所掌；簨虡崇高，上縣樂器，亦用階梯，狄人所掌，故"設階"爲二官之職，階非簨虡類也。

危

《喪大記》："中屋履危。"注："危，棟上也。"

案："危"，古當作"广"，"厂"象屋有北墉，上從"人"，象北面立形。《天文志》"危爲屋蓋"，① 此云"棟上"，義正同。"危"從"卪"，乃古"跪"字。"卪"，屈卻之意，凡腳、卻等字，皆從"卪"，則"危"即"跪"字明矣。"跪"，俗加"足"。（王宗涑案："广"從"厂"上"人"，古"瞻"字以"广"爲屋蓋，則上象屋脊，其形雖同，義別有取。先生之說，惟"北面立"句誤，餘皆精核。）

啼、哭

《喪大記》："主人啼，兄弟哭。"疏："孝子哀痛嗚咽不能哭，有聲曰哭。"

案：當云"無節曰啼，有節曰哭"。"啼"《說文》作"嗁"，云："號也。"然則"啼"謂號評死者，如孺子之號評母也。故注云："若嬰兒中路失母，能勿啼乎？"疏以"啼"爲無聲，殊乖經注之旨。

濡濯

《喪大記》："濡濯棄于坎。"疏："'濡'謂煩撋其髮，'濯'謂不

---

① 按：《漢書·天文志》作"危爲蓋屋"。

净之汁也。"

案：《士喪禮》作"溞濯"。《詩》："薄污我私。"傳："污，煩也。"箋："煩，煩撋之，用功深。""濡""污"聲義並近，《說文》："濡，水。出涿郡。"是水名。又"灡"下云："水濡而乾也。"是"濡"亦"濡染"字。"溞，湯也。（乃管切）"是水之煖者，而古从"需"、从"叜"字相通，故二經異文也。《說文》："挼，推也。一曰兩手相切摩也。（奴禾切）"夋雲謂："濡""溞"二字皆叚借。"挼"，其本字也。（王宗涑案："濡"當作"差"，上文"差沐"疏云"差是差摩"，是也。"差"，古"濡"借，"挼"則俗矣。）

緑中

《喪大記》："鬠爪實于緑中。"注："'緑'當爲'角'，聲之誤也。'角中'謂棺內四隅也。此'緑'或爲'簍'。"

案："緑"與"角"雖聲近易譌，但既爲棺之四隅，則直云"實于角"可也，不當又言"中"。夋雲謂："緑"當讀爲"箓"，"箓"即"簏"之或字，見《說文》。"箓""簍"雙聲，皆可藏物，故別本或作"簍"。（其斡案：下文云"士埋之"，言藏于別所也。若實于棺角，不當又言"埋"矣。吳說確甚。）

肅然

《祭義》："肅然必有聞乎其容聲。"

案：《說文》："裻，新衣聲。"今吳俗亦有"漿裻裻"之語，謂新浣之衣，涑以麪漿則乾燥，而其聲裻裻然也。呼"裻"正如"肅"，此云"肅然"，其即衣聲歟？

怍

《祭義》："臨尸而不怍。"注："色不合曰怍。"

案：怍之言作也。作，動也。心有所恥，則色爲之動，意不誠焉故也。

鬼

《祭義》："此之謂鬼。"

案："鬼"字之義，先儒皆云"鬼之言歸"，本乎《爾雅》。夌雲謂：此是第二義也，其本義當云"鬼之言凷"也。骨肉斃于下陰爲野土，則凷然無知，故"鬼"从"凷"。"凷"即《土部》"凷"字。此經"死必歸土，此之謂鬼"，義較《爾雅》爲精核。（其榦案：《説文》"鬼頭"之"凷"列部首，謂即《土部》"凷"字，猶惠氏以"鼎"爲"昻"，皆一家之説。）

焄蒿

《祭義》："焄蒿悽愴。"注："焄，香氣也。'蒿'謂氣烝出貌也。'蒿'或爲'薰'。"

案："焄"是"熏"之別出字。"蒿"，"歊"之通字。《説文》云："歊歊，气出皃。"《火部》："熇，火熱也。"引《詩》："多將熇熇。"義亦同"熏"。"歊"謂鬼神之精氣發揚，如火氣之上熏歊歊然也。鄭訓"焄"爲香氣，誤矣。

餕

《祭統》："餕者，祭之末也。"

案：此解"餕"之義爲"末"，下又曰"終"，是"餕"之本義。《國語》："有司已事而竣。"韋昭曰："竣，休退也。"《釋言》："逡，退也。"郭引《國語》爲證。《説文》："逡，復也。"疑"復"乃"復"之譌。"復"，篆文"退"字。又"竣，偓竣也。"亦引《國語》爲説。許君不訓"竣"爲退，其意以"逡"爲"竣"，與《爾雅》同也。"餕"亦已於事而爲之，故義與"逡"同。（其榦案：《玉篇》："偓，促拘也。""偓竣"與"逡巡"義相近。）

尸謖

《祭統》："是故尸謖。"

案：《士虞禮》注："'謖',今文或爲'休'。"《説文》無"謖"。《釋言》："謖、興,起也。"音"所六切"。炎雲以爲未盹。"謖"當與"畜"同音,"休""畜"聲相近,義亦相通,故今文以爲"休"。《詩》："不我能慉。"傳："慉,興也。"《説文》："慉,起也。"與《爾雅》"謖、興"訓"起"同,又《蓼莪》"拊我""畜我"箋："畜,起也。""尸"言"謖",君、大夫、士皆言"起","謖"與"起"同義而異詞,倘亦宿重戒輕之義歟？

顧

《祭統》："顧上先下後耳。"

案：《説文》："顧,環視也。"是"顧"有回轉之義。《史記》："顧第弗深。"致叚"顧"爲文字回轉之助詞,今人或單用"顧",單用"第",或又用"但",皆同意。此"顧"字乃開其先耳。

豆、校、鐙

《祭統》："夫人薦豆執校,執醴授之,執鐙。"注："校,豆中央直者也。鐙,豆下跗也。"

案：鄭訓"校"爲"直",與《爾雅》"較"訓"直"同。其訓"鐙"爲"豆下跗",則《詩》所云"于豆于登"者,"登"即"鐙"也。蓋指其在上之頭而言曰"豆",豆之言頭也；指其在下之跗而言"登",登之言蹲也。其制,豆高而登卑,高則據上爲名,卑則據下爲名,不徒"木曰豆,瓦曰登"也。

道苦

《經解》："則夫婦之道苦。"

案："苦"當讀爲"苟且"之"苟"，"苟""苦"音近而譌。禮廢則道苟，道苟則罪多，夫婦無別之謂"苟"。

愾

《哀公問》："則愾乎天下矣。"注："愾猶至也。"

案：《爾雅·釋詁》："迄，至也。"《說文》無"迄"。《言部》："訖，止也。"《豈部》："譏，譏也，訖事之樂也。"《水部》："汔，水涸也。"皆有"至""極"之意。《釋詁》又云："譏，汔也。"《詩》："汔可小康。"箋云："汔，幾也。"幾，近也，與"至"義亦合。然則鄭蓋讀"愾"爲"汔"，"汔"與"迄"通，故訓"至"。《說文》："愾，太息也。"疏謂"'愾'，音近'憩'，'憩'爲'息'，'息'是'止'之義"，説近迂。

坊

《坊記》："辟則坊與。"疏："'坊'字或'土'旁爲之，或'阜'旁爲之。古字通用也。"

案：此説最爲明通，古字從"土"、從"阜"或從"水"，皆可通。如《土部》"堍"或作"陀"，"垔"或作"陻"，"墟"或作"嘘"，"坻"或作"泜①"與"渚"，《阜部》"阯"或作"址"，此十一字其顯爲者也。至于《土部》之"垓""墺""堨""坡""塊""堤""坫""培""墇""埂""坤""坿""坷""垠""垂""坻""塙""壟"十八字，即《阜部》之"陔""隩""隅""陂""隗""隄""阽""陪""障""阮""陴""附""阿""限""隥""阺""隔""隴"十八字也。（其榦案：《水部》："泜，箸止也。"與"坻"亦同義。）若夫一字而從"土"、從"阜"者，則《土部》之"墜"、《阜部》之"陸""陉""墹""堅""陘""陸""陲"八字也。一字而從"土"、從"水"者，則水、土兩

———

① "泜"，廣雅書局本作"阺"。

部並收之"塗"字、《土部》之"坙"字也。(其榦案：《水部》"涅"字亦從"水"、從"土"。) 據此，從"土"之"坊"，《土部》偶失收耳。徐氏附之，未甚乖舛，且可从"水"，即以"方"之重文"汸"字爲之。

天

《坊記》："則下天上施。"

案："天"從"大"，"大"即"人"也。"一"在"大"上，象人之戴天。《說文》："天，顚也。""顚"即"頂"，"頂"即"戴"也。"顚""頂"，"頂""戴"皆雙聲。

論語

《坊記》："《論語》曰。"

案：《論語》之書，孔子沒，游、夏之徒所記孔門答問之言。初無"論語"之名目，《孟子》所引《論語》猶不言"論語"也。此稱"論語"，知是漢人所記。(其榦案：《坊記》引《論語》，與《詩》《書》《易》一例，似孔門舊有此名。若《魯論》《齊論》則自漢人别之耳。古文出於壁中，已名"論語"，藏之尚在秦世也，"論語"之名，不自漢始矣。)

慥慥

《中庸》："君子胡不慥慥爾。"注："慥慥，守實言行相應之貌。"

夌雲案："慥慥"當讀爲"慅慅"。《爾雅·釋訓》："慅慅，勞也。"《說文》："慅，動也。一曰起也。""慅"有憂勞、驚動、振起之意，然則"慅慅"，正君子顧言顧行、戒慎恐懼之形於貌者也。《周禮·掌固》："夜三鼜。"注："杜子春讀'鼜'爲'造次'之'造'。"則"慥""慅"古讀本同。《說文》無"慥"，蓋"慅"之俗字也。或借"草"爲之，《詩》："勞人草草。"傳："草草，勞心也。"

政息

《中庸》："則其政息。"注："息猶滅也。"

案："息"從"自","自",古"鼻"字,乃鼻息出入人物生長之機,"息"無"絕滅"意。《說文》:"熄,畜火也。亦曰滅火。"第一訓仍從生長之義,第二義則惑乎後世之說矣。(王宗涑案:"亦曰滅火",非《說文》原文。《說文》:"烕,滅也。从'火'、从'戌'。火死于戌。"則"滅火"字,許本作"烕"。)夌雲謂:"息"當讀爲"戌",从"戌","戌"與"冒"通;从"一","一",陽气也,即火也。陽冒則戌,火冒則滅。"戌"猶"滅"也,故曰"火墓于戌"。《說文》:"戌,滅也。"

昭昭

《中庸》:"斯昭昭之多。"注:"昭昭猶耿耿,小明也。"

案:"耿",杜林訓"光"。《尚書》"耿光"與"大烈"爲對文,明"耿"亦爲盛大,無小義。夌雲謂:"昭昭"猶"灼灼"也,"灼"與"旳然日亡"之"旳"同意。《詩》:"發彼有旳。"《釋文》"旳"作"勺",云:"本又作旳。"蓋"灼""旳"皆明之小者,故字並从"勺"。

振

《中庸》:"振河海而不洩。"

案:《說文》:"振,舉救也。一曰奮也。"與鄭注"振,收也"義不合。夌雲謂:"振"當讀爲"抎"。《說文》:"抎,給也。一曰約也。""約"即收束之謂。《士喪禮》:"抎用巾。"注:"古文'抎'皆作'振'"。是"振""抎"本通。"洩",唐人避諱而改,當作"泄",《說文》無"洩"。

卷

《中庸》:"一卷石之多。"

案:"一卷石"與上"一撮土"同例。"撮"以兩指,"拳"則五指。"卷"古"拳"字。《檀弓》:"女手之卷然。"《釋文》:"本又作

'拳'。""卷",从"釆"、从"㔾",明是手矣;从"卩",以爲曲義,指曲爲"卷"。

捲

《表記》:"篤以不捲。"

案: "捲"讀爲"而后厭然"之"厭"。"厭"古"壓"字。"篤",躬行之實也。言篤實則煇光日新,無所用其捲厭也。《説文》無"壓"。(其榦案:《土部》有"壓"字,云:"壞也。一曰塞補。")

口費

《緇衣》:"口費而煩。"

案:"費"當讀爲"咈"。《説文》:"咈,違也。《周書》:'咈其耇長。'"是"咈"與"悖"同義。鄭注:"'費',或爲'哱',或爲'悖'。"夋雲謂:"費""哱""悖"皆"咈"之通字,與《中庸》"拂而隱"轉爲"費而隱"正同。

敝

《緇衣》:"苟有衣,必見其敝。"注:"敝,敗衣也。"

案:"敝"訓"敗衣",《説文》第二義也,其第一義訓"帗也"。《巾部》:"帗,一幅巾也。"夋雲謂:"敝"古"蔽"字,"市"之别名也。"敝""市"聲之轉。"市"象敝前之形,貴者製以韋則爲"韨",賤者代以巾則爲"帗",皆"市"之後起字。而"韨""帗"皆象上古敝前之衣,故統名爲"敝"。"敝"與上文"軾"正相類,車前必有軾,衣前必有敝,皆其易見者也。(其榦案:"市"古讀如"芾","敝市"猶"蔽芾"也,雙聲字。)

媢疾

《大學》:"媢疾以惡之。"

案：《説文》："媢，夫妒婦也。""佞，妎也。一曰毒也。"重文作"嫉"。然《尚書》只作"冒疾"，則"媢"亦後人加"女"旁。

燕、射、安、譽

《射義》："以燕以射，則安則譽。"

案："燕""安"，"射""譽"皆雙聲，此經以"安""譽"訓"燕""射"也。《詩》："焉得藼草。"《孟子》："焉能浼我。"《説文》引"焉"皆作"安"。"焉""安"古通，"燕""安"古亦通也。鄭注："'譽'或爲'與'。"而《士昏禮》："我與在。"注云："古文'與'爲'豫'。"《鄉射禮》注又讀"豫"爲"榭"。《説文》無"榭"，古止作"射"，則"射""譽"本可通也。

擔主

《喪服四制》："或曰擔主。"

案："擔①"古作"儋"。《説文》："儋，何也。"名杖爲"儋主"，蓋言杖能儋何喪主也。"儋主"與下文"輔病"同義，鄭《喪服傳》注訓"擔"爲"假"。《釋文》："擔，音是豔反，又食豔反，又餘塹反。"是皆以"擔"爲"贍"也，恐有未安。

《論語》

則殆

《爲政》："思而不學則殆。"何注："徒使精神疲殆。"《釋文》云："'殆'義當作'怠'。"

案：《商頌》："受命不殆。"箋云："商之先君受天命而行之，不解殆。"亦以"殆"爲"怠"。

---

① "擔"，本誤"儋"，據廣雅書局本改。

軏

《爲政》："小車無軏。"注："軏，轅端上曲鉤衡。"《釋文》"鉤"作"句"，皇本作"轅端上曲拘衡者也"。而《説文》又作"軌"，云："轅端上曲者。"

案："句"正字，"鉤""拘"古通用字，"軌"又專爲車制造之也。"軏"，《説文》作"𨊧"，從"元"聲，而《髟部》"髡"，重文作"髨"，則"軏"當作"𨊧"之重文。又《木部》："楬，大車枙。"《車部》："軶，轅前也。"即"軛"字。《木部》無"枙"，而《車部》"軶"，重文作"枙"；《手部》"搹"，重文作"扼"，則"枙"當爲"軶"之重文。今本《説文》無"枙"與"軏"，或轉寫脱之耳。

節、梲

《公冶長》："山節藻梲。"包曰："節者，栭也。梲者，梁上楹。"《釋文》："'梲'，又作'棳'。"

案：《爾雅》："杗廇謂之梁，其上楹謂之梲，栭謂之楶。"《説文》："楶，欂櫨也。""欂，壁柱。""櫨，柱上柎也。""枅，屋櫨也。""栭，屋枅上標也。"引《爾雅》"栭謂之楶"。是"節"彼皆作"楶"也。又案：《説文》："棳，木也。""梲，木杖也。"義不同。《玉篇》："棳，梁上楹。""梲，同上。"是"梲"古通用"棳"。

顔剋

《子罕》："子畏於匡。"注："夫子弟子顔剋。"《釋文》："諸書或作'顔亥'。"

案："亥"讀爲"該"，"該""剋"聲之轉。

沽

《子罕》："求善賈而沽諸。"

案：《説文》"沽"是水名，"酤，一曰買酒也"。《玉篇》引此經"沽"作"叴"。玫《説文》"秦以市買多得爲叴"，引《詩》"我叴酌彼金罍"，則以"叴"爲"姑"。

衒賣

《子罕》："沽之哉。"注："包曰：'不衒賣之辭。'"《釋文》："賣字不發音。"

案：此非"沽賣"字。《説文》"衙"重文作"衒"，《貝部》："䝴，衒也。从'貝'，'𠣅'聲。'𠣅'，古文'睦'，讀若'育'。"與从"出"、从"買"訓"出貨"之"賣"不同。

貉

《鄉黨》："狐貉之厚以居。"

案：《説文》："貉，北方豸穜。孔子曰：'貉之爲言惡也。'"（莫白切）"豻，似狐，善睡獸。"引此經"狐豻之厚以居"（下各切）。夌雲謂："貉"从"各"得聲，又云："貉之言惡。"古訓以聲相從，當讀"下各切"。可知《説文》以"豻"爲"舟"聲，非。"豻"葢从"灡"（王宗涑案：此字毛本篆从"卤"，解"卤"誤"鹵"，段本併篆改从"鹵"。）省聲，乃"貉"之別出字。猶"涸"之重文有"灡"，而《土部》別出"塕"字也，以爲"蠻貉"字，叚借用之。《廣韻》以"貉"重"豻"，《玉篇》"貉"注云："亦與'豻'同。"惟《説文》分爲二字耳。

喭、畔喭

《先進》："由也喭。"注："失於畔喭。"" 畔"《釋文》作"叛"，皇本作"吸"。

案：邢疏云："舊注作'吸喭'。字書'吸喭，失容也'，言子路性行剛强，常吸喭失於禮容也。今本作'畔'，王弼云：'剛猛也。'"夌雲謂："喭"，《説文》失收，葢"諺"之異文，古从"口"、从"言"

相出入。"嗲"當兼"出言鄙倍"說,即"率爾""迂也""兩對",可證。"叛""畔"以聲近而譌,"吪",俗字也。

鏗爾

《先進》:"鏗爾。"

案:《說文》無"鏗"字,而注凡三見。"臤,堅也。讀若'鏗鏘'之'鏗'。"《手部》:"搄,撫頭也。讀若'鏗爾,舍瑟而作'。"《車部》:"𨍋,車轒釘也。讀若《論語》'鏗爾,舍瑟而作'。"據此許書原本當有"鏗"字,轉寫脫之耳。

褓

《子路》:"褓負其子。"《釋文》:"'褓'作'繈'。"

案:《說文》:"褓,負兒衣。""繈,糗纇也。"義似異。然古多"褓褯"連文,《說文》:"緥,小兒衣也。"重文作"褓"。然則"繈"與"褓"亦一字矣。况《釋文》引《博物志》云:"織縷爲之,廣八寸,長丈二,以約小兒於背。"是"繈"本以粗縷交結如网,故訓"糗纇"。"糗",粗也。"纇",多結如絲節也。"褓"當爲"繈"之或字,《說文》分屬兩部,未是。(王宗涑案:"緥"即"繈"也,"繈"以織縷言,故貫錢之縷亦名"繈"。"繈""綳"聲轉,宋俗有"倒綳孩兒"之語。"綳",俗"繃"字。"緥"以約於背言,故字从"保","保",古"抱"字,象人背負子形。)

羿

《憲問》:"羿善射。"

案:《說文‧羽部》作"羿",云:"羽之羿風。亦古諸侯也。一曰射師。"《弓部》:"䮒,帝嚳射官,夏少康滅之。《論語》曰:'䮒善躲。'"二字文異義同,而古《論語》則作"䮒"。

荅

《憲問》:"夫子不荅。"

案：《説文》：“荅，小尗也。”以爲尗豆之名。《釋言》：“俞，畣然也。”郭云：“畣者，應也，亦爲然。”蓋以“畣”爲“對荅”之“荅”。《玉篇》從之，後世學者不復置辯。《爾雅》釋文云：“‘畣’，古‘荅’字。”然《説文》無“畣”字，从“田”，義亦無取。夋雲謂：“荅”，古止作“合”，惟《釋詁》“合，對也”，《左傳》宣二年“既合而來奔”，尚存古文，餘皆借用“荅”矣。《説文》：“合，合口也。从‘亼’、从‘口’。”“亼”訓“三合”，是“亼”本有合義，“合”訓“合口”，蓋謂口與口相應合也。杜元凱云：“合猶荅也。”則亦謂古“荅”字作“合”矣。（王宗涑案：一物而營繞周帀爲口，數物而共口一物曰合，故字从“亼”、从“口環”之“口”。《左傳》“合以攻之”，本義也。許云“合口”即“合圍”。凡物相併皆曰“合”，引申義若“對”。應對之言，有合有不合，合則爲“詥”，詥，諧也。不合曰“音”，“音，相與語，唾而不受也”。“對”兼“詥”“音”，故訓“應無方”，从“丵”、从“口”，言口襍如叢艸也；从“寸”，言當折之以法度也。“合”“荅”並以聲近通借。）

九合

《憲問》：“桓公九合諸侯。”朱注：“‘九’《春秋傳》作‘糾’，督也。古字通用。”

案：《僖二十四年傳》：“糾合宗族于成周。”杜云：“糾，收也。”二十六年《傳》：“桓公是以糾合諸侯。”而《莊子·天下篇》：“禹親操橐以九襍天下之川。”注：“九，聚也。”與《爾雅》“鳩，聚也”義同。《説文》：“九，象屈曲究盡之形。”“勹，聚也。”“丩，相糾繚也。”“糾，繩三合。”皆“聚”之意。夋雲謂：“九”字以曲爲本義，“丩”字以聚爲本義，古人以其音同通用。若“九合”必如皇氏引《史記》“兵車會三，乘車會六”之説以實之，則“糾合宗族”將何以解之？（王宗涑案：“乂”象陰陽交午，則“九”亦陰陽二气之聚也，“九”“丩”並有聚、曲二義。）

溝瀆

《憲問》：“自經於溝瀆。”

案："溝瀆"二字合聲爲"穀"。桓十二年《經》："公會宋公於穀。"《傳》作"句瀆之丘"，是"句瀆"即"穀"也。襄十九年："執公子牙于句瀆之丘。"二十九年："執公子買於句瀆之丘。"哀六年："囚王豹于句竇之丘。""竇""瀆"聲之轉也，"句""溝"亦古今字。據此知"句瀆"乃齊用刑之地名，猶衛之有因諸也。莊九年"乃殺子糾于生竇"，《齊世家》作"笙竇"，"生"與"笙"同。"生竇""溝瀆"似一地而異名，召忽死於生竇，疑此"自經於溝瀆"指召忽言，非泛説他人也。

弗擾

《陽貨》："公山弗擾。"

案："擾"當爲"獿"。《説文》："獿，㺗也。從'犬'，'夒'聲。（女交切）"《玉篇》"獿"同"猱"。《説文》"猱"，蓋俗"獿"字也。㚅雲謂："獿"即"狃"之别出字。《説文》："㺗，犬獿獿咳吠也。""狃，犬性驕也。（女久切）""獿""狃"聲之轉。"驕"即"獿"同聲通借字。《説文》本以"獿"訓"狃"也，故"弗擾"《左傳》亦作"不狃"。《爾雅》："狃，復也。"《説文》："㺗，復也。"《詩》"猱山"之"猱"亦作"嶩"。知從"夒"、從"柔"、從"丑"之字並可通。《説文》又有"擾"云："煩也。從'手'，'夒'聲。"音義亦與"獿"近，無"擾"字。

佛肸

《陽貨》"佛肸"，皇本作"𦙶肸"，下同。疏内九見，皆同《釋文》作"佛肸"。

案：此"佛"當讀若"奰"，"大也"。"肸"，從"肎"、從"十"，當讀若"溢"，滿也。《説文》訓"響布"，正謂聲气之滿溢也。"佛肸"猶云"奰眉"，俗作"奰屭"。《説文》："奰，壯大也。讀若《易》'虙義氏'。""眉，卧息也。""義，气也。"並謂气息之大也。因是知

"虙羲""佛肸"並是壯大之名。《詩》："女炰烋于中國。"傳云："炰烋猶彭亨也。"箋云："炰烋，自矜氣健之貌。"夌雲謂："彭亨"亦壯大之皃。韓退之《石鼎聯句》云："豕腹漲彭亨。""包烋""彭亨""虙羲""奰眉"與"佛肸"，皆是一聲之轉。

涅

《陽貨》："涅而不緇。"

案：《楚詞》《史記》並有"泥而不滓"之文。"泥"與"涅"，"滓"與"緇"音義並同。《説文》："涅，黑土在水中也。從'水'、從'土'，'日'聲。"《釋文》"涅"作"湼"，引《説文》云："黑土在水中者也。"夌雲謂：《説文》"黏"字亦從"日"聲，黏，黏也。"涅"以染物，義與"黏"近。從"曰"，聲義俱無所取，轉寫之譌。

荷蓧

《微子》："以杖荷蓧。"《釋文》："'蓧'本又作'條'，又作'莜'。"

案："本又作條"之"條"當爲"篠"之譌，以皇本作"篠"知之也。《説文》無"蓧"，"篠，箷苗也。""筱，箭屬小竹也。""條，小枝也。""莜，艸田器。《論語》曰：'以杖荷莜。'"據此，古作"莜"，本字；今作"蓧"，俗字。而《匚部》又有"匴"，訓"田器"，蓋"莜"之別出字。"荷"本扶渠葉名，古當止作"何"。

芸

《微子》："植其杖而芸。"《釋文》云："多作'耘'字。'芸'，香草也。"

案：《説文》作"䅓"，云："除苗閒穢也。"重文作"耘"。據陸氏説，似古本《説文》"耘"止從"云"。然"耘"從"芸"聲，有"芳蘭當門，不得不耡"之意。田中之艸，雖芸亦去，蓋深慮艸之害苗也，

"耘"殆俗省字。

廢中權

《微子》："廢中權。"《釋文》："鄭作'發',動貌。"

案：鄭説是。"發中權"蓋指"亡如荆蠻"説。子稱泰伯曰"讓",有國而不居之詞也。虞仲亦能以國讓,而本非有國,謂之爲"讓",則乖於義,子故云"發中權"。"廢""發"古通。《莊子·列禦寇篇》："曾不發藥乎？"《釋文》云："司馬本作'廢'"。《攷工記·梓人》："必撥爾而怒。"注："'撥'故書作'廢'。"此經"廢"字,馬季長以爲"遭亂廢棄",毋乃望文生訓乎？

季隨季騧

《微子》："季隨、季騧。"

案：八士名皆韻,"隨"古讀"食遮切",與"騧"韻。

百官

《子張》："百官之富。"

案："官"古"館"字。《曲禮》："在官言官。"注："官謂版圖文章之處。"即《匠人》"外有九室,九卿朝焉"之"朝"。曰"官",曰"室",曰"朝",一也,皆在宮牆之内。故康成《攷工記》注云："九室,如今朝堂諸曹治事處。"《易·隨》初九："官有渝。"《釋文》云："蜀才本'官'作'館'。"《説文》："官,吏事君也。"

《爾雅》

胎

《釋詁》："肇、祖、元、胎。"

案："胎"古止作"巳"。《説文》"包"字注云："象人裹妊。巳在中，象子未成形也。"蓋"巳"篆作"㠯"，婦孕三月，手足未具之象也，則"巳"即古"胎"字明矣。"胎"從"台"，"台"從"㠯"，"㠯"從反"巳"。"台"古"怡説"字，義與"胞""胎"無涉，後人孳乳字。

率

《釋詁》："遹、遵、率、循、由、從，自也。"

案：正義不釋"率，自"一訓。《襛記》："客使自下，由路西。"注："自，率也。"孔疏引此"率，自也"，展轉相訓，是"自"得爲"率"。

辜

《釋詁》："辜、辟，戾。"

案："辜"亦作"殅"。《説文》："殅，枯也。"與正義所引鄭注"辜之言枯也"義正同。《説文》"辜"，古文作"𣨛"。而《歺部》"殂""殪"古文皆从"兇"，尤可證"殅"即"辜"之別出字。

台、朕、陽

《釋詁》："台、朕、賚、畀、卜、陽，予也。"疏："台者，遺與也，讀與'貽'同。朕者，我與之也。"正義"台""朕""陽"訓"予"之義，皆以爲"予我"之"予"，引《禹貢》"衹台德先"，《堯典》"予聞"《史記》作"朕聞"之爲證。

案："台"讀與"詒"同。《説文》："詒，一曰遺也。""朕"，讀與"倂"同。《説文》："倂，送也。""倂"與"朕"同从"关"聲。《貝部》："賸，物相增加也。从'貝'，'朕'聲。一曰送也。""陽"當讀與"揚"同。《燕禮》："媵觚于賓。"注："媵，送也，讀或爲'揚'。揚，舉也。"《檀弓》："洗而揚觶。"注："《禮》'揚'作'媵'，'揚''媵'聲相近。"夌雲謂："揚""陽"形亦相近，"陽"爲舉以予人。"朕"古"賸"字，後人加"貝"。即"出有贈賄"之

"贈"。《説文》："贈，玩好相送也。"攷《聘禮》"贈"在"賄""饗""食""燕"之後，如覜幣用束錦、乘馬，非玩好之物，有增加之義，且爲送行者之禮，則本字當作"朕"，明矣。是"台""朕""陽"義皆爲賜予，邢叔明之説是。

勴

《釋詁》："助，勴也。"

案：《尚書·大甲上》《盤庚下》及《詩·大雅·抑》正義引《釋詁》文皆作"慮"。夌雲謂：《孟子》："子爲長者慮。"亦是助人謀議，正與疏"不以力助，以心助"之義合，是"慮"得爲"助"也。

禕

《釋詁》："禕、懿、鑠，美也。"

案：《説文》無"禕"字。《五經文字》云："禕，美也。音猗。"《詩》："緑竹猗猗。"傳："猗，美盛貌。""猗與那與。"傳："猗，歎詞。"是"禕"亦①得與"猗"通。

洋觀

《釋詁》："洋、觀，多也。"《正義》："'洋洋乎盈耳哉'，重言之，亦多意。"

案：此正以"盈"訓"洋"，"洋"即"盈"之轉聲。"盈"從"市買多得"之"夃"，是"盈"本有多義。"洋"，水名。"觀"與"歡"皆從"雚"聲。"雚"從"吅"得聲得義。歡者，笑聲之多；觀者，環視之多。《射義》云："觀者如堵牆。"

瘏

《釋詁》："痡、瘏，病也。"

---

① "亦"字本衍，據廣雅書局本刪。

案："瘏"當讀爲"峙踞"之"踞"。《説文》："踞，峙踞不前也。"疏引孫炎曰："瘏，馬疲不能進之病也。"義正合。

愉

《釋詁》："勤、愉、庸、癉，勞也。"注："'愉'今字或作'窳'，同。"

案："窳"《説文》訓"污窬"，非其義也，字當作"㼌"，《説文》曰："本不勝末，微弱也。讀若'庚'。"正義引"商子惰民不窳"，亦"㼌"之叚借也。"惰""㼌"亦聲之轉。《易·説卦》："爲果蓏。"《釋文》云："京本作'果墮'之字。"芟雲謂："蓏"從"㼌"，本有墮義。《説文》曰："在地曰蓏。"蓋言本不勝末而墮地也。此"㼌"與"惰"可通之證也。

毗劉

《釋詁》："毗劉，暴樂也。"

案："毗劉""暴樂"皆雙聲字，"毗劉"又轉爲"仳離"。

茀離

《釋詁》："茀離也。"注："茀離即彌離，彌離猶蒙蘢耳。"

案：郭蓋讀"茀"如"彌"。芟雲謂：正字當作"爾麗"，《説文》："爾，麗爾，猶靡麗也。从'冂'、从'㸚'，其孔㸚，'尒'聲。"是"爾"即古"侈靡"字也。《説文》"麗爾"當是"爾麗"之誤倒。以"靡"釋"爾"，以今字訓古字。"爾麗"謂飾之冂，附於外，若蔴胡者也。"彌"，《説文》作"瓕"，弛弓也。

契

《釋詁》："契、滅、殄，絶也。"注："今江東呼刻斷物爲契斷。"

案："契"古止作"㓞"。《説文》："㓞，巧㓞也。""契，大約也。""約契"古亦謂之"質劑"。《周禮·質人》注:"質劑,謂兩書一札而別之也。"是"契"以一札韧絕作兩書而名。《木部》:"栔,刻也。""契"之別出字。古無紙契,亦用簡札。

烈

《釋詁》:"烈、枿,餘也。"

案:《説文》:"卢,列骨之殘也。讀若'櫱岸'之'櫱'。"是"卢"即此"烈"也。《衣部》:"裂,繒餘也。"《齊語》:"戎車待游車之裂,戎士待陳妾之餘。""餘""裂"對文,是"裂"有餘義。韋昭云:"裂,殘也。"是讀與"卢"同。"卢",正字;"裂",通字;"烈",叚借字。

猷

《釋詁》:"卒、猷、假、輟,已也。"正義引《公羊》宣八年《傳》"猶者,通可以已也"、《穀梁》文六年《傳》"猶之爲言可以已也"釋之。

案:此"猷","已"之一義也。夌雲謂:"猷""已"亦爲發聲。《尚書·多方》:"猷告爾四國多方。"《多士》:"猷告爾多士。"與《康誥》:"已汝惟小子。"《洛誥》:"已汝惟沖子。"句法相似。孔傳訓"已"爲發端歎詞,則"猷"義當同。蔡傳"猷,發語詞",較漢儒訓"道"爲勝。又案:"猷",亦通"吁"。《堯典》多言"吁",《益稷》:"吁!臣哉鄰哉!""吁""猷""已"一聲之轉。"吁",正字也。

荒

《釋言》:"蒙、荒,奄也。"

案:《喪大記》說"飾棺之具"云:"君黼荒,大夫畫荒,士布荒。"注:"荒,蒙也。在上曰荒。"是"荒"有奄義。"荒"亦通"巟"。《説文》:"巟,設色之工,治絲練者。一曰巟隔,讀若'荒'。"

畛

《釋言》："畛、厎，致也。"

案：《周頌》："徂隰徂畛。"箋："畛謂舊田有徑路者。"《地官·遂人》云："十夫有溝，溝上有畛。"夌雲謂："畛"從"田"，田，陳也，"畛"亦得訓爲"陳"。"畛于鬼神"者，布陳牲醴、粢盛而告之也，故《釋詁》訓爲"告"，此又訓"致"，與"奠"義亦通。

疑

《釋言》："疑、休，戾也。"

案："疑"，從"子"、從"止"，"矣"省聲，謂幼子始立自定之意，《詩》"克岐克嶷"是也。《說文》引《詩》作"嶷"，從"山"、從"口"，後人所加。"疑"亦通"仡"，《公羊》宣六年《傳》："仡然從乎趙盾而入。"《鄉飲酒禮》："賓西階上疑立。"注："'疑'讀若'仡然從乎趙盾'之'仡'。疑，正立自定之貌。"《釋文》不出"仡"音，而《鄉射禮》疏引鄭注"仡"皆作"疑"，知鄭引《公羊》本作"疑然從乎趙盾"之"疑"也。夌雲謂：《公羊》又云"放乎堂下而止則疑然"者，正形容其止之狀也。"仡"古讀若"氣"，《說文》云："勇壯皃。"與"疑"聲近義異。（其榦案：《詩》："靡所疑。"傳云："疑，定也。"）

啜

《釋言》："啜，茹也。"

案："啜"，撮口細嘗也，字通"歠"，《曲禮》："毋歠醢。""歠"亦嘗其旨否之詞。《說文》："歠，飲也。"重文作"吷"，"啜"之同聲字。又案："啜"亦即《曲禮》"毋嚽炙"之"嚽"。"嚽"，食炙聲也。彼注云："嚽謂一舉盡臠。"未旳。《說文》無"嚽"。

邕

《釋言》:"邕、支,載也。"

案:《説文》:"邕,四方有水,自邕城池者。"《手部》:"擁,抱也。"《土部》:"壅,擁也。"然"邕"解曰"四方有水",則有回抱義。曰"自邕城池",則有壅塞義。"邕"實兼擁、壅二義,《説文》無"壅"。"載"古讀與"戴"同,左氏《春秋》"首止",《公羊》《穀梁》並作"首戴","止""戴"聲相近。據此,則"戴"亦得訓"止",有邕塞義。

啓

《釋言》:"啓,跪也。"注云:"小跽。"

案:雙卻曰"跪",但右卻致地曰"啓",郭訓"小跽"是也。凡牛羊馬諸獸欲伏,皆右足先跪,然後左足亦跪。《左傳》"啓服"即"啓伏"也。《釋畜》云:"前右足白,啓。"且"啓"從"启","启"從"户","户"象門之右扉,則"啓"本有右義矣。

《小學說》敘

古聖統觀人物之情狀而肖其形，由是文字興焉。文字之聲，各肖其文其字，而有清濁緩急之異，猶夫人物之聲，各肖其人其物，而有喜怒哀懼之殊。《說文》諸部有兩讀、三讀、四讀，如"'迷'讀若'拾'，又若'郅'""'囟'讀若'三年導服'之'導'，一曰讀若'沾'，一曰讀若'誓'""'疋'，古文以爲《詩》'大疋'字，亦以爲'足'字，或曰'胥'字，一曰'疋，記也'"者數十字。其實九千三百五十三文皆然，特以世俗通曉故，不箸于篇。徐鼎臣較定《說文》，不知諧聲之有正、有轉，往往刪去解中"聲"字，又烏知字皆可兩讀、三讀、四讀哉！吳明經客槎先生，綜貫經訓，而尤邃于形聲，所譔《小學說》一卷，于字因聲制，聲隨誼轉之所以然，無不曲盡，如"太"讀"他達""他末"二切，"卜"讀"博木""蒲木""北教""布交"四切諸說，即《說文》"迷""疋"二字之例也。其他亦並剖析奧賾，畢達許君引而不發之恉，使世之治《說文》者，皆能引申觸類，窮文字形聲之情狀如先生，不惟徐氏之諍友，抑亦許君之功臣也。

歲在閼逢執徐之皋月，叚自小漁吳君齋，錄寫既畢，爰識數語。同里後學王宗湅書于蒼史居。

卷四　小學説

筍、篾、緄

《聘義》："孚尹旁達。"注："'孚'讀爲'浮','尹'讀如'竹箭'之'筠','浮筠'謂'玉采'。又'孚'或作'捊',或作'扶'。"《釋文》："'尹'依注音'筍',于貧切。"曰"音筍"而云"于貧切"者,攷《書·顧命》"筍席"《釋文》："徐云竹子,竹爲席,于貧切。"蓋古讀"筍"如"筠"也。又《攷工記·梓人》"緄寸焉"鄭司農云："緄,籠網者,讀如"竹中皮"之'緄'。"

攴雲案：注中"緄"字或有譌,如《説文·示部》"祳"字注云："讀'春麥爲祳'之'祳'。"徐鉉曰："今無此語,且非異文,所未詳也。"蓋以凡云"讀如某字"之字,必本文不同,如"孚"讀爲"浮","尹"讀如"筠"之類可證。今鄭於"緄"字亦云"讀如'緄'",知必有誤也,或亦是"筠"字耳。但以竹皮爲"筠",卻未得其據。今閲《前漢書·中山靖王傳》："非有葭莩之親。"師古曰："莩者,蘆筍中白皮至薄者也。"《淮南·原道訓》："蘆苻之厚。"高注："苻,蘆中白"。據此知《禮記》鄭注"孚"讀爲"浮",即"葭莩"之"莩"。《周禮》鄭注"竹中皮之'緄'",當即"浮筠"之"筠"無疑矣。且《攷工記》之"緄",是繫網之小圈。《説文》亦云："緄,持網鈕者"。其物圜,故從"員",或非銅鐵爲之,故不從"金"而從"糸"。其音當讀"筠",筠是竹中皮,固無可疑者,以《禮器》文證之可也。其上文"松柏"言"心","筠"與"心"爲對文,則

"筠"非竹外之物可知。既是竹中皮，則字當從"竹"，從"糸"何也？學者以《説文》無"筠"，而以"縜"字當之，則不如以"笱"字當之爲安也。且"笱"今或作"笋"，即《禮》"孚尹"字耳。以"尹"爲"筠"亦甚古，特非本義耳。"竹中皮"自當以"勻"爲誼，用"勻"以當"筠"，字最旳。（王宗涑案："笱"聲近"萌"，俗因呼竹萌爲"笱"。《説文》："笱，竹胎也。"俗呼浮筠爲"竹胎"，聲如"目"，此"胎"之古音也。胎藏於腹，笱藏於竹，皆非中之皮。"笱"訓"竹胎"，義最精。"旬"，徧十日也。"笱"，周帀如卵中之膜，故字從"旬"。"筠"，俗字。《爾雅》："笱，竹萌。""箈，箭萌。"始以"笱"爲"萌"。《書》"笱席"，又借"笱"爲"筤"。《説文》："箈，竹萌也。""筤，竹膚也。"）

櫌

《説文》："櫌，摩田器。"引《論語》"櫌而不輟"。《論語》何注引鄭曰："覆種也。"義與許異。泥《説文》者，必將謂鄭氏望文爲訓，"覆種"實非"櫌"字本義矣。《史記·始皇紀》："鉏櫌白梃。"《索隱》曰："徐廣以'櫌'爲'田器'，非也。孟康以爲'鉏柄'，蓋得其近。"

案：《論語》《史記》本文實爲二義。古人制字，容有一字而兼數義者，但此字非古之原文，原文只一"婁"字耳。《説文》："婁，空也。""虞，麗虞也。一曰種也。"徐楚金以爲："麗虞猶玲瓏也，空明之象。"夌雲謂：古之明目者謂之"離婁"，亦猶無目者謂之"瞽瞍"。《説文》"連邎""謰謱"，皆"麗虞"通語耳。總之，"婁"爲"空"義無疑矣。又案：《儀禮·士喪禮》："簪笄用桑，長四寸，纋中。"下又云："握手用玄纁裏，長尺二寸，廣五寸。牢中旁寸。"鄭注："'牢'讀爲'樓'。'樓'謂削約握之中央以安手也。今文'牢'（"牢"各本誤作"樓"）爲'纋'。"夌雲以爲，"樓"即"鏤刻"之"鏤"。鏤之使空也，故有玲瓏之喻。《儀禮》"纋""牢"，皆"樓"之借字，"樓"亦"婁"之借字。據此知《論語》"櫌"同"纋"，亦"樓"之借字。此又數字而同一義者也，故曰"原文只一'婁'字"。《論語》之義本謂空其中以安種，而又覆之也。《史記》之"鉏櫌白梃"，《漢書》之

"鉏欘棘矜",服虔亦云"鉏柄",以"欘"爲"鉏柄"亦自有説,蓋"鉏"即柤,"欘"即耒。柤廣五寸,以鐵爲之,耒頭入鐵之處,亦削約其中以安柤也,故漢時即謂之"欘",如《儀禮》"緱中"之"緱",而改"木"旁也。

辰

《爾雅》:"夷上洒下,漘。"夷平其上,深坎其下,名之曰"漘",當作此"辰"字。《說文》:"厂,山石之厓巖,人可居。"籀文"厈"。"厓,山邊也。""屵,岸高也。从'山'、从'厂','厂'亦聲。""岸,水厓而高者。""崖,高邊也。"

夌雲謂:"厂",本字,後人加"山"作"屵"。"厈",籀文"厂",後人加"山"作"岸"。其實"厂""厈""屵""岸"爲一字,"厓""崖"爲一字,皆山之邊岸也。今水邊亦曰"岸",亦曰"厓",皆借用也。因"崖"或加"山",故"涯"俗亦加"水"也。至于"漘",古只用"辰"。"辰",古文作"𠂆",與"反"之古文作"𠬡"同。知"反"从"厂",其最古者;"辰"从"厈",其最今者。如《說文》"石"別體亦作"𥐮""𥑇"者。許君説"辰"下"从'乙',乙象芒達",恐非是。其从"厂",象"夷上洒下"形,孫炎《爾雅》注所謂"平上陗下"者,正指此耳。"二"象土石之橫理重疊也,下从"止",取兀止之義。"辰"亦山巖而借爲水漘者也。人之脣似之,故亦借以爲名,而後人加"肉"。"辰"又土相會之處,故日月之會處借其誼以爲名,而後人加"會"作"䢈"。一"辰"而借用者二,遂爲借義所專,而失"辰"之本義,轉於"脣"旁加"水"以別之。"漘"其最後之字也,《說文》:"漘,水厓也。"引《詩》曰:"寊河之漘"。誤合《葛藟》"在河之漘"與《伐檀》"寊之河之干兮"爲一句。

畏

"畏"字上从"甶","甶"即"塊"。凡土之高起者,用此象之。

下从"辰"省。《爾雅》"陬隈"當作此"畏"字。《説文》:"隈,水曲隈也。"凡水曲處,必有阪隅斗絶而出于水中,若高起之土甴,其形奧折,此之謂"隈",故弓曲亦名"隈"。《儀禮·大射禮》:"以袂順左右隈。"注云:"弓淵也。"《玫工記·弓人》:"長其畏而深其敝。""畏"不從"甴",此"隈"古止作"畏"之證也。"畏"是曲岸臨深可危,故借爲"畏敬"字。後人以其借義爲本義,造爲"鬼頭虎爪①"之説,不經甚矣。許蓋襲用其説也。其加"甴"於旁,猶"辰"之爲"漘","奧"之爲"澳""陬""墺"也。(王宗涑案:"畏",古文作"㫻"。竊謂"畏"之于"㫻",與"衡"之于"奧",皆非一字。"衡,楅衡,牛角上所箸大木,故从'角'、从'大','行'聲。""奧",固冠之笄奧,"大"上作"囧",象冠在人首。"卜",直者象結,横者象奧。"畏"解"惡也。从'甴','虎'省。鬼頭而虎爪可畏也。"本説"㫻"字,許誤合爲一。"畏"篆作"㫻","虎"篆作"虎",古文作"㫻"與"虎",僅"畏"下右旁之"凡"與"虎"下同。知"虎省",謂"㫻"从古文"虎"省也。其榦案:小徐本"畏"下無"鬼頭而虎爪可畏也"八字,疑此八字是後人坿益。)

乍、昔

《説文》:"乍,止也。"鍇曰:"出亡得一則止,暫止也。""昔,乾肉也。"案:與"胙"通。"昨,㽕日也。""作,起也。"案:鐘鼎文"作"多借"乍"。"厝,厲石也。""措,置也。"案:置,立也。"錯,金涂也。""醋,客酌主人也。""酢,鹼也。""阼,主階也。""秨,禾摇②皃。""迮,起也。""逪,迹逪也。"即"这逪"字。"笮,迫也③。""踖,長脛行也。一曰'踧踖'。""趚,趨趚也。""諎,驚皃。""胙,祭福肉也。"

案:"乍"字从"亾"、从"一","亾"者,欲"入"於"㇄",忽有一物禦之而不得入,故許遂以爲"止"也。《孟子》:"今人乍見孺子。"趙注:"暫也。"蓋倉卒之閒,意想不到者爲"暫",故《説文》

---

① "爪",本誤"瓜",據廣雅書局本改。
② "摇"字本脱,據廣雅書局本補。
③ "也"字本脱,據廣雅書局本補。

訓"突"字云"暫出"。小徐釋"乍"字亦云"暫止"，獨《日部》"暫"字注云："不久也。"故後人拘"久暫"之義，而忽易趙注之"暫"字。又案：荀悅《襍言》："乍進乍退。"《說文》"亍"字注云："乍行乍止。"則"乍"字不當單訓"止"明矣。"乍"又有"驚顧而起"之意。其他"迮""踖""趠""諎"，及《爾雅》"作噩"皆取"驚起"意。"措""秨"皆取"起立"意。"錯"訓"金涂"，取"交錯"意，如金錯刀，謂以黃金爲文，與銅質相襍也。醋，必主人先獻而後賓醋之，一往一來，亦取交錯意，故《詩》云"獻酬交錯"，《儀禮》"交錯以辯""交錯其酬"，皆是也。"阼"，《儀禮·士冠禮》："主人玄衣纁裳，立于阼階上。"鄭注："阼猶酢也。東階所以荅酢賓客者。"《玉篇》亦云："阼階，東階，所以荅酢賓客者。"案："荅酢賓客"，尚未達，當云"賓酢主人于此階上，故云'阼階'"。據此則"酢""醋"可通用，謂古今互譌者，非也。案：《儀禮》"酬酢"皆从"乍"作"酢"，至《特牲篇》"酢""醋"並見，《少牢篇》以下，皆作"醋"，其"尸醋主婦"，注云："今文醋曰酢。"知"酢""醋"古今字也。所以"阼階"字从"乍"。至"胙肉"字又从"阼"生出。《少儀》："爲人祭曰'致福'，爲己祭而致膳於君子曰'膳'，祔、練曰'告'。""凡膳告於君子，主人展之，以授使者於阼階之南，南面再拜稽首送"，下文有"大牢""少牢""特豕"之別，以其於阼階前拜送，故謂祭肉曰"胙肉"。又案：主人之俎曰"阼俎"，"胙肉"疑即阼俎之肉，因此故改从"肉"旁。《史記·商君列傳》注有"周室歸藉"，《索隱》曰："音'胙'，字合作'胙'，誤作'藉'耳。"案："胙""藉"聲相近。（王宗涑案：《左傳》成十三年："成子受脤于社。"注："脤，宜社肉也。盛以脤器，故曰脤。"竊謂"脤器"當作"蜃器"，謂器之飾以蜃灰者，社俎盛以蜃，廟俎茅爲藉。"蜃"、"藉"正字。《說文》："藉，祭藉也。"字亦通"菹"。"脤"、"菹"借字。"胙"以"乍"聲，與"昔"、"且"相近而配合，俗字也。古者致饋，主人皆拜送使者于阼階上，不獨祭肉有然，據以説"胙"，似近坿會。）

汏

《說文》："汰，滑也。古文作'汏'。"鉉曰："本音'他達切'，今《左傳》作'汏輈'，非是。""汏，淅灡也。"鍇曰："水激過也。"

《左傳》宣四年"汏輈"，（其榦案："汏"，阮氏《校勘記》云："補刊石經、宋本、岳本作'汏'，下同。《釋文》亦作'汏'，是也。"）杜云："汏，過也。箭過車輈上。"《釋文》："他末反。"（其榦案：注疏及《釋文》單行本並作"他來反"，此承坊本之譌。）昭廿六年："繇胸汏輈。"杜云："汏，矢激。"兩注文異義同，與許氏"滑"誼、徐氏"激過"誼並合，知"汏"即"汰"與"汏"也。其"汏"字之訓"淅灡"，則似又一誼也。《淮南子·要略》："所以洮汰滌蕩至意。"注："洮汰，潤也。"《後漢書·陳元傳》："洮汰學者之累惑。"注："洮汰猶洗濯也。"字並從"水"旁"太"，而義與徐訓"激過"之"汏"同。郭忠恕《佩觿》云："'汏'與'汰'同。'汰'音'太'，沙汰也。'汏'音'大'，濤也。"（其榦案：今吳中方言，持物於水中蕩搖之令潔净謂之"汏"。）《廣韻》亦云："汏，濤汏也。"案：古止一"汏"字耳。"汏"上象人，下象水，人之兩足箸泥水，上不能自主，足左右兩開，身坐於地，其聲"汏"，則音"他達反"。其足不能自主，則音"他末反"，（其榦案：聲蓋如"忒"，第"末"爲"來"誤，似不協。然古無四聲，而音多通轉，則"他來"之音亦可轉爲"忒"也。）此"滑"之誼也。又案：《晉書·孫綽傳》："沙之汰之，瓦礫在後。""沙"即"摩抄"之"抄"。凡物未潔，貯之以器，浸之以水，簸搖振攪，使物相摩相激，則其輕者在上，重者在下，可以柬擇，所謂沙汰也。沙、汰、洮之説，由相激而得，此"淅灡"之誼也。波濤亦水之相激而成者，且以物擊水，其聲亦汏然也。（其榦案：濤汏，蓋搖櫓激波之聲，《楚詞·九章》："齊吳榜而擊汏。"）又《大學》"驕泰以失之"，《左》襄十四年《傳》"欒黶汏虐已甚"，皆"過"誼也。又物之不自起立，箸於水土者，並謂之"汏"，音"他達反"。後人加"収"作"泰"，以象兩手扶起之也。"汰"即移"汏"下之"水"于旁耳。至"汏"字，於誼不合矣，故許君亦不收。又案：《說文》："㚇，滑也。"引《詩》"㚇兮達兮"。"達，行不相遇也。"亦引《詩》"挑兮達兮"，重文作"达"。夌雲謂："達兮"之"達"，當用"泰"之古文"夳"，亦"滑"也。

䜌

《左傳》昭二十年："取大子欒。""欒"本作"䜌"，讀若"蠻"。《金石錄》有"宋公䜌餗鼎銘"。《史記·宋世家》："元公卒，子景公頭曼立。"《漢書·古今人表》作"兜欒"，誤與《左傳》同。"曼""䜌"同音"蠻"，《公羊春秋》昭十六年："楚子誘戎曼子，殺之。"《釋文》云："二《傳》作'戎蠻'。"以同音而誤也。《日知錄》乃云："'兜欒'之音譌爲'頭曼'。"其亦未之攷矣。

案：曼，冒也。頭曼，頭之冒也。"兜"，象形，而音從"頭"生，故"兜""頭"可通。《說文》"兜"字注云："兜鍪，首鎧。""兜鍪"即"兜曼"耳。"曼"從"冒"聲，"鍪"從"矛"聲，亦同聲字。鍪，鍑屬。鍑，釜大口者。大口之釜覆之，形似兜鍪矣，故兩物同名也。然則"頭曼"爲正，"兜鍪"爲通。"䜌"有不絕誼，"曼"有長誼，故亦得通。若從"木"作"欒"，則音義俱別矣。

憖

《說文》："猌，犬張齗怒也。从'犬'，'來'聲。讀又若'銀'。魚僅切。""憖，問也。謹敬也。从'心'，'猌'聲。一曰說也，一曰甘也。"

案：《詩·小雅》："不憖遺一老。"箋云："心不欲，而自彊之辭。"疏引《說文》："憖，肯從心也。"《釋文》引《爾雅》云："願也，彊也，且也。《韓詩》云：'閒也。'"《左傳》文十二年："皆未憖也。"杜訓"缺"。《釋文》："魚覲反，又魚轄反，缺也。"《方言》云："傷也。"《字林》云："閒也。牛吝反。"昭廿八年："憖使吾君。"杜云：

"發語之音"。哀十六年："不憖遺一老。"杜云："且也。"《玉篇》"甘"作"且"。《晉語》："憖庇州犁焉。"韋注："願也。"《楚語》："吾憖置之於耳。"注："願也。"《方言》："憖，傷也。陳祭之間謂之憖。"《博雅》："傷也。"張衡《思玄賦》："戴勝憖其既歡兮。"音"焮"，章懷讀。《五音集韻》同《字林》"笑貌"。又《五音集韻》："五鐺切。《字林》：'問也'。"據以上諸訓攷之，以爲《說文》之證"謹敬"之誼，似當讀與"闇"同。《思玄賦》可以證《說文①》之一誼。昭廿八年"憖使"即"寧使"，誼當與《國語》兩"憖"字同，即《說文》最後一誼也。"甘"乃"且"之譌字。其《方言》所謂"傷"，杜注文十二年《傳》所謂"缺"，則當讀若"齾"，即昭十一年《經》之"厥憖"，《公羊》作"屈銀"者也。"厥銀"與"缺齾"同音同誼，故有"魚轄反"之一音。據此知《五音集韻》云"五轄反"，而引《字林》"問也"之"問"字，當是"閵"之譌也。"五轄"與"魚轄"音既同，而"閵"與"缺"誼又近，蓋"閵缺"之"閵"也。《說文》"問"字亦是傳寫之譌。又案：《說文》："甯，所願也。"鍇曰："甯猶寧也。"夌雲謂："寧"，從"丂"，"𡨄"聲，願詞也。《左》昭廿年《經》"向寧"，《公羊》作"甯"。又據《公羊》之以"銀"爲"憖"，知"寧""甯"古同字，且知"甯""憖"古皆讀平聲也。"憖"即"願"之本字，故從"心"，"猌"聲，又借爲"齾"字耳。

卜

"卜"，《說文》："灼剝龜也，象炙龜之形。一曰象龜兆之縱橫也。"

案：古者有事問龜，則契其腹背之高處，以火灼之，其聲"卜"，則有兆以告我矣。其或縱或橫，作"卜"以象其形，而音則如其聲，輕則"蒲木切"、重則"博木切"、去聲則"北教切"、平聲則"布交

————————
① "文"字本脱，據文意補。

切"，此一字而兼數音也。其誼則形聲之外，有"告也""荅也""予也""副也""灸①也"諸誼。後人用"卜"之"告"誼，則有作"赴"者。《説文》："赴，趨也。从'走'，'仆'省聲。"夌雲謂：此字當入《卜部》，解云："奔告也。""卜"，其本體，後人以爲奔而告之，故又加"走"，其實無容也。由是推之，"灼""㷅""炮""爆"皆當音"報"，乃"卜"之爲聲而別出者也。《禮記·喪服小記》"報葬者報虞"、《少儀》"毋報往"，注皆讀爲"赴"，是又借同聲之"報"爲"赴"也。"報"，《説文》云："當辠人也。"《繫傳》無"人"字，蓋言當其辠則"𠬝"，故从"𠬝"。㚔，所以驚人也。"報"與"赴"何以云同聲？觀《説文》"㓾"或作"𦊓"，"桴"或作"枹"，"飆"或作"颷"等字可知矣。"報"之借爲"赴"，即"報"之借爲"卜"也。《詩》："秉畀炎火。"《釋文》："'秉'《韓詩》作'卜'，'卜'，報也。"今人用"報"字則以爲"荅"誼也，與《説文》"當"誼有別，蓋借以爲"卜"也。若依《説文》"當"誼，又當讀"報"爲"副"矣。"副"之本誼"劈也"，"相副"之"副"用"卜"爲是。《曲禮》正義引師説云："卜，覆也，以覆審吉凶。"又劉氏以爲："卜，赴也。赴來者之心。"《詩》："君曰卜爾。"《釋詁》："卜，予也。"此即"報施善人"之"報"，且以今人之音論，則"赴"从"卜"得聲，正宜讀如"報"。"報"从"𠬝"得聲，正宜讀如"赴"。

包、孚

《説文》"㓾"或作"𦊓"，"桴"或作"枹"，"包""孚"可互通也。其義獨在乎"勹"，蓋"勹"字从"人"而變其形，以象物之勹乎外者也。加"巳"作"包"，又象始生之形，以實其中也。"孚"从"子"，即始生之形也；从爪覆其上，與勹乎外同意。故古人讀"孚"必與"包"同音。由此推之，"苞""莩"，"脬""胞"，"郛""邰"，

---

① "灸"，本誤"炙"，據廣雅書局本改。

"裒""褒","烰""炮",皆可通也。

又案:《春秋》隱五年《穀梁傳》"苞人民",是借"苞"爲"俘",(《毛詩·采薇》正義引"苞"作"拘"。)隱八年《經》"浮來",《公》《穀》作"包來",是又借"包"爲"浮"也。(今"罰"音從"浮"生出,見《投壺》。)又案:"孚",古文作"采",加二点於下,象兩手相扶也。亦作"俘",小篆又作"保",即从"俘"省。古凡物之可保愛者,即名曰"保",故孟喜《易》"大寶"作"大保"。(見《釋文》)今吴俗呼小孩子曰"保","保"亦此意也。《春秋》莊六年《經》"來歸衛寶",作"衛俘",蓋用古文也。左氏固識"俘""寶"是古今字,因即以"寶"易《經》之"俘",後人反覆而不得其説,只緣不識字耳。《詩》"雉離于罦"與"尚無造"韻,是从"孚"之字皆有"寶"音也。又案:"桴"或作"柎",穀皮也。"麩"或作"䴸",小麥屑皮也。至于"郛",在城外;"膚",在肉外,皆有"包"誼,故曰"孚""包"互通,其誼獨在乎"勹"。又案:"襃,衣博裾。从'衣','俘'省聲。"(直言"采聲"可也)"䘼,小兒衣。"鉉曰:"今作'袂',非是。"不知"襃"即"袂"也。許不以"䘼"爲"襃"之重文而分部異解,故大徐有此説。猶"褓,負兒衣","繈,觕纇也",二字亦不爲重文而别異之也。"襃,裹也。""袍,裾也。""抱"爲"捊"之重文,而鉉于"襃"下注云:"今俗作'抱',非是。"《漢書·宣帝紀》:"曾孫雖在襁褓。"孟康注:"小兒被也。"兩《漢書》言"襁褓"者,皆以爲小兒被也。《史記·留侯世家》:"成王少,在襁褓之中。"注:"小兒被也。"又云:"取而葆祠之。"注:"《史記》'珍寶'字皆作'葆'。"蓋"䘼"今謂之抱裙,或曰"拘被",許以爲"衣",支矣。"襁",其四隅之繩以約小兒於背者,許亦以爲"衣",誤矣。又案:《禮記·内則》"三日始負"之"負"从"貝"聲,與"背"同,以背任物,亦曰"背"。(其榦案:《説文》:"負,恃也。"與《詩》"無母何恃"義合,然則"何恃"猶云"何負",言無人背負也。)

歸、家

《説文》："凥，处也。从'尸'得'几'而止。（九魚切）""居，蹲也。'古'者，居从'古'。"大徐以爲"法古"，"九魚切"。"家，居也。从'宀'，'豭'省聲。（古牙切）""歸，女嫁也。从'止'、从'婦'省，'𠂤'聲。（舉韋切）"

案："凥"从"人"在"几"上，象人有所依也，兼象形、會意二義。其音蓋从"几"之轉聲也。"居"，形聲字。"凥"必有"姑"音，故又从"古"聲。（王宗涑案：會意字可兩讀。"居"从"古"音，讀如"姑"；从"尸"音，讀如"姬"。"尸"之轉音同"陳"。故"居"訓"蹲"，"凥"从"尸"音，讀與"居"同；从"几"音，讀與"歸"同。古文"簋"从"飢"作"㔲"可證。許以"处"訓"凥"，以"凥""处"同从"几"得聲也。"凥"本無"姑"音，"居"本無"歸"音，"居"讀"歸"，"凥"讀"姑"，以"凥""居"得通而混。）而"家"之从"豭"省聲，"歸"之从"𠂤"聲，並不得其解，疑"家"又"居"之別出字。字書載古文"居"有作"㐭"者。蓋就人而言，則从"尸"；指屋而言，則从"宀"可也。（王宗涑案：从"宀"、从"尸"，一也。"尸"亦象屋形，"古"，"十""口"，蓋屋下衆也。"凥"以凥一人，"屋"以居衆人。段氏《説文》凡"居室"字並改作"凥"，非是。）"居"與"家"古並讀如"姑"，是"家"即"居"之聲轉，而俗因作"家"字也。至"歸"字，又从"家"化出，蓋女以男爲家，故婦人謂嫁曰歸。女之必歸于男，物各有所止也，故从"止"。《曲禮》："納女於大夫，曰備洒掃。"《吳語》曰："一介嫡女，奉箕帚，以眩姓於王宮。"故"婦"字从"帚"，而"歸"亦从"帚"。必从"𠂤"聲者，蓋以"歸"有投擲之義也。（其榦案："歸"籀文作"㱕"，是"㱕"本从"婦"省，"止"聲，"婦止"爲"㱕"，與"鳥飛下來"爲"至"同意。篆从"𠂤"聲，"官"字注："𠂤猶衆也。"殆非投擲之義。）其實亦兼"居""家"二音，吾鄉有呼"歸"爲"居"者，亦有"歸去""歸來"呼"家去""家來"者。"居""家""歸"，音義俱通也。魯有"公孫歸父"，齊有"析歸父"，楚有"仲歸"，鄭有"公子歸生"，俱字"子家"，可知此二字音義本連屬也。

轅

《説文》："轅，輈也。""輈，轅也。"又云："軝，車轅耑持衡者。""軶，轅前也。""輗，大車轅耑持衡者。""暈，直轅車鞼也。""鞼"或作"鞼"，"車衡三束也。曲轅鞼縛，直轅暈縛。讀若《論語》'鑽燧'之'鑽'。"鍇曰："乘車當中爲一曲轅，以木爲衡，縛軶於上，乘車別鑽孔縛之。大車雙直轅衡，執（"執"字有譌，其榦案：疑當作"耑"，聲相涉。）都縛之而已，不鑽也。"又云："犕，大車駕馬也。（居玉切）"與"暈"同音。

案：許説雖有曲直之分，而無"輈""轅"之別。惟"軒"字注云"曲輈藩"一語爲得之。小徐雖知有一曲、雙直之異，而究亦以"輈"爲"轅"。而《攷工記》："輈人爲輈。"鄭注亦云："輈，車轅也。"《詩》："五楘梁輈。"《禮記·襍記》："陳乘黃大路於中庭北輈。"注："輈，轅也。"《左傳》隱十一年、宣四年兩言"輈"，杜皆云"轅也"，是"輈""轅"混稱，相傳已久。今合《攷工記》"輈人""車人"兩文觀之，見其於小車必言"輈"，於大車必言"轅"，知"輈"與"轅"別矣。《車人》疏："大車之轅，長二丈七尺；柏車、羊車之轅，皆以次減短。"阮芸臺《車制圖解》"推求車度"一條，言："國馬之輈，長一丈五尺有奇，田馬、駑馬，亦以次減短。"又《車人》疏："鬲長六尺者，以其兩轅一牛在轅內，故狹。四馬車鬲長六尺六寸者，以其一轅兩服馬在轅外，故鬲長也。"此推"輈""轅"之異處，而所以命名不在是也。夌雲謂："輈"惟一木而曲，名義重在曲；"轅"則兩木而直，名義重在兩木。故博攷之《周禮·春官·大宗伯》："公執桓圭。"注："雙植者謂之桓，桓者，宮室之象。"《説文》："桓，亭郵表也。"小徐云："亭郵立木爲表，表雙立爲桓。"亦引《周禮》"桓圭"鄭注爲證。《角部》："䚘，角匕。"匕以二爲用。《爾雅·释山》："小山岌大山，峘。"注："'岌'謂高過。""岌"即"及"字，言小山而能與大山齊也，無過高義。"峘"即"桓"，《禮記·檀弓》："三家視桓楹。"注:"諸侯四綍二碑。"案:"楹"本雙植者,注言"二碑"則爲雙桓無疑。又《左傳》僖四年"轅濤塗",二傳作"袁"。成二年"袁婁",《穀梁》作"爰"。《廣韻》"袁"或作"爰"。《説文》:"爰,籀文以爲'車轅'字。"據此知"爰""袁""轅"三字可通。又《説文》"𧯦田",《左傳》作"爰田",《國語》作"轅田"。然則"轅"之正字當作"桓",桓,木之雙植者。大車之轅,亦木之雙而直者,故古亦謂之"桓"。至史籀時始借同聲之"爰"以爲"桓"。又其後"爰""袁"通用,乃加"車"於借用之"袁"旁而作"轅"矣。再由鄭注"桓者,宫室之象"一語攷之,古人宫室,其中有堂有室,而總謂之"室",其外以牆圍之,謂之"宫",故曰"宫牆"。有牆必有門,門之兩旁植兩木爲柱,上以木横貫之,謂之"桓",故或曰"門牆",或曰"桓牆",亦曰"垣墉"。馬融注《尚書・梓材》謂:"牆卑曰垣,高曰墉。"後遂改"木"旁作"土"。此亦如《爾雅》之"嵈",以其爲山而改從"山"也。"桓牆"之"桓",與"車轅"之"轅",其形同,並取兩木相對爲名。《周禮・掌舍》:"設車宫轅門。"注云:"次車以爲藩,則仰車以其轅表門。"經于下文有云"棘門"者,注謂"以戟爲門"也;有云"旌門"者,注謂"樹旌以表門"也;有云"人門"者,注謂"立長大之人以表門"也。據此知"人門"者,立兩人于前以爲門,其事暫,故其制亦略。"旌門""棘門"亦立兩旌、兩棘也。今俗猶有所謂"戟門"者,以石爲之。若所云"轅門",蓋脱大車之轅,以植于地,其形正如門旁之桓,其廣六尺,人可由其中出入也。如鄭云:"仰車則轅在車上,車雖仰,人將何以由其中出入乎?"昭八年:"蒐於紅。"《穀梁傳》:"置旃以爲轅門。"范注謂:"旃,旌旗之名,轅門,卬車以表門。"義與《周禮》鄭注同。(其榦案:次車爲宫人之出入,在兩車之閒,仰車使其轅高出衆車之上,欲人見轅而知出入之所也,鄭、范注是。)案:《周禮》,次車爲宫,則立轅門;築土爲宫,則立棘爲門;張帷爲宫,則立旌爲門;無宫,則立人爲門。"宫"謂"牆"也,其制以事之久暫而分詳略也。"桓門"古用木,今用石。古無論尊卑,桓門惟一。今尊者列爲三，如聖廟門是也。又案：《門部》"閈"下注云："市有垣。"從"門"，是古以"門"爲"桓"也。（王宗涑案："桓""同"古同作"門"，"同"指門之橫者言，"桓"指門之雙植者言，"門"亦古"闌截"之"闌"，故"阁"字從"門"，言幺子相愛撃，從中門截之，門亦聲。"爰"，兩手相引；"轅"，兩木引車。"轅"作"爰"最古。車爰之形橫臥，以"引"爲義；門表之形直立，以"植"爲義。"門"易爲"桓"，猶"爰"易爲"轅"也。非史籀借"爰"爲"桓"，今官舍及郵驛之東西坊表，立木如門形，而名爲"轅門"，則以"桓門"之實而冒"轅門"之名，非古之"轅門"，其直立車轅二木，已有是也。）

宮

《說文》："宮，室也。從'宀'，'躬'省聲。"

案：宮是室外四周之牆，非室也。《爾雅》："大山宮小山。"注："宮謂圍繞之。"《禮記·喪大記》"君爲廬宮之"是也。《論語》："譬諸宮牆。""宮"亦"圍"也。《聘禮》："未入竟，壹肄。爲壇壇，畫階，帷其北，無宮。"注："無宮，不壝土，畫外垣也。"因思《檀弓》"畫宮而受弔"，是畫外垣也。《說文》謂"從'躬'省聲"，甚是。"躬"誼爲曲背呂，全體有脅骨，從呂左右圍繞，而前亦如牆之周於室外也。故"宮"從之得聲。而"營"又從"宮"聲，"營，市居也。"亦有環繞之義，故又有"環"音。

卬、偶

《說文》："卬，望欲有所庶及也。從'匕'、從'卩'。《詩》曰：高山卬止。""偶，相人也。從'人'，'禺'聲。"

案："卬"，古"偶"字，象兩人相向。右旁"卩"，形近而譌，如"卿"字，本從兩'卩'相對之"卯"聲，而左右兩"卩"，正如兩人相對形。故知"卬"字右旁亦本是"人"，而譌爲"卩"。《辵部》："迎，逢也。"謂彼來此往，中道偶合，誼亦取兩人相向，故字從"卬"聲。且"偶立""偶坐""偶語"，皆以兩人相向爲義，則"卬"爲"偶"之古文明矣。兩人相向，必舉首相望。單子視不登帶，叔向以爲譏，可證也。故"卬"又有舉義、望義。《人部》："仰，舉也。"此"卬"既譌從"卪"，後俗又加"人"旁，古止作"卬"。《詩·卷阿》箋"志氣卬卬高朗"可證。"卬"有舉義，其音則"五岡""五口"一轉耳。《國語》注："卬，迎也。"

艮

《大司馬》"九畿"，注："畿猶限也。故書'畿'爲'近'，鄭司農云：'"近"當爲"畿"。'《春秋傳》曰：'天子一畿。'"《郊特牲》："雕幾之美。"注："畿①謂漆飾沂鄂也。"《少儀》注亦以"畿"爲"沂鄂"。《典瑞》注："司農云：'璂爲圻鄂璂起。'"《淮南·俶真訓》作"垠鄂"，許注："垠鄂，端崖也。"《西都賦》："前後無有垠鍔。"注引《淮南子》"出於垠鄂之閒"許慎注云云。襄廿五年："天子之地一圻。"是"畿"與"幾"同，而又與"圻"同也。《說文》："垠，地垠也。一曰岸也。（语斤切）"重文作"圻"。（《犬部》"狠""犷"亦當爲重文。）古時從"土"、從"水"之字得相通，故"圻"亦或借"沂"。而從"土"、從"𨸏"之字亦得相通，故"垠"或作"限"。《攷工記》注："'眼'讀如'限切'之'限'。"夌雲謂：凡物之有圻鄂，而處於最先者，無過於人之眼。"眼"即"畿限"之"限"，亦即"圻鄂"之"圻"。"眼"從"目"、從"艮"，"艮"從"目"、從反"人"，兩人不相得爲"反目"，目反則人亦反矣。"艮"即"很戾"之"很"，亦即"怨恨"之"恨"。"反目"亦曰"怒目"，即所謂"厓眥"。目至怒時，圻鄂益起，故曰"厓眥"。《說文》："眥，目匡也。"是"艮"爲古"眼"字，後人又加"目"旁耳。"艮"訓"止"，有所限止也。"艮"從反'人'，人反則足本見，故又作"跟"。（"跟"從"足"，亦後人所加。）而"根柢"字從之。"艮"于本音外，尚有"垠""眼"二音。故"根""狠""很""恨"從本音，"銀""狺"從"垠"

---

① "畿"，"幾"字之誤。

音，"齦"从"眼"音。

帤、帉、絮、絜、袈、袈

《易·既濟》："繻有衣袽。"王注："繻宜曰濡。衣袽，所以塞舟也。"《釋文》："'繻'，子夏作'襦'，王廙同。薛云：古文作'襦'。""袽"《説文》作"絮"，云："絜緼也。"《廣雅》云："絮，塞也。"子夏作"茹"，京作"絮"。(《吕覽·功名篇》："以茹魚去蠅。"注云："'茹'，讀爲'茹船漏'之'茹'。") 案：《説文·糸部》："繻，繒采色。讀若《易》'繻有衣'。""絮，敝緜也。(息據切)""絜，絜緼也。一曰敝絮。《易》曰：'需有衣絜。'(女余切)"又《巾部》："帤，巾帤也。一曰幣巾。(女余切)"(《攷工記》："厚其帤。"司農云："'帤'讀爲'襦有衣絮'之'絮'。")《繫傳》作"幣布"。鍇曰："案：《易》：'濡有衣帤。'又道家《黄庭經》曰：'人閒紛紛臭如帤。'皆塞舟孔之故帛也，故以喻煩臭。""帉，金幣所藏也。(乃都切)"又《衣部》："袈，弊衣。(女加切)"鍇曰："袈猶言帛臭也。"而無"袽"字。夌雲謂：凡衣服字，從"巾"、從"糸"、從"衣"，皆可通也。"如"與"奴"亦聲近可通。如《手部》："拏，牽引也。""挐，持也。"並"女加切"，音義皆同。《隹部》："雓，牟母也。(人諸切)"或作"鴐"。《爾雅》："鴐，鵧母。"用《説文》或字。故知"如""奴"以聲近而通也。據此，則"帤"亦以所藏之幣帛而爲名，《繫傳》作"幣布"是也。"袽"亦不必以《説文》所無而不用也。

虵

《説文》："虫，一名蝮，博三寸，首大如擘指。象其臥形。"(《玉篇》引無"指"字。)"蝮，虫也。""虵，虵以注鳴。《詩》曰：'胡爲虺蜥。'從'虫'，'兀'聲。"鉉曰："兀非聲，未詳。"

案：《釋魚》云："蝮，虵，博三寸，首大如擘。"(《玉篇》據此，故不從《説文》。) 舍人云："蝮，一名虵。江淮以南曰蝮，江淮以北曰虵。"

孫炎曰："江淮以南謂虺爲蝮。"郭璞曰："此自一種蛇，名爲蝮虺。"以《説文》"虫，一名蝮"合諸《爾雅》所云"蝮虺"，知"虺"即"虫"也。"虫"，象形字。以虫爲聲，而又加"兀"旁，蓋以其形之博大而加之，是會意字。何以明之？《尚書》"仲虺"，《史記·殷本紀》作"仲靁"，石經作"仲傀"，《荀子·堯問篇》作"仲虺"。《説文》無"靁"字，《雨部》"靁"，古文作"䨻"，籀文作"䨻"，云："閒有回，回，雷聲也。"爻雲案："靁"本從"晶"得聲，"䨻"猶"晶"耳。中從兩"回"，乃聲也。"䨻"當即《詩》"虺虺其靁"之"虺"，故《史記》以爲"仲虺"字。"靁"，轉寫之誤也。許君以爲古文"靁"，恐未可信。又案：《説文》："傀，偉也。"引《周禮》"大傀異"。"偉，奇也。"《爾雅》："紅，蘢古，其大者䕲。""傀"與"䕲"皆有長大之義，"虺"既與"傀""䕲"通用，則"虺"亦有長大之義，故從"兀"，"兀"，高皃也；"虫"，聲也。然則"䨻"是靁聲之大者，"䕲"是蘢古之大者，"傀"是人體之大者，"虺"是蝮蛇之大者，音義並同，得通。

崝嶸即亲荣

《爾雅·釋木》"櫬梧"，注："今梧桐。""榮，桐木"，注："即梧桐。"《説文》："榮，桐木也。一曰屋栭之兩頭起者。"

案："櫬"即俗"亲栗"字。"亲"與"豪"同意，皆取莘莘衆多立起之義。故凡木之叢生者謂之"亲"，後世又作"榛"，或又作"蓁"。"亲"之爲"崝"，猶《詩》"螓首"，《説文》作"䗿首"，實即《爾雅》之"崝"也。"崝"俗亦作"崢"，毛傳"螓，顙廣而方"，故頭角方正者謂之"崝嶸"。"榮"，從"木"，"熒"省聲。"熒"，從"冂"，"焱"聲，"焱"亦有炎上之義。《書》"毋若火始燄燄"，馬本及《漢書》作"庸庸"，蓋即"融融"之借字。《説文》"融"訓"炊气上出"。《爾雅》："華、荂，榮也。"凡華之立起，皆得謂"榮"，而梧桐之華，尤叢聚而向上，故既曰"櫬梧"，又曰"榮桐木"也。（其榦案：梧之言午也，亦以"向上"爲誼；桐之言叢也，亦以"叢聚"爲誼。"桐"，"榮"聲之轉。）華之上出爲"榮"，屋之四角上出亦曰"榮"，《禮經》曰"洗當東榮"是也。康成注《儀禮》云"榮，屋翼也"不誤，其謂周制。天子、諸侯廟寢四阿，卿大夫以下屋皆兩下爲之，則未敢以爲是也。古者兩下之屋，乃夏制。夏之宮室尚卑，無榮翼之飾，故云"兩下"。其有榮者，皆周制四阿之屋也。自天子以下至於士，容有高卑之殊異，實皆有上出之屋翼。《士冠禮》云"設洗直于東榮"，其證也。今制宮廟屋角之飾，以黑土搏作嘲風歷歷然，綴箸於檐端、瓦當之上，狀與桐實之綴箸極似，命名之意，其在斯乎？

皋陶庭堅

皋陶，字庭堅。

案：皋，長也，即"皋鼓"之"皋"。陶，瓦器。古所謂土鼓，以瓦爲鼓匡也，後乃以木爲之。《玫工記》："韗人爲皋陶。"鄭云"皋陶，鼓木也"，是也。庭之言挺也，即《釋詁》"庭，直也"之"庭"。土鼓亦冒以皮，故取乎直而堅。"皋陶"亦作"咎陶"，"皋鼓"亦作"馨鼓"。盧子榦《檀弓》注云："古人名字相配。"信哉！

"頰"非古文

《詩》"蓁首"，《説文》引作"頰首"，而無"蓁"字。箋："蓁即蜻蛉也。"《爾雅·釋蟲》："蛥，蜻蜻。"注引《方言》云："有文者謂之蛥。"知"蜻"即"蛥"也。知從"爭"、從"青"之字相通。《立部》："竫，亭安也。""靖，立竫也。"《玉篇》"竫"同"靖"，"靖"亦安也。《公羊傳》"惟諓諓善竫言"，《漢書》作"善靖言"。《説文》"崝嵤"他《書》亦作"崢嵤"。"蜻蝢"，廣而方，人領似之，遂從"頁"作"頰"。《詩》作"蓁"者，"秦""青"聲相近。《釋訓》："蓁蓁、孽孽，戴也。"郭云："皆頭戴物。"愚謂凡樹木葉盛謂之"蓁蓁"，婦人盛飾如之，故亦謂之"蓁"，蓋有上大下小之義。與蛥首、顙廣義正合，故"蜻"亦得从"秦"作"蝼"。以六書之誼推之，"蜻""蝼"本可通用。若以言莊姜之額而作"顠"，則"蛾眉"字亦可作"䫹"耶？蟭螗、蝼蛾，皆取物以喻，而"顠首"獨去"虫"旁从"頁"，俗字也。

《説文》引孔子語

《説文》引"孔子曰"，多出讖緯，不皆可信。"王"字注："一貫三爲王。""士"字注："推十合一爲士。""羊"字注："牛羊之字，以形舉也。""黍"字注："黍可爲酒，禾入水也。""栗"字注："栗之言續也。""犬"字注："視犬字之形，如畫狗也。""狗"字注："狗，叩也。叩气吠以守。""貉"字注："貉之言惡也。""儿"字注："在人下，故詰屈。""烏"字注："烏，䁯呼也，取其助气，故以爲烏呼。"惟"羌"字注："道不行，欲之九夷，乘桴浮於海。"爲信而有徵者。

弔、夷、弗

《説文》："弔，問終也。古之葬者，厚衣以薪。从'人'持'弓'，會敺禽。（多嘯切）"此説未安。玫《説文》："襚，衣死人也。""裯，棺中縑裏。讀若'雕'。"（都僚切）"䘹，贈終者衣被曰䘹。""袬，鬼衣，讀若《詩》曰'葛藟縈之'。""蔦，寄生也。（都了切）"與"鳥"同音。

炎雲案："鳥"，今讀"牛了切"，當是古有此音。"蔦"，非二足而羽之物，其从"鳥"聲者，今人謂物之纏繞，其音蓋"牛料切"也。蔦施于松柏，如葛之縈于樛木，故字从"鳥"聲。"弔"是古"裯"字，非棺中縑裏，蓋謂"衣死人也"，亦當有"牛料切"音。古者小斂，衣尸後，用十五升之布以纏束之，如葛藟之縈木然，謂之"絞"。大斂後，亦如之。《喪大記》云"小斂布絞，縮者一，橫者三。大斂布絞，縮者三，橫者五。絞一幅爲三"，是也。"弔"，从"人"、从"弓"，象形字。"裯"，後人以"弔"用布而加"衣"旁。"絞"，叚借字。《説文》："絞，縊也。""持弓毆禽"之説，經無明文。助葬必執紼，則有之矣。《士喪禮》云："侇于堂。"注："侇之言尸也。今文'侇'爲'夷'"。夷者，既小斂，乃陳于堂也。字从"大"，"大"亦"人"也，从"弓"，與"弔"同。上下文有"夷槃""夷牀""夷衾"諸物，（"夷"古文作"𠚐"，象尸在地。）皆爲此而設，故亦名爲"夷"。"弗"即"助葬執紼"之"紼"，（《禮》作"綍"，宣八年《左傳》"始用葛芾"作"芾"。）"丿"，所以舉棺也，以木爲之。"弓"，其大索也。"弔""夷""弗"三字，非从"弓矢"之"弓"，皆象纏束之形。《説文》云："弟，韋束之次弟也。"而其字中閒从"弓"，以爲"韋束次弟"之象，正與"弔""夷""弗"同。古文"弟"，从古文"韋"省，"丿"聲，作"𢎨"。雖繁簡不同，其象"韋束"，一也，此"弔""夷""弗"皆象纏束之證也。且古从"弟"之字，每與从"夷"者通。《易》"枯楊生稊"，鄭作"荑"。"夷于左股"，《子夏傳》作"睇"，京作"眱"。"匪夷所思"，荀作"匪弟"。《爾雅》"蕛苵"，郭云"似稗"，《莊子》："道在蕛稗。"《孟子》亦作"荑稗"。《説文》"鵜"，重文作"鶇"。"睇"，《玉篇》作"眱"。蓋"夷"與"弟"，不惟聲近，義亦同爲纏束，故从"夷"、从"弟"，幾於無別也。夌雲謂：尸皆橫陳，故"夷"轉義訓平、訓陳，"弟"之所無，惟此二義耳。（王宗涑案：《説文》當作"縑裹"，字之誤也。"夷"象小斂之纏束，"弔"象大斂之纏束，"弗"象舉棺之纏束。大斂，布絞棺中，藉尸絞上，每絞一幅劈爲三，以纏束之，故許君謂之"棺中縑裹"也。）

窊、覃

《説文》："窊，洿也。一曰竈窊。""覃，長味也。"洿、長義本相近。"窊"加水爲"漥"，"覃"加水爲"潭"，皆窊下之義。"窊"加手爲"挼"，"覃"加手爲"撢"。《説文》："挼，遠取之也。他含切。""撢，挼也。他紺切。"二文相承，義亦相近。《周禮》"撢人"，疏云："若撢取王之此（"此"當是"意"之譌，"意志"與下"政事"爲對文）志。"是

"撏"即"探"也。《説文》："瞫，深視也。一曰下視也。一曰竊見也。(式荏切)""下"與"深"義同，"竊見"則義同"揆"。又"眈，視近而志遠。""瞺，内視也。"皆"丁含切"。

焱雲案：此皆與"瞫"同意。《易》"虎視眈眈"，《春秋傳》有"狼瞫"，虎狼之視正相同也。"覃"又與"尋"同，八尺曰尋，"尋"亦長也。《爾雅》："薚，茺藩。""茺"《説文》作"芜"。此"薚"與"芜"同字。(其斡案：《説文》："薚，茺藩也。或作蕩。""茺，艸也。"是"茺藩"猶"薚藩"也，故云"薚""芜"同字。)猶"蘩，皤蒿"，"蘩"與"皤"亦同字也。"温尋"之"尋"，《説文》亦作"燂"。"書蟫"即"書淫"，而"淫"古只作"冘"也。"冘"之爲訓，所該至廣。淫於色則爲"妡"，(今《説文》無"妡"字。)而"婪""婬"其異文也。淫於酒則爲"沈"，而"湛""淫""酖"，其異文也，而皆不出深長之義，故音義皆可與"冘""覃"二字通。"冘"音近"任"，"覃"音近"南"，"南""任"古亦通也。

規、軌、鴲

《説文》："規，有法度。""軌，車徹也。"《廣韻》："軌，法也。""軌物"猶"規物"。"鴲"，《説文》："周燕也。"即子鴲鳥。《通雅》曰："《爾雅》本文：'鴲周、燕燕、乙。'陸璣云：'鴲周，子規也(此與郭注同)。燕燕則乙。'《説文》失《爾雅》之句讀，誤以'周燕'釋'鴲'。"(此本孫炎)《玉篇》云："即布穀。"

焱雲案：《説文》以"鴲"爲"規"也。《禮·曲禮》："立視五鴲。"注："鴲猶規也，謂輪轉之度。'鴲'或爲'榮'。"《釋文》云："車輪轉一周爲鴲。"《爾雅》釋"鴲"爲"周"是也。一周，一丈九尺八寸也，此據乘車輪六尺有六尺者言，蓋《曲禮》亦以"鴲"爲"規"也。《攷工記》"規之以視其圜也""圜者中規"及他經典皆直作"規"。《説文》亦有作"規"者，《車部》："䡄，车柔規也。"據此知"鴲"與"規"爲通字也。又案：張平子《歸田賦》："陳三皇之軌模。"注引賈逵《國語》注："軌，法也。"江文通《恨賦》："同文共規。"注引《禮記》："車同軌，書同文。"則"規"又與"軌"通矣。夌雲謂："規"從"見"、從"夫"，《易》曰："見金夫。"此"窺" "闚"本字。"軌"從"車"、從"九"，"九"有屈曲義，此"規巨"本字。若"巂"有兩義，其從"屮"、從"隹"，則以爲鳥名可也，其從"冋"則又兼別義。《説文》："冋，言之訥①也。（女滑切）"謂"巂"爲從"冋"，聲不近。攷"巂"字之音，《爾雅》釋文音"規"，又"似兗反"。《禮記》釋文"惠圭反"，《公羊》釋文"戶圭反"，《唐韻》同。《漢書·地理志》"越巂郡"，師古曰："巂，先蘂反。"蓋與康成"巂或爲榮"説同，並與"冋"字"女滑切"無涉，故曰其從"冋"則又兼別義也。《説文》："矞，以錐有所穿也。""商，從外知內。"蓋有"深入"意。《集韻》："巂，或作'蒿'，粗衮反。"此與元朗"似兗"同。因又攷《説文》："雋，肥肉也。從'弓'，所以射隹。（徂衮切）""鑴，穿木鑴也。一曰琢石也。讀若'瀸'。（子全切）"（"橢"以木有所擣也，與"矞"字同意。）彼"巂"字之"粗衮反""似衮反"，與此二字音正相近。則"巂"又兼從外入內，是亦"鑴"之本字。《周禮·眡祲》："十煇，三曰鑴。"康成謂："'鑴'讀若'童子佩鑴'之'鑴'，謂日旁氣刺日也。"夌雲謂：可與"五巂"參看。

冂、頃

《詩·車攻》傳云："戰不出頃，田不出防。"疏引《鄭志》荅張逸云："戰有頃數，不能盡其多少，猶今戰場者不出其頃界；田者不出其防也。"

夌雲案：毛、鄭皆以"頃"爲"冂"。今俗言"冂"，聲如"檠"。農家有"上冂下冂"之説。小兒畫界相戲，有"不許出冂"之説。（其榦案："戰不出冂"，謂教戰也。《大司馬》："教大閱，修戰法，虞人萊所田之野，爲表，百步則一，爲三表，又五十步爲一表。"凡車徒馳走皆云"及表乃止"，彼所云"表"，蓋

---

① "言之訥"，本誤"之言納"，據《説文》改。

即毛所云"冂"。若交戰之際，固無界限也。《左》成二年《傳》云："齊師敗績，逐之三周華不注。"）

濫泉、沃泉、氿泉

《爾雅·釋水》："濫泉，正出。正出，湧出也。"

案：鐘柄向上直出，其名曰"甬"，故泉之向上直出者謂之"涌"。《說文》無"湧"，其謂之"濫泉"，未詳。《說文》引同。夌雲疑"濫"是"檻"之譌。《詩》作"檻泉"，其因立木爲闌檻，故名以"檻"歟？（王宗涑案：濫之言臽也。涌以水出言"濫"，以泉穴言"監"，從"㿒"省聲。"㿒"從"臽"聲，"臽"，小阱也。凡阱皆于平土爲深坎。"監"訓"臨視"，人在深坎上，下視爲臨，亦于"臽"得聲得義。故平土正出之泉曰"濫"。其"洺"字訓"泥水洺洺"，不以爲正出泉之名者。小阱，人爲之；泉穴，非人爲之，但臨視則與"臽"同耳。"濫"又訓"氾"，以水涌出爲言，非本義也。"檻"亦以闌木四圍，中央有似深坎而名。）"沃泉，縣出。縣出，下出也。"案：古人盥手，一人奉槃，承於下，一人奉匜，挹水在手之上，向下直澆謂之"沃"。《說文》："澆，沃也。""澆"從"堯"，有高義。於高處澆下，此之謂"縣出"也。"氿泉，穴出。穴出，仄出也。"又曰："水醮曰厬。"《說文》："氿，水厓枯土也。"引《爾雅》曰："水醮曰氿。"知《爾雅》"厬"即"氿"也。《說文》又云："漀，側出泉也。"《玉篇》："漀，出酒也。"與許君異。夌雲案："出酒"當爲"盡酒"，《說文》："漅，盡也。""㲈，盡酒也。""醮，飲酒盡也。"《史記》："郭解姊子與人飲，使之醮。"則"醮"亦與"釂"同。（《說文》"釂"或作"嚼"，則"釂"亦可作"醮"。）《說文》："醮，冠娶禮祭。"非本誼也。而"罄，器中空也"，義與"醮"同，故《爾雅》謂"水醮曰厬"。《說文》以"側出泉"訓"漀"也。但細玩之，二字自有別。"氿"從"九"，"九"象人足屈曲之形。獸足多屈曲，故"内"字從之。《說文》："肍（今本從"丸"，大謬。王宗涑案："肍"從"丸"不謬。凡骨相接處、兩骨之耑，形皆略似彈丸，並不屈曲），骨端肍臾也。"《玉篇》則直云"骨曲也"。磬形頭側，故曰"磬折"。則"氿""漀"自有曲折義。《爾雅》以"仄出"說"氿"，《說文》

以"側出"訓"㵎"是也。而空、盡二義，惟"㵎"有之，於"氿"字，無有也。故《爾雅》變文作"厬"。《說文》："厬，仄出泉也。"亦不依《爾雅》"水醮"之說，蓋以"厬"從"厂"，象山巖之下。"厬""九"同聲，而不能以空、盡訓之也。乃《說文》以"水厓枯土"訓"氿"，而不以訓"㵎"何也？《說文》當於"氿"下訓"仄出泉"也而以"厬"爲"氿"之重文，"㵎"下訓"水盡也"，方合。（王宗涑案："氿""厬"二訓，《說文》非，《爾雅》是。厂，水厓之土。暑，日光也。厓土爲日光所暵則枯，則"水厓枯土"乃"厬"之本義。《說文》："㵎，側出泉也。""側"當作"縣"，《文王世子》："則磬于甸人。"注："縣縊殺之曰磬。"此"㵎"當爲"縣出泉"之旁證也。）

梁、諒、涼、亮

《白虎通》："三王禪於梁甫之山。梁者，信也。甫者，輔也。信輔天地之道而行之。"

案："梁"訓"信"，是以"梁"爲"諒"也。《商書》"亮陰"，《論語》作"諒陰"；《禮記》作"諒闇"，《漢書》作"梁闇"，依義作"梁"爲是，是《尚書》等書又以"諒"爲"梁"也。《說文》："諒，信也。""涼，薄也。""𠑈，事有不善言𠑈也。"引《爾雅》"𠑈，薄也"爲證。鉉曰："今俗作'亮'，非是。"蓋以"𠑈"爲"原亮"字也。案：今俗所用"原亮"字，古亦作"諒"，《詩》"不諒人只"是也。然毛傳亦訓"信"，是"𠑈"之一字，既爲"涼薄"之"涼"，又爲"諒信"之"諒"也。古"涼薄"之"涼"亦借爲"諒信"之"諒"，《詩》"涼曰不可"是也。又《詩》"涼彼武王"，傳訓"佐"。"涼薄"之"涼"，理必不兼佐義，是又一以"涼"爲"諒"之證也。夌雲又案："諒"從"京"得聲，"京"從"高"得義。"京"亦有"涼"音，"亯"亦從"高"得義，"良"又從"亯"得義，故"京""良"並有高厚之義。（陳澔注《樂記》"子諒"讀爲"慈良"。）

毚

《説文》："毚，狡兔也。兔之駿者。"《詩·何人斯》："躍躍毚兔。"傳曰："毚兔，狡兔也。"《戰國策》云："東郭逡者，海内之狡兔也。""逡""駿"同，疾也。然則"毚"是兔疾行也，故急疾于食謂之"饞"，急疾于言、急疾于戰，並謂之"儳"，《禮記》"毋儳言"、《春秋傳》"鼓儳可也"是。《説文》："儳互，不齊也。"今俗謂"急疾争先"爲"儳先"，與"不齊"義正合。

吝、遴、麐、麟、梐、橝、旳、駒

《易·屯》："以往吝。"《釋文》但稱"馬云'恨也'"，不言有作"遴"者。《説文·口部》："吝，恨惜也。《易》曰：'以往吝。'"《辵部》："遴，行難也。《易》曰：'以往遴。'"攷《説卦》爲"吝嗇"，《釋文》云："京作'遴嗇'。"知作"遴"者，京本也。惠松厓先生謂《口部》引經，後人所加。又《繫辭下》"重門擊橝"（"橝"之俗省），《釋文》引《説文》如此。今本作"柝"（"梐"之俗省）。《木部》："梐，判也。《易》曰：'重門擊梐。'""橝，夜行所擊者。《易》曰：'重門擊橝。'"又《説卦》震"爲旳顙"，《釋文》云："《説文》作'駒'。"

今案：《日部》："旳，明也。《易》曰：'爲旳顙。'""駒，馬白領也。一曰駿也。《易》曰：'爲駒顙。'"此二《易》文，許君皆兩引，正與《口部》"吝"、《辵部》"遴"一例。《釋文》於"柝""旳"二字，皆引《説文》別體爲證，然則"梐""旳"二字下引經，亦後人所加無疑也。然據此以辨許真僞則可，謂六書之義亦可由是以決是非則不可。經典"麒麟"之"麟"，皆作"麟"，以其身有綦文如魚鱗，故謂之"麒麟"。《箕部》："'丌'古文箕，'𠔼'亦古文箕。"《収部》："𢌳，舉也。"引《春秋傳》"楚人𢌳之"爲證。（"𢌳"今本作"萙"。）又云："杜林以爲麒麟字。"據杜林説，知"𢌳"即"𠔼"，古"其"字也，故《糸部》"綥"从之得聲，引《詩》"縞衣綥（今本作"綦"）巾"。夌雲謂："麒"古止作"屳"，"麟"猶"鱗"也。《説文》則以从"㸚"者爲"大牝鹿"，以从"吝"者爲"麒麟"正字。《爾雅》雖偶作"麐"，然徧釋鹿屬，無所謂"大牝鹿"之麟也。何"以往吝"之"吝"，則舍"吝"而取"遴"聲，此又舍"㸚"而取"吝"聲，豈"麒麟"亦有"吝嗇"之義乎？且"吝"自有"行難"之意，不必作从"辵"之字，始合"以往吝"之義也。（王宗涑案："吝嗇"之"吝"古作"亩"，"嗇"字、"畾"字皆从"亩"可證。"吝"古"鱗"字，鱗文皆圓，故"吝"从"文"从"口"。"麐"，經師加"鹿"，古止作"吝"。"吝"又名"㷠"，猶《詩》"其麎"之"麎"，亦作"祁"，字隨音變。《詩》《春秋》單呼"麟"，《孟子》《禮記》始見"麒麟"，《廣雅》又作"𪋟𪋚"，《漢書》注引張揖有麒牡、麟牝之分，而古誼益淆矣。《説文》："麐，牝麒也。"後人所改，漢儒無是説。《爾雅·釋獸》分別牝牡至詳，亦不以麐爲牝麒。"㸚"，鬼火也。从'炎'从'舛'。"言其光行動而分散也。"遴"，行人之分散，故訓"行難"。）"㯺"之爲物，以木爲之，胅其旁，空其中，如甲埤然，故字从"庐"从"木"。"橐橐"之"橐"，義亦如此。但彼有包束之義，故字从"束"（"槖"从"橐"，"橐"本从"束"也），而以"石"爲聲。若"㯺"，非包束之義，無取乎从"束"之"橐"，《周禮》作"櫜"，乃好奇如劉歆輩爲之。（王宗涑案："㯺"从"庐"，以木庐裂言。"櫜"从"橐"，當是以其聲而言。《詩》曰"築之橐橐"，擊㯺聲與築牆聲正相類，故"櫜"取"橐"聲。且木之庐裂者不必空，而㯺必中空如橐，乃能發其橐橐之聲，則从"橐"義尤精。）白領之馬義取明白。"旳"从"日""勺"，蓋謂明而小者，如日之在天也，故凡物之旳然而明者，皆可謂之"旳"。从"馬"作"駒"，則不復可通用，而字不古矣。再玫"㯺"下"夜行"，當依馬季長《易》注"行夜"爲是，乃"循行"之"行"。

卓犖

《説文》"卓"訓"高"，"犖"訓"駁牛"，二字義不相合。《左》莊卅二年《傳》"圉人犖"，《公羊》閔元年《傳》作"鄧扈樂"，"樂"即"犖"也。《儀禮》以"卓"爲"旳"，《公羊》以"樂"爲

"犖", 然則 "卓犖" 猶 "玓瓅" 也, 《說文》: "玓瓅, 明珠色。" 蓋訓 "玓瓅" 爲 "明" 也。"卓" "旳" 既皆訓 "明", 而 "樂" 字亦從 "白", 其訓 "玓瓅" 爲 "明", 固宜。《詩》: "倬彼甫田。" 毛訓 "倬" 爲 "明", 而《韓詩》作 "菿", 云: "大也。"《說文》"菿" 訓 "大"。《詩·斯干·序》箋: "歌《斯干》之詩以落之。"《釋文》: "始也, 本亦作 '樂', 非。" "下莞上簟", 箋: "爲歡以樂之。"《釋文》云: "本亦作 '落'。"《爾雅》: "苽劉, 暴樂也。" 注謂: "樹木葉缺落蔭疏。"《詩》傳作 "爆爍",《釋文》: "'爍' 本作 '樂', 或作 '落'。" 蓋 "暴樂" 即 "剝落" 字, 是 "樂" "落" 亦通。由是推之, "卓樂" "玓瓅" "倬犖" "菿落" 皆爲通字。又《鄭風》有 "勺藥", 當是白者得專其名。又《說文》: "約, 纏束也。" 此以 "約" 爲 "要約" 字。"䊷, 白䊷縞也。" 此與 "旳" 同義。"繅, 色絲也。" 此必素絲之色, "樂" 從 "白", 即 "虡業" 之 "業", 許云 "以白畫之", 是其爲物亦白也。《莊子》: "綽約若處子。"《玉篇》: "綽約, 好皃。" 皆謂色之白而美也。又《說文》: "焳, 望火皃。讀若 '駒顙' 之 '駒'。" 此當與 "灼" 同。《爾雅》釋文引《字林》"駒, 馬白顙也。一曰駁。" 據此知《說文》"駒" 字注 "一曰駿", 是 "駁" 字之譌。"卓犖" 亦可作 "駒犖", "犖" 當亦有 "明" 義, "駒" "犖" 皆一義爲駁襍, 一義爲高明。

置、郵、驛、馹

《說文》: "置, 赦也。" 鍇曰: "與 '罷' 同意, 置之則去之也。" "郵, 竟上行書舍", 鍇曰: "郵之言過, 使所過也。" （義本《爾雅》） "驛, 置騎也。" "馹, 驛傳也。" "騎, 跨馬也。" "傳, 遽也。" 鍇曰: "古謂奉使驛車爲傳遽。" "遽, 傳也。一曰窘也。" 鍇曰: "傳, 馹車也。傳車尚速, 故又爲窘迫。"

案: 以上諸解, 惟 "跨馬爲騎" 誼旳, 餘皆未安。"置",《玉篇》云: "立也。" 若以六書論之, 當云 "网羅之使不去也"。（王宗涑案:

"置",立网也,即《詩》"施于中林"之"施"。)"郵",邊邑也。(其榦案:"郵"即《詩》"孔棘我圉"之"圉"。《説文》:"圉,一曰圉,垂也。")"傳",易也。每至一舍,則更易其馬,欲其不疲而速也。《釋名》:"傳,轉也。人所止息,去者復來,轉相傳,無常主也。""遽"從"豦",當是獸之性急者;從"辵",行之急也。而"驛"之非"騎","馹"之非"傳",可知矣。《天官》:"廢置以馭其吏。"《孟子》:"置君而後去之。"義與《玉篇》同。《釋言》:"馹,遽傳也。""郵,過也。"《左傳》成五年:"以傳召伯宗。"注:"驛也。"文十六年:"楚子乘馹。"襄廿一年:"祁奚乘馹。"廿七年:"子木使馹。"廿八年:"吾將使馹。"昭五年:"楚子以馹。"杜云:"傳車也。"《洪範》"曰驛",傳曰:"氣落驛不連屬也。"古文作"悌",見《詩·齊風·載驅》箋。《史記》誤作"涕",今文作"圛①",見《説文·口部》及《周禮·大卜》《史記·宋世家》兩鄭注引。《周頌·載芟》"驛驛其達",《爾雅·釋訓》作"繹"。《大雅·江漢篇》:"告成于王。"箋云:"克則使傳遽告成功于王。"《釋文》:"以車曰傳,以馬曰遽。"正義直云:"傳遽之驛。"《常武》:"徐方繹騷。"箋云:"繹當作驛。"謂徐國之驛傳騷動也。案:"繹騷",飛散之意。若依《爾雅》"連屬"之義,則作"繹"爲長。《禮·玉藻》:"士曰傳遽之臣。"鄭注:"驛傳,車馬所以供急遽之令。古者以車駕乘詣京師,謂之傳車。後又置驛騎,用單馬乘之,若今之遞馬。凡四馬高足爲置傳,四馬中足爲馳傳,四馬下足爲乘傳,一馬、二馬爲軺傳。"案:四馬以下,鄭氏引《漢律》。據此知以"置"爲"置郵"字、作"驛"爲"落繹"字,非古也。《史記·田儋傳》:"田橫迺與其客二人,乘傳詣洛陽,未至三十里,至尸鄉廏置。"如淳曰:"四馬下足,爲乘傳。"臣瓚曰:"廏謂置馬以傳驛也。"《漢書》:"取狐父祁善置。"師古曰:"置若今之驛也。"《唐書·百官志》:"凡三十里有驛。"《新唐書·輿服志》:"驛馬三十里一置。"白居易詩:"風光

---

① "圛",本誤"圉",據廣雅書局本改。

卷四　小學說　167

四百里，車馬十三程。"是漢唐之"置"，皆三十里一程也。又《史記》："白起至杜郵。"《漢書·西域傳》："因騎置以聞。"師古曰："即今馹馬也。"《黃霸傳》："郵亭。"師古曰："謂傳送文書所止處，如今驛館也。"顧亭林曰："字書：'馬遞曰置，步遞曰郵。'《孟子》：'置郵傳命。'古注："置，驛也。郵，馹也。置緩、郵速、驛遲、馹疾也。''置'有安置意，'郵'有過而不留意。（注："郵"爲"馹"，若是步遞，何以從"馬"？）""驛"主于騎，言馬也；"馹"主于傳，言車也。且《尚書》孔傳言"落驛不連屬"，《爾雅》郭注"絡繹相屬"，二義相背。玆雲揣之：譬如以筆醮墨水于桼几上作一細畫，其文必不連屬，而玩其脈理起伏，則一气貫注，實相連屬也，故可兼二誼。《洪範》"曰圛"，其龜兆當如是，故許君亦云"半有半無"也。古者三十里遙遙相望，蓋亦取不連屬而實相連屬之意。其謂之"置"者，蓋三十里則安置一驛，因名曰"置"也。"繹馬"之"繹"改從"馬"，猶"繹山"之"繹"改從"山"。（《魯頌》："保有鳧繹。"《禹貢》："嶧陽。"《爾雅·釋山》："屬者嶧。"《説文·山部》俱從"山"。）即"曰圛"之"圛"從"囗"，亦非龜兆本義，其"驛"之別出字歟？《周禮》："三十里有舍，舍有路室。"舍與驛既同以三十里爲限，其即以"舍"爲"驛"矣。"舍"古通"釋"，《周禮·大胥》："舍采。"注："舍即釋也。"《孟子》："舍其耒耜。"《漢書·食貨志》作"釋其耒耨"。《秋官》："三赦。"注："赦，舍也。"《左》昭四年《傳》："使杜洩舍路。"注："舍，置也。"《説文》："置，赦也。"是"舍""赦"亦通也。《管子·小問篇》引語曰："澤命不渝，信也。"《詩·鄭風》作"舍命不渝"，是"舍""澤"亦通也。《射義》："射之爲言者繹也，或曰舍也。"是"舍""繹"亦可通也。（王宗涑案：先生"傳""驛"二誼精當不易，於《説文》"馹""驛"二解，似尚未達。凡使人奉書以轉達曰"傳"，故"傳"有"轉易"誼。從"人""專"。"專"，六寸薄，即所奉之書。而使人所乘之車，亦即名"傳"，固緩急之通名也。《左傳》言"馹"、言"遽"，似有分別，當是按程爲"馹"，兼程爲"遽"；日夜更代，日日重疊，有不連屬而實連屬之意；日行，日繞地一周，其行度有常，"馹"當兼此三誼。"睪，吏將目捕辠人"，《説文》訓"司視"。"繹"，繼者尋絲之尚續，皆無"連屬"意，但有"尋覓"意。

則"驛"乃秦漢字耳,故許君以秦漢之置騎解之。"馹"解云"驛",以今字訓古字。古"馹"用車,故又別之曰"傳也",以"傳"之名最爲古也。其急疾者曰"遽",或曰"驅",昭二十年《傳》"乘驅自閩門入",所以別于尋常之傳也。《孟子》"置"即"舍","舍"即"宿",古者傳遽,國中與四竟,互相傳報而已,故曰"置郵"。"郵"乃竟上之"置",非有二也。祁奚乘馹以傳召伯宗,猶今道遠者,得叚驛馬耳。今公文不論緩急,由驛發遞者,皆謂之"驛遞"。"驛遲馹疾",俗儒之肊説。)

《説文》無"弅"

《説文・舟部》:"朕,我。闕。(直禁切)"《人部》:"倴,送也。从'人','弅'聲。吕不韋曰:'有倴氏以伊尹倴女。'古文以爲'訓'字。"鉉曰:"弅,不成字,當从'朕'省。案:'勝'字从'朕'聲,疑古者'朕'或音'倴'。(以證切)"《貝部》:"賸,物相增加也。从'貝','朕'聲。一曰送也,副也。(以證切)"《辵部》:"迸,遣也。从'辵','倴'省聲。(蘇弄切)"

夌雲案:"倴"訓"送","送"从"倴",二字音義當同。"倴"謂增加以人,"賸"謂增加以物,故"賸"亦有送義,而與"倴"同音。大徐謂"倴"當从"朕"省,尋"朕"字之義,許氏謂"闕",然不謂其字"从'舟','弅'聲"而謂之何?大徐"从'朕'省"之説,未敢信也,恐《説文》脱"弅"字耳。"弅"與"爨"同意。"爨"之説云"収推林内火",推而内之也者,即"送"之謂也。"弅",象兩手推火形。"爨""朕"亦聲相轉。當以"弅"爲本字,而"朕""倴""迸"三字音義从之。"朕"之訓"我",猶"推予"之"予"亦訓"我"也。"朕"又有"兆"義,《春官・大卜》:"掌三兆之法。"注以"釁罅"訓"兆"字。《説文》:"瞢,目但有朕也。"而書傳每以"朕兆"連文。"朕"从"舟",蓋謂舟有釁罅也。(其幹案:俗呼"舟縫漏水"爲"釁水"。段氏《説文注》引戴東原説,亦以"朕"爲舟縫。)"釁"从"爨"省,然則"弅"之與"爨",自交涉也。(王宗涑案:"弅"當是"烘"之古文,烘,尞也,義本同"爨",字从'収''火'。匊兩手爲"収",十指相並,與舟之並版正相類,指閒皆罅隟也。然則"収"亦古"縫"字矣,故"朕"有"縫"義。

"縫"訓"以鍼紩衣",乃"縫合"字。)"从朕聲"三字,散見於《説文》者,木、貝、馬、黑、水、糸、土、力八部（其榦案：《言部》"謄"、《巾部》"幐"、《衣部》"襱"、《虫部》"螣",亦从"朕"。）皆有之,而鼎臣于"朕"下獨舉最後《力部》之"勝"字爲證,陋矣。古"勝"與"乘"通。《書·西伯戡黎序》云："周人乘黎。"孔傳"乘"與"戡"並訓"勝",知《書序》猶云"周人勝黎"也。《爾雅》："如乘者乘丘。"郭云："形似車乘也,或曰乘者謂稻田塍埒。"是"乘"又與"塍"通也。《説文》："塍,機持經者。"今人謂"機"爲"乘"。又"騤"與"騰"皆訓"犗馬",是"乘"又與"塍""騰"通也。《説文》"賸",俗又別作"剩",从"乘"亦其義也。《崧高》："以贈申伯。"鄭、王申毛,皆云"送也"。崔作"增",云："增益申伯之美。"案："增"當爲"賸"之別出字。

鵠鵠知來

少讀《中庸》"失諸正鵠",《孟子》"鴻鵠將至",聞諸師説曰："'正鵠'之'鵠',音'穀',小鳥也。'鴻鵠'之'鵠',音斛,大鳥也。"字同義異,求其説而不得。

案：《賓之初筵》疏引《周禮·司裘》注："謂之'鵠'者,取名于鳱鵠也。鳱鵠,小鳥而難中,是以中之爲俊也。亦取名鵠之言較,較者,直也。直者,所以直己志也。"又引《大射禮》注云："或曰鵠,鳥名也。"《淮南子》曰："鳱鵠知來。"而《司裘》原注則"俊"作"雋","較"作"覺"。《詩》："有覺其楹。"傳："高大也。"箋："覺,直也。""有覺德行。"傳："覺,直也。"《禮記》引作"有梏德行"。乃知《釋詁》云"梏、較,直也""鵠之言較"者,謂"鵠"如"梏"耳。又攷《説文》："鷽,雗鷽,山鵲。知來事鳥也。"以"鷽"爲山鵲,與《爾雅》同。以雗鷽爲知來,則與《淮南》同。因知雗鷽即彼鳱鵠也,故《説文》無"鳱"字。然則"正鵠""鳱鵠"字當作"鷽"。又案：傳訓"覺"字,既有高大與直二義,而鄭注《禮記》云：

"覺，直也，大也。"則兼以直、大訓"覺"。知"鶯"有直義，可爲"鳽鵠"字。"鶯"有大義，即可爲"鴻鵠"字矣。

丵、䇂

《說文》："干，犯也。从反'入'，从'一'。""䇂，撅也。从'干'，入一爲'干'。入二爲'䇂'。讀若'餂'，言稍甚也。""䇂，不順也。从'干'下'凵'，䇂之也。""辛，皋也。从'干''二'。'二'，古文'上'字，讀若'愆'。""辛，秋時萬物成而孰，金剛味辛，辛痛即泣出。从'一'、从'辛'，辛，皋也。""丵，叢生艸也。象丵嶽相並出也。讀若'浞'。""業，大版也，所以飾縣鐘鼓。捷業如鋸齒，以白畫之。象其鉏鋙相承也。（此即"丵䇂"。）从'丵'、从'巾'。""叢，聚也。从'丵'，'取'聲。""對，䧹無方也。从'丵'、从'口'、从'寸'。（當云"从'丵'，'討'省聲"。討，襡也。見"蒙伐有苑"箋。）""㚇，瀆㚇也。从'丵'从'収'，'収'亦聲。"鉉曰："'瀆'，讀爲'煩瀆'之'瀆'。一本注曰：'丵，伇多也。'兩手奉之，是煩瀆也。""僕，給事者。"

夌雲案：凡理，自上而下爲順，自下而上爲逆。在《易·繫辭》云："夫巛，隤然。"又云："巛，順也。"《禮·檀弓》："頹乎其順也。""眉"與"尾"皆从到毛，象隤下之形，故皆有順義，如"媚""娓"是也。若"干""䇂""䇂"字，皆从"凵"，象犯上之形。"䇂"，犯之甚也。"辛"與"辛"从古文"上"，是會"犯上"之意。至"丵"則从上干之義，上又象叢生之形，"丵嶽相並出"，"嶽"本當作"䇂"，"丵"當讀如"攢蔟"之"蔟"（艸木族生）。"業"音與"䇂"同，象柎足，非从"巾"也。"叢"即"丵"聲相轉。"从'取'得聲"，疑後人所加，即當用"丵"字耳。

《說文·辵部》有兩"迹"字

《說文》："朿，艸木盛朿朿然。象形，八聲。讀若'輩'。（普活切）""㠯，止。从'㳄'盛而'一'横止之也。（即里切）"《辵部》："迡，行皃。从'辵'，㠯聲。（蒲撥切）""迹，前頓也。从'辵'，㠯聲。賈侍中說，一曰讀若'拾'，又讀若'郅'。（北末切）"

夋雲案：前一"迡"字本从"㳄"，"㳄"有盛意。凡"沛然""孛然"之"字"，皆从"㳄"得聲，皆有不可禁禦之意。《玉篇》："迡，博末切。急走。"《廣韻》"北末切"中有"迡"，亦訓"急走"。此皆與前"迡"字"行皃"同義者也。《玉篇·辵部》止此一字，《走部》"趀"，"千尺""千私"二切，倉卒也。與《說文·走部》"趀，倉卒也。从'走'，㞢聲。讀若'資'。（取私切）"者合。《廣韻》"取私切"中有"趀"，引《說文》云"倉卒"，亦合。但兩書皆無从"辵"、从"㞢"者。而《廣韻》十三末"蒲撥切"中又有"跛，行皃。""趀，同上。""越，亦同。"此三字亦與《說文》前一字同義同音者也。由此觀之，則《說文》前一字，當去"㠯"中一畫，而改注中"市"作"㳄"；其後一字則改注中"市"作"㞢"，"北末"爲"取私"切，乃合。（其榦案：訓"行皃"之"迡"，段氏已正。訓"前頓"之"迡"，段氏據《玉篇》改爲"逑"。然《廣韻》三十葉"逑"訓"迡逑走也，先頰切"，而"郅"音"職日切"，與"㠯""即里切"，音最相近。"迡"讀若"郅"，从"㞢"爲長，改"逑"，未必是也。又案："迡"與"迡"混爲一字，誤由《玉篇》，而李舟、孫愐輩，不詳檢《說文》，漏奪相承，徐氏亦不能是正。許君明引賈侍中說"讀若郅"，"郅"从"至"聲，"前頓"亦與"橫止"義近，"迡"與"迡"，字形、音義俱判然矣。）

穀有貴賤

《周頌·良耜》："其饟伊黍。"箋云："豐年之時，雖賤者猶食黍。"正義引："《少牢》《特牲》'大夫、士之祭禮，食有黍'，是黍爲貴也。《玉藻》云：'子卯，稷食菜羹。'云：'爲忌日，降而用稷。'是稷爲賤也。"

案："黍，五穀之長"，見《家語》。稷，亦五穀之長，古以名官。且丈人食子路則爲黍。《孟子》言"饋食"云"以黍"，是黍正田家常用之物。《曲禮》："歲凶，大夫不食粱。"《公食大夫禮》設正饌之後，乃設稻粱。《孟子》："飽乎仁義，則不願人之膏粱。"《漢書》言"富者"則云"持粱"，是粱爲美穀。言皆貴則可，言黍貴稷賤則不可。夋雲謂：粱盛上黍稷，與上大羹玄酒同意。養人則稻粱爲上，《禮記》云："五十異糧。"是老者食稻粱，少壯食黍稷，古制有然。箋説"當與'民無菜色'參看"，孔沖遠誤會其恉耳。

《廣韻說》敘

　　陳君偉長與尊仲敏求，皆好蓄耇賢手橐。敏求藏惠半農、松厓兩先生手較查山張氏所刻《廣韻》，偉長藏吾邑吳先生客槎注疏《廣韻抄撮》，手稿之尤異者也。余既叚錄《注疏抄撮》，復叚《廣韻》讀之，則《抄撮》與張刻往往互異，如《江韻》："洚，水不遵道曰洚。"張刻作"《說文》曰：'水不遵道也，一曰下也。'又古巷切。"《支韻》："离，明也。又卦名。案：《易》本作'離'，又丑知切。"張刻作"猛獸。《說文》作'㟅'，山神獸也。又吕知切。""㟅，上同。"蓋吳先生《抄撮》乃淮上本，即潘稼堂太史所云"先師顧亭林，久而覺其書之不完，作後序以志遺憾"者也。然而吳先生據《說文》《玉篇》正其譌奪，多與張刻暗合，至于推廣發明，又皆有關經訓，因錄一通，以爲研究課本。凡經吳先生榮正而張刻不誤者，概置不錄。有本是《經說》中語，緣純駁糾紛，節取精義，依韻坿入者，不敢以小疵而掩其大醇也。錄畢易名"廣韻說"，而識其厓畧如此。更有餘暇，當彙錄惠氏兩先生說，題作"兩家《廣韻》"，庶足稱合璧云。

　　歲次玄黓攝提格陽月朔日，後學王宗涑書于蒼史居。

卷五 《廣韻》說

上平聲

一東

"籯，竹名。"

案：《碧落碑》作"籯"，从"凡"从"京"。"京"乃"虫"之譌。此从"凡"下作"糸"，"糸"又因"京"而譌者也。"飌"古文"風"，見《周禮·春官·大宗伯》。（其榦案：上"風"下列"飌"，古文。"籯"字注云："竹名，出南海。"疑別一字。）

"箜，《釋名》云：'師延所作靡靡之音，出桑閒濮上。'《續漢書》云：'靈帝胡服作箜篌。'"

案：《初學記》引《釋名》曰："箜篌，師延所作靡靡之樂。蓋空國之侯所好。"（吳鍾茂案：《魏土地記》："代城東北九十里有空侯城。"）《風俗通》曰："箜篌，一名坎侯。《漢書》：'武①帝祠太一后土，令樂人侯調依琴作坎侯，言其坎坎應節也，或曰空侯取其空中。'"

"籠，籠頭。"

案：《說文》訓"兼有"，蓋與"籠"同。

---

① "武"字本脱，據廣雅書局本補。

五支

"摫，《方言》曰：'梁益閒裂帛爲衣曰摫。'"
案：義同"撝"。

八微

"蘬，馬蓼，似蓼而大也。"
案：《爾雅》："紅，蘢古，其大者蘬。"下云："葒，蘬實。"蓋又釋一類，不與蘢古同物也。《説文》"蘬"訓"薺實"，而無"葒"字，乃脱誤也。

九魚

"鉏，《説文》曰：'立薅斫也。'"
案：《説文》作"立薅所用也"。

十虞

"隅，角也，陬也。"
案：禺，獸之愚者。愚則性情作用似有棱角，故物之棱角皆謂之"隅"。

"犓，養牛曰犓。"
案：《説文》："犓，以芻莖養牛也。"引《春秋國語》曰："犓豢幾何。"此俗字也。芻，艸也。牛、馬、羊皆可食。

"誅，《釋名》：'罪及餘曰誅。如誅大樹，枝葉盡落。'"
案：古止作"朱"，从"木"中加"一"，象中斷之也。（王宗涑案：《國策》"誅"，韓非始以"誅"爲"殺"，《説文》訓"責"，古義也，故字从"言"。）

"敷，散也。《説文》從'尃'，施也。"

案：古"敷""播""布"皆讀若"鋪"，而其義本于"采"，"采"，散布五指也。

十一模

"都，都猶揔也。《尚書大傳》：'十邑爲都。'"

案：《周禮》曰："四縣爲都。"《左傳》莊二十八年："凡邑有宗廟先君之主曰都。"皆非"都"字本義，惟《穀梁傳》"民所聚曰都"爲得之。

十二齊

"臍，膍膍。《説文》作'肶齋'。"

案：《説文》作"肶齋"，"肶"即"膍"之重文。

"折，《禮記》云：'吉①事，欲其折折爾。'雅：'安舒貌。'"

案："雅"當作"注"，因上"爾"字而誤爲"雅"也。（其榦案：張氏澤存堂重刊宋本《廣韻》"雅"作"謂"。）

"睼，《説文》云：'目少睛。'""聧，《説文》云：'耳不相聽。'《方言》云：'聾之甚者，秦晉之閒謂之聧。'"

案：《説文·目部》："眭，目少睛也。""睼，目不相聽也。"並"苦圭切"。《耳部》："聵，吳楚之外，凡無耳者謂之聵。"《玉篇》："聵，聾甚也。"兩引《説文》，並誤。

十三佳

"佳，善也。"

---

① "吉"，本誤"古"，據廣雅書局本改。

案：《説文》亦云"善也"。字从"圭"，豈取"圭潔"之義乎？《史記·陳丞相世家》："絳灌謂平如冠玉。"亦言其潔白也。

"闓，斜開門。《國語》云：'闓門與之言。'"
案：此言門之開也。

十四皆

"痎，瘧疾，二日一發。"
案："亥"有隔義，疾每隔一日而發，故从"亥"。云"二日一發"者，謂一日休，一日發，非隔二日之謂也。（其榦案：三日一發爲"痁"，从"占"，以古者占用三人也。《左傳》疏："袁狎言'疥當爲痎'。痎，小瘧。痁，大瘧。"）

"楷，《説文》云：'木名。孔子冢蓋樹。'"
案：今《説文》"樹"下有"之者"二字。

十五灰

"隈，水曲也。""椳，户樞。""䚍，角曲中也。"
案：以上三字並取"曲"意。"樞"从"區"，《禮》"區萌達"，注："屈曰區。"《左》桓十二年《春秋》"曲池"，《公羊》作"毆蛇"，蓋"曲"亦有"區"音。

"繢，韋繡。"
案：與"繪""績"同。

"朘，赤子陰也。""峻，上同。見《老子》。""屡，上同。出《聲類》。"
案：《玉篇》亦云然，惟不云"峻"見《老子》。《老子》釋文引《説文》云"赤子陰也"，當是《玉篇》之誤，《説文》無此三字。

十六哈

"姟，數也。十粪曰姟。"

案："十粪"當爲"十萬"之譌。而韋昭《國語注》云："姟，備也。數極於姟。萬萬爲姟。"蓋億兆。經"姟"皆累十而計之是也。（其榦案：十九侯"粪"下注云："十秭曰粪。"）

"㦲，《説文》曰：'傷也。''㦲'，《字類》从之省文。"

案："㦲"當是"㦲"字。《説文·戈部》："㦲，傷也。从'戈'，'才'聲。"《土部》無"㦲"。（其榦案：澤存堂本正作"㦲"。）

"赼，《説文》曰：'疑之，等赼而去也。'"

案：《説文》訓解，未詳其義，"赼"當與"猜"同意，"猜"故不合而去也。

十七真

"仁，《釋名》：'仁，忍也。好生惡殺，善惡含忍也。'"

案：《孟子》曰："仁，人心也。"此説"仁"字最好，故凡物之心皆偁"仁"，如桃仁、杏仁是也。（王宗涑案："仁""心"二字同意，故"蓮仁"亦偁"蓮心"。"仁"，从"人""二"，言人如天地，心篆作"㞢"，中亦从"二"，象其含天地之德也。凡物之仁，中皆兩瓣，而外有裹，亦具天地之气。惟黍稷禾稻並象太①極，獨得元气之中和，故字从"禾"。小麥、薏苢，二儀欲判未判之象也。）

"親，《説文》：'至也。'"

案：亲，果名。《春秋傳》："女摯不過亲栗。"婦妃至，以亲栗見舅姑，所以親之也。

---

① "太"，本誤"大"，據廣雅書局本改。

"礥，鞕[1]也。"

案：此即"堅""硬"二字。《説文》無"鞕""硬"，而有"梗""骾"。

二十文

"鐼，飾也。《説文》曰：'鐵類。讀若"薰"。'又音'訓'。"

案：鉉本作"讀若'熏'"，鍇本"熏"作"訓"，《玉篇》云："《説文》音'訓'。"

"扮，掘也。"

案：《説文》："扮，握也。讀若'粉'。"《魏策》："蘇代又身自醜于秦，扮之。"鮑彪注："扮，并也，握也，言合諸國。"玩"合""并"二字之義，作"握"爲是。

二十二元

"貒，豕屬。"

案：《汲冢周書·周祝解》曰："狐有牙而不敢以噬貒，有爪而不敢以撅。"《説文》"貒"作"貛"，云："逸也。"引《周書》下句，讀若"桓"，故此三十六桓又作"貛"。

二十三魂

"歇，歇干，不可知也。"

案：今《説文》作"昆干"。

"彈，畫弓也。天子彈弓。又丁僚切。""弨，上同。"

案："彈"即《孟子》"弨朕"之"弨"，趙注："弨，彫弓也。"

---

[1] "鞕"，本誤"鞕"，據廣雅書局本改。

"弤"即"弤"之誤。《玉篇》作"弤",云:"上同。"

"頿,頤頿,禿無髮。"
案:《説文》作"頧",云:"無髮也。一曰耳門也。"無"頿"字。

"歁,不可知也。"
案:《説文》無"歁"字,而"不可知"一訓,與"欸"義同,蓋"欸"之別出字。

二十五寒

"鷻,鸛鷻,如鵲短尾,射之,銜矢射人。《説文》與《爾雅》並作'鸛鷻'（其榦案:澤存堂本作"鸛鷻"）。"
案:今《爾雅·釋鳥》作"鸛鷻,鶝鶔",《説文》作"驨鷒,畐柔",《鳥部》無"鷻"。

"䎶,軍法以矢貫耳曰䎶。"
案:此字在"徒干切"中"壇"字下,《説文》"䎶","恥列切",不當入此韻,疑本為"弴",乃古文"彈"字,轉寫譌"䎶",後人因以"䎶"解解之也。

"儃,態也。又市連切。"
案:此音義亦可作"嬋嫚"之"嬋",通用。

二十六桓

"綄,舡上候風羽,楚謂之五兩。"
案:《説文》無"綄",當與"紈扇"之"紈",通用。

"䱽,魚。似鮒而豕尾。"

案：《山海經》云："黑水南流入海，其中多鱄魚。其狀如鮒而彘尾，其音如豚，見則天下大旱。"注云："鱄，音'團扇'之'團'。"

"鸞，赤神之精，鳳皇之佐。"
案：《說文》云："亦神靈之精也。赤色，五采。"許氏承上"鳳，神鳥"而言，故偶"亦"，此乃云"赤神之精"，當轉寫之譌。（其榦案：本注引孫氏《瑞應圖》，與《說文》"亦"字似無涉。）又案：此鳥赤色，即所謂朱鳥歟？（吳鍾茂案：小徐云："鸞似鳳，多青。"與許君說殊異，存以俟攷。）

"般，樂也。釋典又音'鉢'。"
案：此本"般旋"字，故器之可以般旋者謂之般，後人加"木"或"金"或"皿"也。今食器有所謂"盤"者，見徐氏新附，疑古或即用"般"字歟？（其榦案："般"當以讀如"班"爲本音，舟人旋轉其舟，呼爲"般梢"，音正如"班"。）

二十七刪

"擐，貫也。"
案：本與"關"同音，故有貫義，蓋即"貫"字平聲。

"癏，病也。"
案：此即"瘝"之俗字，故《說文》不收。

"鶼（其榦案：澤存堂本作"鷜"，當誤。），似鳧，一目、一足、一翼，相得乃飛，即比翼鳥。"
案：《說文》無此字，當即用"鶼"。《爾雅·釋地》："五方比翼鳥。"疏引《山海經》："崇吾山有鳥，似鳧，一翼、一目，相得乃飛，名曰蠻蠻。"郭云："《爾雅》作'鶼鶼'者，正謂此也。"

二十八仙

"閒，隙也，近也。又中閒。"

案："閒"古通"姦"。《春秋》昭二十二年："大蒐于昌閒。"《公羊》作"昌姦"。《禮·玉藻》："裳，閒色。"《王制》云："姦色亂正色。"是"閒"與"姦"音義並通。

"蘭，蘭也。"

案：《說文》從"蘭"之字或亦從"閒"，如"讕"與"調"是也。《詩》"方秉蕑兮"，當即讀若"蘭"。

"騆，馬一目白。""瞯，人目多白。""鷳，白鷳。"

案："鷳"《說文》作"鵬"，云："鴟也。""瞯，戴目也。"小徐云："戴目，目望陽也。"以上三字，並從"閒"，並以"白"爲訓。蓋"閒"，門際見月光也。月光白，故有白義。

下平聲

一先

"羨，《說文》曰：'望山谷之羨青也。'"

案：今《說文》作"望山谷羨羨青（倉絢切）"。

"龖，《說文》：'龍耆脊上龖龖。'"

案：《說文》"耆"作"者"，《彡部》無"耆"。

"佃，《說文》云：'中也。《春秋傳》曰："乘中佃。"即輦車。'古輕車也。又音甸。"

案：《說文》作"一輈車"，"即"字譌。（其榦案：澤存堂本"即"作

"一"。）無"古輕車也"四字。炎雲謂："輕"當作"卿"，此孫氏説也。《左》哀十七年《傳》："良夫乘衷甸兩牡。"注云："衷甸，一轅卿車。"正義云："古甸出一車，故名乘爲甸。四馬並駕爲上乘，止駕兩馬爲中乘。"（其榦案：哀六年《傳》："嘗獻馬於季孫，不入於上乘。"孫臍"上駟、中駟、下駟"之説，亦非以"四馬""兩馬"爲別也，孔説不知何據。）

"齻，《儀禮》曰：'右齻左齻。'鄭玄云：'齒堅也。'"
案：見《既夕篇》，正義謂："牙兩畔最長者也。"炎雲以爲，亦取顛頂之意，《説文》無此字。

"楄，杜預云：'楄，樹棺中笭牀也。'"（其榦案：澤存堂本"樹"作"部"，"笭"作"露"，疑誤。）
案：《左》昭廿五年《傳》"唯是楄柎，所以藉榦者"注文。《説文・木部》："楄，楄部，方木也。《春秋傳》曰：'楄部薦榦。'"（吳鍾茂案："柎""部"脣音輕重之别。）

"玆，黑也。《春秋傳》曰：'何故使吾水玆？'本亦音'滋'。"
案：《左傳》作"滋"，據此則"玆"字在"胡涓切"中，乃從"玄"得聲者。又音"滋"，未詳。

二仙

"仙，《釋名》：'老而不死曰仙。仙，遷也。遷入山也。故字從"人"傍"山"。'""僊，上同。又舞貌。"
案：《説文》："僊，長生僊去。（相然切）""仚，人在山上。從'人'、從'山'。（呼堅切）"此合爲一。

"鱄，魚名。專諸，吳刺客，或作'鱄'。"
案：《左》昭廿年、廿七年《傳》並作"鱄設諸"，《魏策》作

"專諸"。

"騫，虧少。一曰馬腹縶。"
案：《說文》亦云："馬腹縶。"徐鍇云："馬腹病騫損。《詩》曰：'不騫不崩。'古人名'損'，字子騫。"

"拳，屈手也。"
案：《說文》曰："手也。"此增"屈"字，義尤精密。

三蕭

"刁，軍器。亦（其榦案：澤存堂本字作"俗"。）作刀。"
案：以"刀"爲"刁"，說本《玉篇》。斆雲謂："刁"即"勺"之俗省，"刁斗"即"勺斗"，挹水酒器。"釣"從"勺"，讀若"弔"，今酒家謂之"釣提"可證也。古只作"勺"，或作"杓"，從"木"、從"金"，皆後人所加。

"僥，僬僥，國名。人長一尺五寸，一云三尺。"
案：前一說未知何本，後一說見《魯語》。

六豪

"濤，波濤。"
案：《說文》無此字，當即"覆燾"之"燾"。波濤，水起若有所覆也。

"檮，杜預曰：'檮杌，凶頑無儔匹之貌。'"
案：此正與《說文》"㸸"訓"牛羊無子"同意，蓋檮之言獨也。而《說文》訓"檮"爲"斷木也"，亦無所連屬之意。

七歌

"牁,所以繫舟。又牂牁,郡名。""戕,陸云:'上同。'"

案:《説文》無"牁"字,據此則陸法言蓋以"戕"爲"牁"也。《漢書·西南夷傳》"牂牁"作"牂柯"。十一唐"戕"下注:"'戕牁'亦作'牂'。"是"戕"同"牂",與"牁"異也,孫氏所以必稱"陸云"者爲此。

"鹺,齒鹺䟔。亦作'齹'。"（其榦案:澤存堂本七何切"蹉"下"鹺"注云:"齒鹺䟔,出《字統》。昨何切。""醝"下"鹺"注云:"齒䟔。""齹"注云:"齒本。"與此歧牾,此當誤。）

案:"鹺"乃《説文》譌寫之字,正當作"齹",古無"佐"字,焉有從"佐"之"鹺"?

八戈

"戈,《説文》云:'平頭戟也。'天授年置。"

案:《説文》無"天授年置"四字,孫氏所妄加。（其榦案:澤存堂本"天授年置"下有"司戈八品武職"六字,此據誤本云爾。）

九麻

"讍,《説文》:'詠也。'"

案:《説文》:"讍,嫷也。"《玉篇》作"諌也"。《説文》無"諌",未詳孰是。

十陽

"涼,寒涼也。"

案:涼,寒燠之襍也。故左氏以"涼"訓"尨",閔二年《傳》云:"尨涼。"

十二庚

"庚，更也，償也。""更，償也。""賡，續也，償也。"

案：《檀弓》："請庚之。"注："庚，償也。"《虞書》："乃賡載歌。"傳："賡，續也。"《說文》"續"，古文作"賡"。襄十三年《穀梁傳》："更宋之所喪財也。"范注："更，償也。"《史記·平準書》："悉巴蜀租賦不足以更之。"注："韋昭曰：'更，續也，或曰償也。'"而此三字亦展轉相訓，則"庚""賡""更"音義同矣。

"埂，秦人謂阬也。"

案：即"坑"字，《說文》"阬"或作"䧡"，"䢒"或作"踁"。

"阬，《爾雅》：'虛也。'"

案：《說文》："阬閬也。"此非訓"阬"爲"閬"，連篆文讀。"阬閬"猶"康良"。康，空也。故《爾雅》訓"虛"，又《說文》："忼，慨也。"俗作"慷"。

"侊，小貌。"

案：十一唐："侊，盛貌。"疑此"小"當爲"大"。《越語》："觥飯不及壺飧。"韋昭："觥，大也。"大飯謂盛饌，未具，不能以虛待之，不及壺飧之救飢疾也。《說文·人部》："侊，小兒。《春秋國語》曰：'侊飯不及一食。'"乃知孫司馬前用韋昭說，後用許說也。夌雲謂："侊"从"光"，"光"古義爲"充"，當以韋訓"大"爲是。且《說文》"一食"當是"壺飧"之譌，《左》僖廿五年《傳》："趙衰以壺飧從徑。"知"壺飧"是左氏常語，"壺"譌爲"壹"，又轉爲"一"也，當據《國語》正之。

"京，大也。'京'義亦取此，《公羊》：'京者，大也；師者，衆也。'"

案：當作"京師義亦取此"，脱一"師"字。"公羊"下脱"傳曰"二字。（其榦案：澤存堂本"公羊"下有"曰"字。）

"鳴，嘶鳴。"

案："鳴"，從"鳥"，"名"省聲。《説文》："名，自命也。"鳥無名，人即以其聲名之，其名如鳥自命也。馬融《長笛賦》："求偶鳴子。"注云："鳴，命也。"《説文》："鳴，鳥聲。從'鳥'、從'口'。"夌雲謂：與"唯"字從"隹"、從"口"同意，但"唯"字則從"隹"得聲耳。《詩》："有鷺雉鳴。"又加"鳥"，非義也。"以水切"譌爲"以小切"，今更作"以沼切"，謬甚。

十四清

"鯖，煮魚煎食曰五侯鯖。諸盈切。又倉①經切。""胜，上同。"

案：王右軍《鯉魚帖》："送此鯉魚征。"釋文："征"借作"胜"，用與"鯖"同。

十七登

"曾，則也。"

案："曾"從"白"，象气之上出，從"囪"。《説文》："囪，古文囱。在屋曰囱。"而"黑"下注云："從炎上出囪。"則"囪"猶竈突也。上從"八"，象气之上出而分散也。蓋亦有高義，故遠祖謂之"高""曾"。而字凡從"曾"者，並義取乎高，如"層"爲重屋，"增"爲北地高樓，無屋者是也。（吳鍾茂案：如先生説，"高曾"之"曾"，義取高；而"孫曾"之"曾"，又義取分散也。其榦案：上出分散有漸遠意，祖漸遠者爲曾祖，孫漸遠者爲曾孫。）

---

① "倉"，本誤"食"，據廣雅書局本改。

十八尤

"鎏，美金。《說文》：'垂玉也。'"

案：訓"美金"則與"美金曰鏐"同。（其榦案：《說文》："鐂，金之美者。"字亦從"玉"。）

"篍，《說文》云：'吹筩也。'"

案：此即"簫"之別出字。

"俅，戴也。"

案：《說文》："俅，冠飾皃。《詩》曰：'弁服俅俅。'"《繫傳》作"戴弁俅俅"。《詩》"戴"作"載"，箋云："載猶戴也。"傳云："俅俅，恭順貌。"《爾雅》："俅俅，服也。"注云："謂戴弁服。"《玉篇》引《詩》作"載弁俅俅"，云："恭順皃。"合諸說觀之，《廣蒼》及此書並訓"戴"，"戴"與"服"義同，是從《爾雅》，《玉篇》則從毛傳，無從《說文》者。《六書故》云："詩人特以'俅俅'狀戴弁之容，非冠飾也。"夌雲謂："俅俅"猶"拘拘"也，《詩》傳爲長。（其榦案：《說文》"冠飾皃"謂冠飾之皃，非謂冠之飾也，則亦以爲戴弁之容爾。）

"蟊，食穀蟲。"

案：《說文·虫部》："蟊，蟊蟊。"《䖵部》："蠹，食艸根者。"又云："吏抵冒取民財則生。"知字義本乎"取"也。攷《戰國策》："上干主心，下牟百姓。"注："牟，取。"《漢書·景帝紀》："侵牟萬民。"注："李奇曰：'牟，食苗根蟲也。侵牟，食民比之蟊賊也。'"《說文》"蠹"，古文作"蛑"。夌雲謂：古文當止作"牟"。

十九侯

"耬，種具。"

案：此與"糯"通，"糯"古作"檽"，"樓"古亦當作"樓"。

二十一侵

"音，《説文》曰：'聲也。'"

案："音"之本義當云"發於物曰聲，出於口者曰音"，故"聲"從"耳"，言耳之所聞也。而"音"，從"言"含"一"。《禮·樂記》曰："凡音之起，由人心生。"（王宗涑案：古所謂"音"，即今所謂"韻"，村歌里曲，信口而出，莫不諧諧，故曰"由人心生"。《樂記》云："聲成文，謂之音。"《説文》云："生於心，有節於外，謂之音。"又云："絲、竹、金、石、匏、土、革、木，音也。"古者歌吟，至于諧韻處，必以八者之器爲之節，因有"八音"之名。字從"言"含"一"，正以言有短長高下，而韻取齊一也。後人以《説文》無"韻"，據《周語》"律均出度"之文謂"韻"，古作"均"，不知韻以人聲爲本，均鍾、調律乃其外應耳。）

二十六咸

"獮，獮猢，似猿而白。"

案：《説文》"貜"注："斬貜鼠。黑身，白要若帶。"《繫傳》引《西都賦》"獲獮胡"。

二十七銜

"攙，攙槍，妖星。《爾雅》作'欃槍'。"

案：《説文》無"攙""欃"二字，"鑱""劖"字可通用。

"縿，絳帛。《説文》曰：'旌旗游也。'"

案：今人以爲"衫"字。

"彡，毛長。"

案：此古"衫"字。《玉篇》"襂"字注云："纖纚，毛羽重皃。重文作'衫'。"因知古止作"彡"也。

上聲

一董

"侗，直也。一曰長大。"

案：《說文》："侗，大皃"。"𢾅，直項皃。"據此"侗"亦訓"直"，則"侗""𢾅"音義並通。

二腫

"宂，散也。""內，上同。"

案："內"字，筆未詳，疑"囟"字之譌。"𦚰"從"囟"得聲。（其榦案："宂"《說文》從"宀"從"儿"。"儿"，奇字"人"，則"內"但筆迹小異耳。）

"輔，推車。亦作㨵。"（其榦案："亦"澤存堂本作"或"。）

案：《說文》："輔，反推車令有所付也。"今字典引"付也"，下有"一曰輕車"四字，而此書下有"輭"字，云"輕也"，則"輕車"一說，不爲無本，疑"亦作㨵"之"㨵"，本"輭"字之譌。

"㨵，推擣皃也。"

案：《說文》無"皃"字。

"玨，抱也。《說文》作'珙'。"

案：《說文》："玨，袌也。"重文作"𢌱"。（王宗涑案：張刻作"《說文》作'𢌱'"。據孫氏說，《說文·廾部》無"𢌱"，《手部》："𢌱，擥也。"孫司馬以"擥"義同"抱"，故云："《說文》作'𢌱'。"後人疑《廾部》本有"𢌱"字，故孫氏云然，因以"𢌱"爲"玨"之或文。竊嘗疑《說文》或文，後人據《玉篇》《廣韻》增入，于此益信。若許書原本，則古、籀、篆之外，閒有重文，必據通人之說，如"茇"之重文"蔱"，偁杜林說；"營"之重文"䓳"，"菱"之重文"蓤"，並偁司馬相如說，是也。）

"覂，覆也。或作'㲺'，又作'泛'。此覂駕之馬，非良者。《説文》曰：'反覆也。'"

案：覂，覆車聲也。

三講

"講，和解也。"

案："講"有比校義，《國語》："一物不講。"注："講，校也。"《左》僖十五年注《釋文》："講虛。本又作'構'，各依字讀。"玄雲謂："冓"象材木交冓之形，兼比校之義。構造宮室，既加"木"旁；則講造言語，當從"言"旁可知。杜云："若盡附會以爻象，則講虛而不經。"字當作"講"明矣。是蓋讀"講"若"構"，而別本因誤爲"構"。陸云"各依字讀"，舛甚。

四紙

"紙，《釋名》曰：'紙，砥也。平滑如砥石也。'"

案：如《釋名》說，則"紙"當從"氏"。

"姼"，《方言》云："南楚人謂婦妣曰母姼也。"

案：《說文》"姼"，或作"媞"，云"美女也"，與"媞"異義。然"氏"與"是"古可通，則"姼"即"媞"也。

"檷，檷檷，猶遲遲也。"

案：《詩》"行邁靡靡"是也。《碧落碑》亦以"檷"爲"靡"。

"鈚，戾鋸齒也。《說文》曰：'䶵屬。一曰瑩鐵也。'"

案：《方言》："布穀，一名買鈚。"

“厽，《説文》曰：‘絫版上爲牆。’”

案：《説文》：“絫坺土爲牆壁。”此誤“坺土”爲“版上”，又脱“壁”字。（其幹案：澤存堂本惟“坺”誤“坂”。）

“㡳，岮㡳，沙丘狀。”

案：“岮㡳”即“邐迤”。

五旨

“晷，日影。又規也。”

案：車迹曰軌，日影曰晷。麦雲謂：軌亦輪轉之度也。輪轉于地，日轉于天，皆周旋中規。

“雉，又度也。”

案：《禽經》云：“雉上有丈，謂雉飛高不過一丈。”麦雲以爲，遠亦不過三丈，故説經者每以高一丈長三丈爲雉。

“薙，芟草。又辛薙，辛夷别名。又音替。”

案：《月令》“燒薙行水”與《左傳》“芟夷蘊崇”同義。《周禮·秋官》“薙氏”注：“‘薙’讀如‘鬀小兒頭’之‘鬀’，書或爲‘夷’，此皆翦艸也，字从類耳。”《説文》“鶇”或作“鵜”，“稊”或作“荑”。“洟”，他計切；“涕”，他禮切。則“雉”“夷”“弟”聲並相近矣。

六止

“祀，年也。又祭祀。”“禩，上同。”“禩，亦同上。”

案：“祀”與“汜”並“辰巳”之“巳”，而“禩”又从“異”，“洍”又从“𦣞”，則是音近“目”也。且《説文》云：“祀，祭無已也。”其作“目”無疑，故此書“祀”又作“祒”，“洍”又作“㳅”。

"偫，待也，儲也，具也。"

案：《説文》："偫，待也。"《玉篇》："偫，待也。亦與'偅'同，儲也，具也。"此作"偫"，轉寫之譌。

"矣，《説文》云：'語已詞也。'"

案：《説文》："唉，膺也。""欸，訾也。从'口'、从'欠'。"並複从"厶"之意，古文當止作"矣"。

七尾

"僾，僾俙，看不了皃。又烏代切。"

案："僾俙"即"依稀"。

"曖，不明皃。"

案：《説文》："薆，蔽不見也。"《詩》："僾而不見。"《楚詞》："衆薆然而蔽之。"皆不明之義。

八語

"敔，《説文》：'祠也。'"

案：今《説文》"祠"作"祀"。

"褚，《埤蒼》云：'鮮也。一曰美好皃。'"

案：此字疑即"衣裳楚楚"之"楚"，故訓"鮮"，而次"檚"下。《説文》"檚"字注引《詩》"衣裳檚檚"。

"醑，酒之美也。本亦作'藇'，《詩》云：'釃酒有藇。'"

案："藇""醑""稰"三字皆有"美"義，而《説文》無之。"芛藇"只作"芛藇"，"藷藇"亦作"署預"，"預"即"豫"，"豫"與"與"

古通。去聲九禡："䄫，䄫䄫，黍稷美也。"而《詩》止作"與"。然則伐木"藇"古亦當作"與"，但《論語》"與與如也"，《說文·走部》作"趣"，云"安行也"。《心部》又作"㥷"，云"趣步㥷㥷也"。又《論語》"求之與"及經傳"也與"字，《說文》又作"歟"，云"安气也"。以"趣""㥷""歟"例之，則"藇""䄫""䄫"亦可入《說文》。

九麌

"麌，牡鹿。""俁，俁俁，容皃大也。《詩》曰：'碩人俁俁。'""嘆，笑皃。"

案：《說文》無"麌"，用"嘆"。夌雲謂：牡鹿大於牝，而"吳"有大義。人之容皃大，字從"人"、從"吳"；則鹿之形體大，字正當從"鹿"、從"吳"。《說文》收"嘆"，不收"麌"，未是。

"羽，鳥長毛也。"

案：《說文》從"彡"作"羿"，"彡"象毛形，"冂"即"乙"字，鳥也，言毛盛，故從兩"乡"。

"頯，孔子頭也。《說文》云：'頭妍也。'又讀若'翩'。"

案：《說文》云："從'頁'，'翩'省聲。讀若'翩'。（玉矩切）"徐鍇曰："書傳多言孔子翩反，字作此'頯'字，云頭頂四崖峻起象邱山也。"夌雲謂：字本作"翩"，後人以其言頭形，遂作"頯"，讀若"翩"爲是。猶"而"變爲"須"，仍讀"而"，不音"彡"也。"而"即"而"，古音"而"爲"需"，《易》曰："需，須也。"

"父，尼父、尚父皆男子之美稱。"

案：此則《說文》訓"甫"爲"男子之美稱"，謬矣。"甫"，蓋古"簠"字，從"用"，象簠之形，"父"聲。

十一薺

"嬭，楚人呼母。"

案：此與"禰"同意，皆取親昵之義。《說文》皆不收"嬭"，又見十二蟹云："乳也。"

"縷，帛文皃。"

案：《詩》："萋兮斐兮。"即此"縷"字。

十二蟹

"嶰，谷名。《漢書》作'解谷'。"

案：解谷者，水衡官解所在之谷也。《吳都賦》："解署棊布。"今作"廨"，《說文》："𨴞，水衡官谷也。"

"灑，《爾雅》云：'大瑟謂之灑。'"

案：《說文》："灑，汛也。"夌雲謂：灑者，下水細密，如從籠中出也。《尚書》"其罰惟倍"，《史記》作"其罰倍灑"，蓋即《孟子》之"倍蓰"也。徐廣曰："五倍，蓰。"古時琴止五弦，瑟二十五弦，正合五倍之數。故"大瑟"名"灑"，"灑"猶"纚"也。《禮記》"中琴小瑟"義乖《爾雅》，琴有七弦，周時所加，皆可不拘。

"拐（其榦案：澤存堂本從"木"作"枴"），老人拄杖。"

案：《玉篇》作"枴"。夌雲謂：亦可用"丫"，"丫"象形，"枴"從"冎"，"冎"猶偏枯也。老人不能正立，以木扶之，會意。

十三駭

"佴，無佴，人名。又音該。"

案：此據《穀梁傳》《左傳》作"駭"，《說文》："佴，倚佴，非常也。(古哀切)"與"駭"音義並殊。

"唉,飽聲。又於來切。"
案:《說文》:"噫,飽食息也。(於台切)"音義並近"唉"。"唉,譍也。(烏開切)"亦與"於來切"音義同。十五海:"欬,相然譍也。於改切。"即"唉"之異文。

十四賄

"骽,吐猥切,股也。"
案:《玉篇》同,此字只當用"復",復,卻也。

十五海

"塏,爽塏,高地。爽,明;塏,燥也。"
案:"塏"與"闓"同,亦明也。

"乃,語詞也,汝也。""迺,古文。"
案:《說文》:"乃,曳詞之難也,象气之出。"古文作"弓"。"卤,驚聲也。讀若'仍'。"徐鍇曰:"秦刻石文書'乃'字類此。"夌雲謂:即"迺"也,"乃"本古"仍"字,故云"讀若'仍'"。"乃"是"驚聲",故爲物之大。物①偁鼎大者"鼐",俗偁"芋"爲"乃",又偁"乳"爲"乃",皆見其大而驚之之詞也。

"亥,《爾雅》:'太歲在亥曰大淵獻。'"
案:此古"荄"字。

二十六產

"僝(其榦案:澤存堂本作"俴"。),《書》傳云:'見也。'《說文》云:

---

① "物"字蓋衍。

'具也。'"

案：獮韻"頵"亦兼此二義。

二十七銑

"鞌，在背曰'鞌'，在胸曰'靷'，在腹曰'鞅'，在足曰'絆'。"

案：《説文》作"鼄"，《檀弓》"子顯"只作"顯"。《晉語》："君使縶也。"注："縶，秦公子顯也。"《説文》："馽，絆馬也。"重文作"縶"。鼄，箸掖鞶。

二十八獮

"嘽，《樂記》曰：'其聲嘽以緩。'"

案：《説文》："嘽，喘息也，一曰喜也。"《樂記》曰："嘽諧、慢易、繁文、簡節之音作，而民康樂。"知"嘽"有寬緩散漫之意，字當只作"單"。"叩"古"喧"字；"毌"，車之省。"單"，車聲盛也，車勞則敝，故訓"盡"。車敝馬必煩，故"檀車幝幝"以車言，"嘽嘽駱馬"以馬言。《説文》"瘴"下引《詩》"瘴瘴駱馬"，是經之異文也。車勞則行緩。"單"爲正字，餘皆後人所加。又《詩·崧高》"徒御嘽嘽"，而此書"嘽"字之上列"繟"字，云："寬綽。"《説文》亦云："繟，帶緩也。"

三十六養

"餉，日西食。"

案：《説文》："餉，晝食也。"《玉篇》同。

"奡，俱往切。《説文》曰：'驚走也。一曰往來皃。'"（其斡案：今《説文》"皃"作"也"。）

案：《説文》云："《周書》曰：'伯奡。'古文'虐'，古文'囧'

字。"徐鍇曰："今文《尚書》作'囧'。"《説文》："囧，窗牖麗廔闓明。象形，讀若'獷'。"《犬部》："獷，犬獷獷不可附也。"此解似與"驚走""往來"二義合。

三十八梗

"景，大也，明也，像也，光也，炤也。"

案："景"古與"褧"通。《士昏禮》："姆加景。"注："景之制蓋如明衣，加之以爲行道御塵，令衣鮮明也。景亦明也。今文'景'作'憬'。"疏引《詩》"衣錦褧衣，裳錦褧裳"釋之，是賈意讀"景"如"褧"也。毛本"憬"誤"憬"，唐石經作"憬"。

四十四有

"柳，《説文》曰：'小楊也。从"木"，"丣"聲。"丣"，古文"酉"。'"

案：楊、柳二木，葉色相類，其枝揚起者謂之楊，垂絲者謂之柳，分別在此，不在大小也。

"肘，陟柳切。臂肘。"

案：《説文》云："臂節也。从'肉'，从'寸'。寸，手寸口也。"夌雲謂：寸口去手掌寸許，故曰"寸口"。醫書謂其所有高骨爲關，人之血脈皆會聚而過于此關之下，蓋有聚義，故謂之"肘"。肘，聚也。

"紂，《方言》云：'自關而東謂緧曰紂，俗作靿。'"

案：《説文》："紂，馬緧也。从'糸'，'肘'省聲。""緧，馬紂也。从'糸'，'酋'聲。（七由切）"此二字皆有聚義，"緧"蓋即"緧"之別出字。

四十八感

"顑，面黃醜。《説文》曰：'面顲顑也。'"

案：《説文》作"面䫉顩皃"。《玉篇》引同，《説文》無"顲"字。（其榦案：澤存堂本"顩"作"顲"。）

四十九敢

"壏，土地之堅也。""礝，上同。《周禮》注云：'彊（毛本誤"疆"。其榦案：澤存堂本作"强"，亦誤。）礝，地之堅者。'又音檻。"

案：《詩》："大車檻檻。"傳云："檻檻，車行聲也。"地堅，故車行有聲，"礝"即"檻"字也。

去聲

二宋

"雺，莫綜切。地氣上，天不應。"（其榦案：澤存堂本作"天氣下，地不應"。）

案：《説文》以此爲籀文"霚"，即今之"霧"字。《爾雅》則云："天氣下，地不應曰雺，地氣發，天不應曰霧，霧謂之晦。"《玉篇》同。蓋《爾雅》以"雺"爲"霿"，《玉篇》從之。《説文》以"雺"爲"霚"，《廣韻》從之。又案：一東："雺，天氣下，地不應曰雺。"則亦從《爾雅》。（王宗涑案：籀文止有"雺"字，小篆乃有"霚""霿"之分，非諸書歧異也。）

"䵑，黃色。他綜切。"
案：《玉篇》"齒隆切"，引《大戴禮》："䶒繽䵑耳。"

六至

"䁅，《説文》云：'塞上亭，守燧者。'""燧，上同。"
案：《説文》作"䁅"，重文作"䥬"，而無"燧"字，蓋"䁅"之省。"守燧"下有"火"字。《火部》："䥬燧，候表也。"此當連篆讀

"爨燧"句，"候表也"句。

"鑒，陽鑒，可取火於日中。"
案：本韻中有"輚轈，車名"，"陽樔，木名"，俱以"陽"名。

"諮，讓也，諫也，告也，問也。"
案：《說文》："誶，讓也。"《國語》亦云："誶讓日至。"而本韻"誶"訓"言"，引《詩》："歌以誶止。"

"蘈，《爾雅》曰：'蘈，萧薑。'"郭璞云："似蒲而細。"
案：《說文》無此字，而左氏《春秋》宣十一年"取繹"，《公羊》作"取蘈"，音義並異。

"屎，丑利切，籆柄也。又屎噠，多詐。""屎，上同。"
案：《說文·木部》："桋，木名，實如梨。（女履切）""屎，籆柄也。'桋'，屎或从'木'，'尼'聲。"亦兩見，音同義異。此書凡三見。六脂："桋，木名。女夷切。"五旨："桋，絡絲柎。女履切。"此又"丑利切"。又案：《竹部》："籆，收絲者也。从'竹'，'蒦'聲。（王縛切）"無"籆"字。

十遇

"尌，常句切。立也，又音住。""侸，上同。"
案：《說文》："尌，立也。讀若'駐'。""侸，立也。讀若'樹'。"並"常句切"。

"逗，姓也。又音豆。"
案：《離騷》注："僦，住。楚人謂住曰'僦'。"《方言》："僦，逗也。"即今之"住"字。

十一暮

"䩱，䩱䩟，盛箭室。"

案：䩱䩟，《釋名》只作"步叉"，云："人所帶，以箭叉其中也。"

十二霽

"嚌，嘗至齒也。"

案：《說文》："嚌，嘗也。"夋雲以爲，物才至口，與口齊也，故從"口""齊"。（王宗涑案：此一義也。五味不齊，而口味其齊否，又一義也。）

"屟，履中薦也。亦作屧屟。"（其幹案：澤存堂本作"屈"，當誤。）

案：《說文·尸部》："屟，履中薦也。"《繫傳》作"履中替也"，《玉篇》"屟"或作"屧"。蓋履之類，皆從"履"省，無直從"尸"者。《說文》惟"屝""屟"二字從"尸"，皆後人所加。"屝"古只作"菲"，其義只在"非"字，猶言屨必稱"兩"也。以艸爲之，故從"艸"。若"屟"則未必是艸，但取薄義耳，則作"枼"足矣。

"暳，小星。《詩》亦作'嘒'。"

案：《詩》只取"小"義耳。《說文》無"暳"，此書"嘒"字注引《說文》"小聲也"，"亦作'嚖'"。案：今《說文》重文作"嘒"。（其幹案：澤存堂本"嚖"作"嚖"。）

十三祭

"贅，贅肉也。又贅，衣官名也。"

案："贅"與"綴"通，故"綴衣"可作"贅衣"，之芮切。

"㓹，急也。一曰不成也。"

案：《說文》作"㓹，不成遂急戾也。從'弜'省，'曷'聲。讀若'瘶'。"

十四泰

"跟，步行躐跋。"

案："跋"古只作"犮"，象犬行而有物曳其足，使不便行也，"顛沛""狼跟"皆用此。

"茷，草木葉多。""肺，茂皃。《詩》：'其葉肺肺。'又音刈。"（其榦案：澤存堂本此條奪。）

案："茷"，俗字。《說文》："𣎳，艸木盛𣎳𣎳然。讀若'輩'。"此正字也。"肺"爲金藏，覆于心上，其形如艸木葉之重疊，故字從"肉"，"𣎳"聲。《詩》借"肺"爲艸木葉多字，以"肺"本從"𣎳"得聲得義也。

"會，《說文》曰：'日月會宿於會。'（其榦案："會宿於"，澤存堂本作"合宿爲"。）呼外切。"

案：《說文·會部》："日月合宿爲會。從'會'、從'辰'，'辰'亦聲。（植鄰切）"此字本後人所加，古只用"辰"，《左傳》"日月之會是謂辰"是也。但字雖非古，音則同"辰"，孫氏不入《真韻》"植鄰切"中，而入此韻"呼外切"，則誤更甚矣。（其榦案：《說文》音切，大徐自云"並以孫愐音切爲定"，然則此書"植鄰切"中無"會"，轉寫奪去耳。孫氏原本真韻固有"會"字也。）

"噦，鳥聲、車聲。"

案：從"歲"諸字皆"呼會切"，如"濊"與上"譏""噦""翽""鐬"之類，而其中閒一"渙"字，云"水名，在譙。又音喚，又卦名"，則"渙"亦可讀"噦"聲也。（其榦案：澤存堂本"噦"注少"車聲"二字，"渙"注少"又卦名"三字。）

"趽，賴趽，行不正也。"

案：《說文》："𧾷止，足剌𧾷止也，讀若'撥'。"《犬部》"犮"訓云："从'犬'而'丿'之。曳其足，則剌犮也。""剌𧾷止""剌犮"與"賴趽"皆同。

十六怪

"袔，補膝裙也。《說文》：'袥也。'"

案：《說文》："袥，衣袔。""袔，袥也。"徐鍇曰："案：《字書》：'袥，張衣令大也。'"戴雲以爲，介，大也；碩，大也；"袥"與"開拓"字同意。

十八隊

"琲，珠百枚曰琲。琲，貫也。又云：珠五百枚也。亦作'琲'。"

案："輩"从"非"，以車百兩爲義，則此从"百枚"之說爲長。

"詯，聲膽在人上。"

案：《說文》："詯，膽气滿，聲在人上。讀若'反目相睞'。（荒內切）"而此音"胡對切"上"荒內切"中"詯"字，訓"休市"。（其榦案：澤存堂本"胡對切"中"詯"訓"胡市"，當是脫誤。）

十九代

"朿，木曲頭不出。又音'稽'。"

案：此"朿"當在"礙""閡"之先，釋典作"旲"，無義可推。

"賚，與也，賜也。"

案：古止作"來"。《儀禮·少牢饋食禮》："來女孝孫。"鄭注："'來'讀爲'釐'。"非古義也。《說文》"來"注云："天所來也，故爲'行來'之'來'。"戴雲謂："行來"猶云"行賜"也。

二十廢

"鳼，《爾雅》云：'桃蟲鷦，其雌鳼。'俗呼爲巧婦，亦作'鷦'。又音艾。"

案：《說文》"乂"，或作"刈"，其餘"艾"、"壁"、"忢"並取"乂"字之義，"鳼"當亦然。而無"鳼"字，疑古只用"乂"也。

二十一震

"須，須顙，頭少髮。《說文》曰：'顏色皰皰，順事也。'"

案：《說文》"順"作"慎"。

"囟，《說文》曰：'頭會腦蓋也。'"

案：此當有二音，一音"信"，一音"䪴"。蓋"䪴"從"甾"，"甾"當是古文"囟"，猶古文"子"作"㜽"，"去"作"厺"也。"囟"有"䪴"音，故"農"從"囟"聲，亦有"䪴"音。（王宗涑案：《說文》"囟"，古文作"巛"，本"甾"之誤。《女部》："媰，從'女'，'甾'聲。"徐鼎臣曰："甾，古'囟'字。"則"囟"之古文本作"甾"也。）

"胐，脊肉。"

案：《說文》："胐，瘢也。""胂，脊肉也。"小徐引《易》曰："列其夤。"鄭本作"臏"，見《釋文》。蓋"胂"、"臏"固可通也。而《說文》"螾"或作"蚓"，則"臏"亦可或作"胐"也。故此書"胐"訓"脊肉"。許君訓"瘢"，未詳。

二十二稕

"瞚瞚，目動。"（其榦案："目動"澤存堂本作"目自動也"。）"瞤，上同。""眴，亦上同。""眹，亦同。見《公羊傳》。"

案：《說文》："瞚，開闔目數搖也。（舒閏切）""旬"重文作"眴"，

"目搖也。（黃絢切）""瞯，目動也。（如勻切）""睒，暫視皃。""䀨，暫見也。"並"失冄切"。五字皆不能久視之謂，舜華，朝開暮落，不能久豔，故人目不久視即借此起義。五字皆可通借也。"眹"字雖不見《說文》，而見于經傳，則其來已久矣。

二十四焮

"焮，火氣。"

案：《左》昭十八年《傳》："行火所焮。"注："焮，炙。"《釋文》："許勤反。"音義與"熏"同。

"靳，固也。"（其斡案："固也"澤存堂本作"靳固"。）

案：《左》莊十一年《傳》："宋公靳之。"杜云："戲而相愧曰靳。"服云："恥而惡之曰靳。"

二十五願

"贋，引與為價。"""儓，上同。"

案：《說文》："儓，引為賈也。"今人謂比較長短為"儓"。

二十九换

"煤，楚人云火。"

案："煤"與"爤"，猶"裸"與"灌"。

"雚，雚雀，鳥。""鸛，上同。"

案："雚"之有"鸛"，猶"雀"之有"鶴"。《說文》不收"鸛"，而收"鶴"，亦其偏也。

"欟，木叢生也。"

案：《詩》《爾雅》並止作"灌"。

"盥，《説文》曰：'澡手也。从"臼""水"臨"皿"也。'"
案："盥"即"灌"之别出字。"盥"，會意；"灌"，諧聲。其音義則同。

"唤，呼也。""嚾，上同。""讙，亦上同。出《説文》。"
案：《𠯗部》："讙，呼也。讀若'謹'。（呼官切）"蓋以爲"歡"字也。孫氏謂與"唤"同，此説比徐鉉云"古通用'奐'"爲長。

三十二霰

"甎，紡錘。"（其榦案："鍾"澤存堂本作"錘"。）《説文》曰："瓦器也。"
案：《詩》："載弄之瓦。"注云："瓦，紡塼也。""塼"蓋"甎"之别出字，《説文》無"塼"，止作"專"。

"縣，《釋名》曰：'縣，懸也。懸於郡也。'古作'寰'。"
案：《穀梁》隱元年《釋文》云："'寰'古'縣'字。"

"詢，出表辭。"
案：詢，出表詞也。字从"旬"，已見二十二稕，此誤从"旬"，故入"黃練切"。（其榦案：澤存堂本从"旬"作"詢"。）

"荐，重也，仍也，再也。"
案：《説文》："薦蓆也。"徐鍇曰："與'栫'相似。"

"㵎，水名。"
案：《説文》："㵎，水至也。讀若'尊'。"

三十四嘯

"頫，薛宗曰：'低頭聽。'本又作'俯'。"（其榦案：澤存堂本"宗曰"作"琮云"，"作俯"作"音俯"。）

案：此既音"他弔切"，則不得爲"頫仰"字矣。

三十五笑

"笑，欣也，喜也。亦作'咲'。"（其榦案：澤存堂本"笑"作"笑"，"咲"作"笑"。）

案：《說文·竹部》"笑"下徐鉉曰："案：孫愐《唐韻》引《說文》云：'喜也。从"竹"、从"犬"。'"今此書無"說文云从竹从犬①"七字，豈翻刻《唐韻》者刪之耶？如《玉篇》舊本"頃"字下云："《說文》曰：'田百畝爲頃。'"今刪去"說文曰"三字。"偶，相人也。"此最古誼，今改增"說文曰桐人也"，大謬。

"覞，《說文》曰：'並視也。'"
案：與"覻"同。

"要，約也。""約，又於略切。"
案："要""約"當互訓。"要"，象形；"約"，諧聲。其實同也。

"燎，照也。一曰宵田。"
案：从"火"及从"犬"作"獠"，並後人所加。

三十七号

"翿，舞者所執。"
案："翿"已見豪韻，注云："纛也。"亦作"翻"，"翻"注云：

---

① 二"犬"字，本並誤"大"，據廣雅書局本改。

"羽葆幢。"然"纛""翿""翢"三字，《説文》皆無之，當止作"翳"，《説文》云："翳也，所以舞也。"引《詩》"左手執翳"。

"纛，左纛以犛牛尾爲之，大如斗，繫於左騑馬軛上。"
"帱，覆也。""幬，上同。"
案："幬"見《中庸》，《説文》云："襌①帳也。"

"耆，年九十。"
案：《曲禮》："七年曰悼。"《玉篇》作"敦"，似从"老"，"曷"省聲。此右旁从"支"，不可解矣。

"慥，言行急。""糔，米穀糅。""糙，上同。"
案：此三字《説文》皆無之。夋雲謂："造至"有急欲至意，故謂急遽苟且爲"造次"，當止用"造"。《説文》"趯"訓"疾"，義與"造"近。《中庸》"不慥"，"慥"蓋言安舒也。

"餽，餉軍。""犒，上同。""槀，'槀飫'，《書》篇名。"
案：孔傳曰："槀，勞也。"正義云："《左傳》言：'犒師，以師枯槀，用酒食勞之。'"是"槀"得爲"勞"也。《周禮·地官》"槀人"注云："'槀'鄭司農讀爲'犒師'之'犒'。"掌共外内朝冗食之屬，如犒勞然，故名也。《説文》無"餽""犒"字，用"槀"無疑。但《説文》从"禾"者，訓"禾稈也"；从"木"者，訓"木枯也"，其實只取枯義耳。（其榦案：禾稈，禾之枯者也。《左》昭廿七年《傳》："或取一秉秆焉。"杜云："秆，槀也。"《説文》"秆"，或"稈"字。）

"竈，《淮南子》曰：'炎帝作火，死而爲竈。'"

---

① "襌"，本誤"禪"，據廣雅書局本改。

卷五　《廣韻》說　209

案：《説文》："竈，炊竈也。从'穴'，'黽'省聲。"重文作"窯"。纨雲謂："黽"，詹諸也，蝦蟆之屬。"炊竈"不當从此得聲。嘗攷《夏小正》"鳴蜮"傳云："蜮也者，或曰屈造之屬也。"《淮南子》："鼓造辟兵。"高誘注："鼓造，蝦蟆也。"據此"屈造"之"造"正當用此"竈"字。再攷《禮·鄉飲酒義》云："主人者造之。"注："造謂作飲食。"《周禮》："膳夫以樂徹于造。"注："造者，造食之所。"據此則"炊竈"之"竈"，正當用"造"字也。

三十九過

"貨，蔡氏《化清經》云：'貨者，化也，變也。反易之物，故字有'化'也。"（其斡案："變也"，澤存堂作"變化"，連下四字句。"反易"疑即"販易"，"有化"疑"從化"之誤。）

案：《尚書》："懋遷有無化居。""化"古"貨"字。又《説文》："七，變也。"則"七"又古"化"字。

四十禡

"禡，年終祭名。或作'蜡'。《廣雅》曰：'夏曰清祀，殷曰嘉平，周曰大禡，秦曰臘。'"

案：經典皆作"蜡"。《郊特牲》："蜡也者，索也。"《説文》："蜡，蠅胆也。""胆，蠅乳肉中也。"並與祭名無涉。《禮》云："臘先祖五祀。"此祭既可名"臘"，又可名"祀"，獨不可名"祖"乎？"蛆""胆"可通，"禡""祖"獨不可通乎？又助者，藉也。"助而不稅"，亦作"藉而不稅"，皆一从"且"聲，一从"昔"聲也。又嘗見《説文韻譜》作"蜡，蟲名。一曰年終祭名"，與今"始一終亥"本異。

"嗄，所嫁切。老子曰：'終日號而不嗄。'"注云："聲不變也。"

案：《玉篇》引《老子》作"終日號而嗌不嗄"，"嗄，氣逆也。"《説文》無"嗄"字。《莊子·庚桑楚篇》"終日嗥而嗌不嗄"，崔譔本作"喝"，云："啞也。"《説文》："喝，澈也。（於介切）"

四十三映

"幀，開張畫繪也。出《文字指歸》。""鞺，張皮也。"

案：二字《説文》所無，而並有"張"義，此在"猪孟切"中"倀"字下。"倀"又音"丑良切"。則"幀""鞺"或當借用。"張"又下"鋥"，孫氏音"除更切"，云："磨鋥出劍光，亦作張。"（其榦案："亦作張"，澤存堂本作"或作碾"。）據此則"幀"亦作"張"無疑，今俗別作"幀"。

四十七證

"鯎，魚子。"

案："孕"從"乃"從"子"。"乃"，玄鳥之屬。《明堂月令》："以玄鳥至之日，祠于高禖以請子。"故"乳"從"乙"，"孕"從"乃"，而其音則又從"蠅"得之。《尚書》："刳剔孕婦。"古文"孕"作"胴"，見《汗簡》。《管子·五行篇》："胴婦不銷棄。"炎雲謂：古當借用"蠅"，後人改從"肉"，蓋蠅，物之最易有子者也。

四十八嶝

"鐙，鞍鐙。""隥，梯隥。""橙，几橙。""凳，牀凳。"

案：《説文》："鐙，錠也。""橙，橘屬。"止有二字，與此異義。古者乘車而行，布席而坐，無此物，無此名，安得有此字？然升車曰"登車"，升席曰"登席"，則"登"字自在也。《周禮·夏官·隸僕》："王行，洗乘石。"注："乘石，所登上車之石也。"《詩》云："有扁斯石。"謂上車所登之石。《曲禮》："尸乘必以几。"注："尊者慎也。"《士昏禮》："婦乘以几。"注："尚安舒也。"石與几皆登車所用，故遂謂之登。"鐙""隥""橙""凳"義皆从"登"起，有自下升高之意，尚未戾六書之恉也。

四十九宥

"詷，訓也。"

案：《說文》訓作"誩"，此譌。（其榦案：澤存堂本作"誩"，不誤。）《說文》："譸，詶也。""詶，譸也。""詛，詶也。"下即此字。"詶""祝"同。"詶詷"即"祝䚦"也。

"馳，競馳馬也。"

案：《說文》無此字，然以此爲"馳驟"字，視從"聚"爲長。（王宗涑案："馳"從"由"，無"競馳"意，從"聚"似長。《說文》"驟"訓"馬疾步也"，亦未旳。）

"售，賣物出手。"

案：《說文》無"售"，新坿云："賣去手也。從'口'，'雔'省聲。"今學者謂當用"讎"字，說極是。讎曰讎對，售曰對售，皆以對爲義，從"言"、從"口"，本無異也。然使古無"售"字，則《谷風》"賈用不售"與"反以我爲讎"，雖在一章，古韻不以兩叶爲嫌，況又異義，何必杜譔一"售"字？且"讎對"之"對"，《說文》作"對"矣。"對售"之"對"，《說文》作"對"矣。而從"雔"之字有"雙"及"靃"，從"雙"省；"靃"省聲，又有"慫"與"籱"矣。由此推之，"售"未乖于六書，據經以補《說文》之缺，其亦可也。

五十候

"㞒，張衡《東京賦》云：'日月會于龍㞒。'"

案：此張平子用《國語》文也。"㞒"，俗"屍"字。

五十二沁

"蔭，《說文》曰：'草陰地也。'""廕，庇廕。"

案：《詩·桑柔》："既之陰女。"《釋文》：" '陰'本作'蔭'。"《禮·祭義》："陰爲野土。"注：" '陰'讀爲'依廕'之'廕'。"是"蔭""廕"古止作"陰"。《説文》無"廕"。

五十七釅

"釅，酒醋味厚。"
案：《説文》作"䤘"，酢漿也。

入聲

一屋

"漉，《説文》：'浚也。一曰水下皃。'""渌，説同。"
案：當作"《説文》上同"，俗作"盝""盩"。（其榦案：澤存堂本"渌"下作"《説文》同上"。）

"篧，弧篧，箭室也。出《音譜》。"
案：疑即"箙"。

"䋎，轅上絲。"
案：《説文》："䋎，驨布也。一曰車上衡衣。"

"鞪，《説文》曰：'車軸束也。'""楘，《詩》曰：'五楘梁輈。'傳云：'楘，歷録也。'"
案：《説文》："楘，車歷録束交也。"此與上"䋎""鞪"並通。惟此書"鞪，車轅名也"，則《説文》所無。

"蝠，《説文》：'蝙蝠，伏翼也。'崔豹《古今注》云：'一名仙鼠。'"

案：《説文》"伏"作"服"。

"虑，古伏（其榦案：澤存堂本"伏"作"虑"。）犧字，《説文》：'虎皃。'"
案："虑"兼會意、諧聲，"伏"惟會意。

"䩔，車具。""䋆""䩔"並同上。
案：《説文》："䋆，車䋆。（平祕切）"重文作"茯""鞴"。《革部》："秘，車束也。（毗必切）"無"䩔""䩔"二字。

"蹜，《文字音義》云：'烏鵲醜，其飛掌蹜在腹下。'"
案：《説文》無"蹜"字，當用"縮"。

"搢，抽也。顔叔子納鄰之嫠婦，執燭，燭盡，搢屋以繼之。"
案：顔叔子事見《詩·巷伯》傳，"屋"下當有"椽"字。

"鶌，《説文》曰：'秸鶋，鳲鳩。'《爾雅》作'鶌鶋'。"
案：《説文》"秸"作"桔"，"鳲"作"尸"，《禾部》無"秸"，《鳥部》無"鳲"。（其榦案：澤存堂本作"尸"，而"桔"亦誤"秸"。）

"鬻，賣也。《説文》本音'糜'，键也。"
案：《説文》："賣，衒也。""儥，賣也。""賣"爲正字，"鬻"義當依《説文》。

"弆，兩手捧物。《説文》音'匊'。"
案：《説文》："弆，兩手盛也。（余六切）"

"鞠，蹋鞠，以革爲之，今通謂之'毬子'。"

案："鞠"與"毬","鶌"與"鳩"及《春秋傳》續簡伯之名"鞠居",皆雙聲也。

"匎,于六切,又于救切。"
案:"于六切"音與"育"同,義亦同也。

二沃

"督,正也。《説文》：'察也。一曰目病。'"（其斡案：澤存堂本"病"作"痛"。）
案：目病故不能張大,此從"朩"之義也。其曰"察也"者,即"瞭也"。《目部》："瞭,察也。"小目而視謂之察,此亦從"朩"之義也。

"裻,衣背縫也。""褥""襩"並同上。"裂,新衣聲。又先篤切。"
案：《晉語》："偏裻之衣。"韋注："裻在中,左右異,故曰偏。"《説文》："褥,衣躬縫也。""裂,新衣聲也。一曰背縫。"是韋注與《説文》合。《攷工·匠人》注："分其督旁之脩。"疏謂："中央爲督。"《莊子·養生主》："緣督以爲經。"注："督,中也。"《六書故》云："人身督脈,當身之中,貫徹上下,故衣縫當背之中,達上下者,亦謂之督,別作'裻'。"夌雲謂：從"朩"之字,皆有戚聚義,背縫與督脈皆戚聚之處,故同此名。"督"既從"目",則其字自有專屬。"褥",諧聲字。"裻"又見《深衣》"負繩及踝"注,乃"背縫"之正字也。

"酷,《説文》曰：'酒味厚也。'"
案：此與"毒"字同意。《説文》："毒,厚也。"

三燭

"項，顓項，高陽氏也。又謹敬皃。"

案：《說文》："項，頭項項謹皃。"而此書又有"魚欲切"音。炱雲謂：此必更有"五角切"音，《說文》："頢，面前岳岳也。"《漢書·朱雲傳》："五鹿嶽嶽，朱雲折其角。"嶽嶽，長角皃。當即《說文》"岳岳"也。《玉篇》："項，正也。"又"頜"，吳才老云："幽州人謂之鄂。"則"頜"與"頢"音義同也。"項項"者，亦頭角岩正之意，故曰"謹皃"。"顓"即"岩"也。

"局，《說文》：'促也。'"

案：此字古必從"尸"從"句"聲，從"句"則音義並合。《說文》"從'口'在'尺'下"，恐未旳。

四覺

"較，《說文》曰：'車騎（其榦案：澤存堂本作"輢"。）上曲銅也。'"

案："騎"當作"輢"，今《說文》亦譌作"騎"。《文選·西征賦》《七啟》注兩引並作"車輢上曲鉤也"。《初學記》"銅較"下引作"車輢上曲銅鉤"。炱雲謂：《文選》注"鉤"或是"銅"字之譌，《初學記》"銅"下"鉤"或是"較"字之譌，故徐堅直云"銅較"，《文選》亦兩云"金較"。阮氏芸臺《車制圖解》據《文選》注謂"《說文》誤作'銅'"。炱雲以爲，上既云"曲"，則下作"銅"爲是，乃《文選》注誤耳。

"頢，《說文》：'面前岳岳也。'"

按："岳岳"當依《繫傳》本作"頢頢"，又鐸韻："顎，嚴敬曰顎。"

"殻，《説文》曰：'从上擊下也。一曰素也。'"

案：當云"擊空聲也"，从"青"，與"檾"同意，皆取其聲。"素"，亦"空"也，非本誼。

"青，《説文》曰：'幬帳之象。'"

案："青"有"空"誼，故亦有"空"音，"空"即"腔"。

"攕，《爾雅》云：'拘攕謂之定。'攕，鉏也。本亦作'斲斸'。"

案：《説文·斤部》"斲""斸"並訓"斫也"，《木部》"欘"亦訓"斫"，"齊謂之鎡錤"。

五質

"拮，《詩》傳云：'拮據，撠挶也。'"

案：《説文》無"撠"字，《手部》："挶，戟持也。""戟挶"與"拮據"同，《説文》又有"孑孓""孔厈""趃趌"，音皆與"戟挶"同也。

"逸，《説文》曰：'失也。从'辵'、从'兔'。兔謾訑善逃也。'"

案："失"即"佚"字。

"鎰，《國語》云：'二十四兩爲溢。'"（其榦案：澤存堂本作"鎰"。）又《禮》曰："朝一溢米。"注謂："二十兩曰鎰。"

案："鎰"，本作"溢"。趙岐、孟康皆曰"二十兩"，康成曰"三十兩"，"三"字誤。鮑彪《國策注》亦云："二十兩爲溢。"《喪大記》注云："溢，滿也。"以名一升，加滿而名之也。加滿之數，二十四分升之一也，故《國語》《吳都賦》兩注並誤爲"二十四兩"也。（王宗涑案：據《喪大記》注，溢，止重十兩又二十四分兩之一。古升十合爲龠二十，其重十兩，積二百四十銖。溢之重，加於升者十銖。然則諸書言"二十兩"，殆皆"二十龠"之譌也。

《漢書》："黄金方寸而重一斤。"臣瓚曰："秦以一鎰爲一金，漢以一斤爲一金。"此二"斤"字皆當爲"升"，古"升"作"廾"，形近"斤"而誤也。漢以十兩爲一金，秦以前更加十銖，故名"溢"。又閻百詩云："大約漢二斗七升，當今五升四合。"據此，今一升當古之五升，若溢是二十兩，于古量爲二升。朝一溢，莫一溢，共爲米四升，較以今量得十分升之八，中人一日之食，不爲少矣。故知《喪大記》注爲不可易也。）

"堲，夏后氏堲周，燒土葬也。"
案：《說文》："堲，古文'垐'。《虞書》曰：'龍，朕堲讒說殄行。'堲，疾惡也。"孔傳亦訓"疾"，《弟子職》曰："左手秉燭，右手折堲。"堲，燼餘也。燭有燼則不明，故必折去之，讒說殄行亦能使人不明，故必疾惡之。

"密，《說文》云：'山脊也。'""峦，山形如堂。"
案：《說文·山部》："密，山如堂。""岡，山脊也"，此誤引。"峦"，《說文》所無，乃艸書"密"字。

六術

"憰，《爾雅》曰：'危也。'"
案："憰危"即"譎詭"也。

八物

"綍，大索，葬者引車。""紼，上同。"
案：《說文》："紼，亂絲也。"《爾雅》："紼，繂也。"《曲禮》："助葬必執紼。"注："引棺索也。"經典又以"綍"爲"紼"。爻雲謂：古止作"弗"，象形，舉棺者以大索收束杠之兩端，使杠內向，故《說文》"弗"訓"撟"，古文"弼"作"弻"，亦以此。

"梻，連枷杖，打穀者。出《方言》。"
案：《說文》："梻，擊禾連枷也。"

"鬱，香草。《説文》曰：'木叢生者。'"

案：《説文·鬯部》："鬱，芳草。""欝"在《林部》，並不訓"香草"，此誤合爲一。

"祓，除灾求福。"

案：《説文》："祓，除惡祭也。""祈，求福也。""祓"無求義，祓之言拂也，古只作"弗"。《詩》："以弗無子。"乃是弗去無子之惡也。

九迄

"釳，乘輿馬上插翟尾者曰方釳。釳，鐵也，廣三寸。"

案：《説文》："釳，乘輿馬頭上防釳，插之以翟尾、鐵翮、象角，所以防綱羅釳去之。"《玉篇》："釳，鐵孔。"

十月

"橃，《説文》曰：'海中大船也。'"

案：俗作"筏"，《論語》借"桴"爲之。

"蟨，獸名，走之則顛。蛩蛩前足高，不得食而善走，蟨常爲蛩蛩取食，蛩蛩負之而走。"

案：《説文》："蟨，前足短。"又："貀，無前足。"

十一没

"堗，竈堗。《漢書》作'突'，云：'曲突徙薪亡恩澤。'"

案：此本作"突"，音"深"，轉寫誤作"突"，妄人又加"土"爲"堗"，孫氏收之，非也。

"笏，一名手板。天子以玉，諸侯以象，大夫魚須文竹，士竹木（其榦案：澤存堂本作"士木"，無"竹"字。）可也。"

案：《禮記》作"士竹，本象可也"。"笏"見新附，古只用"曶"。

十二曷

"剃，佛著。"

案：《説文》："剃，剌也。"《玉篇》作"拂也"，此"佛"當是"拂"之譌。（其榦案：澤存堂本正作"拂"。）

"薩，釋典云：'菩薩，菩，普也。薩，濟也。能普濟衆生。'"

案：馮調鼎《六書準》"辥"字注云："別作'薩'，非。"

十三末

"昧，星也。《易》曰：'日中見昧。'案《音義》云：'《字林》作"昧"。斗杓後星。亡太反。（其榦案：澤存堂本無"亡太反"三字。）王肅音"妹"。'"

案："易"本作"沬"，故《釋文》引《字林》作"昧"。

"妭，鬼婦。《文字指歸》云：'女妭，禿無髮，所居之處天不雨。'《説文》曰：'婦人美兒。'"

案：即"旱妭"，《説文》及《詩》並作"魃"。

十四黠

"猾，狡猾。"

案：《晉語》："齒牙爲猾。"韋注："猾，弄也。"《周語》："而猾夫二川之神。"韋注："猾，亂也。"

十五鎋

"鎋，車軸頭鐵。""舝，上同。出《説文》。""轄，上同。《説文》：'車聲也。一曰轄鍵。'"

案：《儀禮·既夕篇》"木錧"，鄭云："今文'錧'爲'鐧'。"

十六屑

"峊，高山皃。"

案：《詩·節南山》借"節"。《説文》："岡，山脊也。"借"脊"。"峊"字注："陬隅，高山之節。"

"叞，《説文》：'治也。'本房六切。"

案：受人卪制爲"叞"。

"疨，《説文》：'搳也。'"

案："搳"，《説文》作"癌"，此譌。（其榦案：澤存堂本又誤"爲"。）

"頡，《詩》傳云：'飛而上曰頡，飛而下曰頏。'"《説文》："頡，直項也。"

案：《長楊賦》："魚頡而鳥胻。"

"絜，普蔑切。《韻略》云：'馭右迴。又方結切。'"

案：《説文》："絜，扁緒也。一曰弩腰鉤帶。（并列切）"疑"扁"是"偏"之譌，如"捎"訓"偏引"一例。今農人驅牛，欲其右轉曰"絜"，欲其左轉曰"牽"。

十七薛

"紲，《左傳》曰：'臣負羈紲。'杜預云：'紲，馬韁也。'亦作'緤'，俗作'靾'。"

案：凡从"世"者，改从"曳"，皆唐本。《儀禮·既夕記》："革靾載旝。"鄭注："韁也。古文'靾'爲'殺'。"麦雲謂：韁，所以收殺，故即名爲"殺"。"世""殺"雙聲，故後人又造"繼""靾"二字。

"準，應劭云：'準，頰權準也。'李斐云：'準，鼻也。'"
案：領上橫者爲"衡"，鼻上縱者爲"準"，兩邊高者爲"權"。

"顫，面秀骨。"
案：《說文》："顫，頭顀顫也。（之出切）"《玉篇》云："準也。"蓋以爲"鼻準"字。爻雲謂："權""衡""準"三名同類，用"準"爲是。

"蒴，種概移蒔。"
案："移蒔"則必分株別蒔。《月令》："仲夏，令民毋艾藍以染。"注："此月藍始可別。"疏："藍既長大，可分移布散。"止用"別"，《說文》無"蒴"。

"姎，鼻目間輕薄曰姎也。"
案：《說文》云："鼻目間兒。"似脫"輕薄"二字。

十八藥

"挈，《爾雅》云：'利也。'"
案：《詩》亦作"略"，"有略其耜"，傳："略，利也。"

"蟓，渠蟓。"
案：《說文》作"蠰蟓"，《曹風·蜉蝣》傳只作"渠略"。

"芍，蕭該云：'芍藥，香艸，可和食。'"
案："芍藥"《詩》作"勺藥"。

"鵲,《淮南子》云:'鵲知太歲之所。'《字林》作'䧿'。""舃,《篆文》云:'古鵲字。'"

案:《說文》:"舃,鵲也。篆文作'䧿'。"孫氏並不引,何也?

"皵,《尔雅》云:'梒,皵。'谓木皮甲錯。"

案:《攷工記》"紾而昔"只作"昔"。

十九鐸

"蕩,蕩苴,大蘘荷名。"

案:《說文》:"蘘荷,一名蒚葙。"

"博,春秋時齊之聊攝也。又姓。古有博勞,善相馬。"

案:《檀弓》:"延陵季子適齊,長子死,葬于嬴、博之間。""博"本齊邑也,"博勞"即"伯樂"。

"攫,柞攫,阱淺則施之。"

案:《說文》:"攫,擘也。一曰布擭也,一曰握也。"《繫傳》又有"一曰搵也"四字。攷"擘攫",見"擘"字注云:"不正也。""布攫"見《東京賦》云:"聲教布濩。"作"濩"義通。曰"握"、曰"搵",皆"獲"字意。《西京賦》:"抄木末攫獑猢。"又《周禮·秋官》:"雍氏春令爲阱攫。"注:"攫,柞鄂也。堅地阱淺,則設柞鄂于其中。"《周書·柴》注:"'攫'作'罚'也。"《中庸》疏作"柞榜"。夋雲謂:"柞榜"即《說文》"羋"字,注"羋獄相並出"之"羋獄",阱淺,獸可躍出。柞榜、布攫,阱上機牙横斜內向,所以禁獸,使不得躍出也,則"攫"實兼擘攫、布攫、握搵諸義。

二十陌

"帞,頭巾。"

案：《釋名》："'綃頭'或謂之'陌頭'。言其从後橫陌而前也。"曰"橫陌"則亦取"百"字上有一橫之義也。又十三末有"靺鞈，大帶""袜肚"等字，十五鎋有"帓帶""帕額"等字，蓋"末"亦从"木"頭上加一橫也。人之綃頭似之，則又可用"末"字，凡橫于首、橫于腰或胸、或肚，皆是。

"嘆，《詩》云：'盈盈一水閒，嘆嘆不得語。'"
案：今作"脈脈"。（其榦案：惠半農先生説與此同。）

"逆，迎也，卻也，亂也。"
案："逆"古與"悟"通，《孟子》"以意逆志"，即以意悟志也。《儀禮·既夕篇》："梧受。"疏："'梧'即'逆'也。"《正字通》云："寤，遻。同'逆'也。"

"縪，《漢書》：'古佩縪也。'"
案：《説文》："縪，綬維也。""虉，綬艸。""縪"與"虉"聲相近。

"綌，綍維。"
案：《説文》無"綌"，然不从"辵"，止取"屰"聲，比"縪"爲長。

"垎，土乾也。"
案：《玉篇》同。《説文》："水乾。一曰堅也。"《禮·學記》"扞格"，注云："'格'讀如'凍洛'之'洛'。"即此"垎"字。《説文》無"洛"，蓋涂泥因凍沍而乾堅也。《説文》作"水"，似誤，疑本作"水土乾堅也"。

"君，又呼臭切。出《莊子》。"

案：《莊子》："奏刀君然。"當用"畫"字，或作"劃"。

二十一麥

"譗，譗嘆，疾言。"

案：《説文》："譗，言壯皃。讀若'畫'。"徐鍇曰："今多作'懂'。"下"呼麥切"中"懂"注云："不慧。又懂懂，辯快。出《音譜》。"

"礊，普麥切。射中聲也。"

案：當用"魄"，《史記·周本紀》："其聲魄。"

二十二昔

"垎，喪家塊竈。《説文》曰：'陶竈窻也。'"

案：《儀禮·既夕篇》："垎用塊。"注："古文'垎'爲'役'。"

二十六緝

"執，持也，操也，守也，攝也。《説文》作'䙽'，'捕辠人也'。"

案："執"即古"贄"字。《尚書·康王之誥》云："敢執壤奠。""摯""贄"皆俗字，"執"從"丮"，"丮"從"手"，"摯"又加"手"，非六書之義。"贄"，《説文》未收。

三[①]十二狎

"翣，翣形如扇，以木爲匡。《禮》：'天子八，諸侯六，卿大夫四，士二。'《世本》曰：'武王作翣。'""霎，捷也。"

---

① "三"，本誤"二"，據廣雅書局本改。

案：《周禮·縫人》"翣柳"，注："故書'翣柳'作'接檱'。鄭司農云：'接讀爲歰。'《檀弓》曰：'周人牆置翣。'《春秋傳》曰：'四歰不蹕。'"今作"四翣"，與先鄭所見本異。又《說文·羽部》："翜，捷也。飛之疾也。讀若'瀸'。"《繫傳》作"歰"。"翣，棺羽飾也。"亦引《禮器》文，二字並"山洽切"。此書並"所甲切"。夋雲謂：《說文》多从先鄭，"翣""翜"音同，義亦當同，故許讀"翜"若"歰"，作"瀸"，轉寫之誤也。

跋　後

吴先生焘雲，字得青，號客槎，歲貢生，世爲嘉定人。父思安，隱於闤闠。先生幼就塾，即好沈思，學爲制舉藝。年二十餘，與徐信齋先生春和，同受知於諸城劉文清公，補縣學生。徐先生精推步、測算，箸有《三統術衍校》。先生課徒養父，幷力肄經，得以字解經之法。於許氏《說文》，探索義類，時能發前賢所未發。與先君子友善，講學説經，互相討論，以是余於隅坐，間得聞先生緒論。今謹以少所記識及先君子錄存者箸於篇。《說文》："玎，玉聲也。"先生謂"玉聲曰'丁當'，'當'，田相值也；'丁'，物相值也。玉以相值有聲曰'丁當'，則'玎'爲'丁'孳乳字矣"。"蒇，艸也。從艸叔聲。"大徐云："《說文》無'叔'字。"先生據《耳部》"聲"、《邑部》"郠"、《艸部》"薽"下云"蒇屬"、《頁部》"頞"下云"頭蒇頞也"，謂《說文》宜有"叔"字，其義則《爾雅》："叔，息也。"《説文》："喟，太息也。"重文作"嘳"。《玉篇》："叔，太息也。"可依類求也。《此部》："呰，窳也。闕。"先生據《大雅》"皋皋訿訿"傳："訿訿，窳不共事也。"《爾雅》："翕翕，訿訿，莫供職也。"《説文》："訾，不思稱意也。"《小雅》"潝潝訿訿"傳又云："訿訿然，思不稱上。"《玉篇》"呰"注引《史記》云："'呰窳偷生。'謂苟且也。"《説文·人部》："伈，惰也。"《方言》："呰、耀，短也。"是"呰""呰""訾"三字，並從"此"聲，許君當以"呰"字入《叩部》。"占，視兆問也。"先生據《月令》"占兆審卦吉凶"，"占"與"審"對，皇氏云："占，視兆書。"是也。《玉藻》"史定墨",注:"視兆坼也。"《周禮·占人》注:"坼,兆璺。""璺"音同"問",則"視兆問也"之"問"當讀作"璺"音聲也。《樂記》注"雜比爲音,單出爲聲",特依經作訓,其本義當云"別於舌爲音,聽於耳爲聲"。《檀弓》云:"吉事雖止不怠。"注:"止,立俟事時也。"《說文》:"遅,徐行也。"是"止"即古"遲"字。《禮器》:"君尊瓦甒。"正義引《禮器圖》云:"瓦大受五斗,身銳下平。"《明堂位》:"大,有虞氏之尊也。"《說文》:"钲,下平缶也。讀若'晑'。""晑""大"聲相近,是"钲"即"大"字。《國語》:"僬僥氏長三尺,短之至也。"矢長三尺,故"短"字從"矢"。"刷"字解"《禮》'布刷巾'",據《糸①部》"繽"解"《禮》有'繽緣'"之文,則"布"乃"有"之譌。"鼖馨"連文,同訓"鼓聲",《周禮》注引《司馬法》"鼓聲不過閶,鼖聲不過閶",則"閶閶"即"鼖馨"也。"卑"即"奴婢""婢"字。"奴"從"又","卑"從"ナ",即"左","左""右",輔助義也。"秀"即"透"字,《易·需卦》之"需",鄭讀爲"秀",解云:"陽氣秀而不直前也。"《繫傳》以"蹳"次"蹟"下,"跋"次"路"下,殊屬失倫。"跋"必"蹳"之重文,非二字也。先君子嘗以《說文》"亯,用也。從'高'、從'自'。自,知臭香所食也,讀若'庸'",《書·皋陶謨》《洛誥》傳、《詩·緜》傳、《江漢》箋皆訓"自"爲"庸",從"自",有用義。先生謂"自,知臭香所食"者,自有氣,向上炎也。《漢書》:"無若火,始庸庸。"當用此"亯"字。"久,從後灸之,象人兩脛後有距也。《周禮》:'久諸牆以觀其橈。'"先生謂,據此則"久"有屈曲之義,《左氏》昭二十年《傳》:"不爲利疚,不爲利屈也。"《論語》《中庸》"內省不疚",即《孟子》"自反而縮"也。"久""九"同聲,故"九"亦有屈曲義。"兩,再也。從'冂',闕。"先生謂"冂"象兩管相並形,《漢志》:"一龠容千二百黍,重十二銖。

----

① "糸",本誤"系",據廣雅書局本改。

兩之爲兩，二十四銖爲兩。"蓋以子穀秬黍入於黃鐘之管，故從"入"，兩之故從二"入"，則"從'冂'，闕"，當以"兩管相並"義補之。先生精思孤詣，立說多此類。錢少詹事嘗采其說入《養新録》。

嘉慶八年，以疾卒，年僅踰五十。父近八旬，尚存。子一，幼。家故貧，不復習儒業。父性淳謹，不苟他求，邑大夫嘗舉爲鄉飲賓，盡以先生所蓄書及箸述手藁易米，展轉流傳。其《十三經抄最》，蠅頭細書，數百萬言，歸海昌陳偉長。偉長善搜名賢手蹟，篤嗜小學，出以示余及王君倬甫。後又得先生《廣韻》手藁，乃校刻十之三四以傳先生，抑亦先生箸書之神明有以啓之也。倬甫既詳爲校録，而屬余求先生世系以爲事狀，不可得，乃捃摭遺說，跋於後云。

道光二十六年十月，同里後學陳璟書。

坿　　録

《詩·車舝》："以慰我心。"《韓詩》"慰"作"㥜"，非是。

《儀禮·士喪禮》："祭服不倒。"唐石經作"到"，《説文》無"倒"。

《左》隱元年《傳》："莊公寤生。"寤生，逆生也。

閔二年《傳》："尨涼。"《説文》作"牻䛭"。

成十六年《傳》："巢車。"疏："《説文》曰：'兵高車加巢以望敵也。'"《釋文》引作"車高"，如疏及《説文》"轈"注皆誤。

昭元年《傳》："以露其體。""露"古亦通作"路""潞"。

《禮記·學記》："始駕馬者。"《釋文》作"始駕者"，正義同。（以上並同臧玉林。）

《詩·賚》："敷時繹思。""敷"，古讀重脣如"鋪"，故《左》宣十二年《傳》引作"鋪"。（《養新録》同。）

《易·鼎》九四："覆公餗。"鄭注："糁謂之餗。"義較長。

《書·舜典》："惟刑之恤哉。"當依《漢書》《路史》作"謐"。"謐"義同"静"，《説文》："謐，静語也。"《爾雅》："静，慎也。"

《金縢》："噫公命。""噫"當作"抑"，古亦通"懿"。"抑公命我勿敢言"，七字句。

《無逸》："惠鮮鰥寡。"《詩·蓼莪》："鮮民之生。"《左》閔二年《傳》："奚斯之聲也。""鮮"並當讀爲"斯"。

《燕燕》："終温且惠。"《北門》："終窶且貧。""終"並當爲

"既"。

莊二十二年《傳》："並于正卿。"《孟子》："女其于予治。""于"並當作"爲"。

宣十二年《傳》："子重將左。""重"當爲"童",與《檀弓》"重汪踦"之"重"同一叚借。

昭十九年《傳》："或獻諸子占。""占"當讀爲"潁川人名小兒所書爲笘"之"笘"。

《公羊》昭二十五年《傳》："且夫牛馬維婁。""婁"古"屨"字。"維婁"當合下"委己者也而柔焉"句。

《穀梁》桓十四年《傳》："夫嘗必有兼旬之事焉。"當依《釋文》作"兼旬"。

《禮記·曲禮上》："恭敬撙節。""撙"當讀如"爲其拜而蹲"之"蹲","撙節"猶"折節"也。

《檀弓下》："行并植於晉國。""并植"當依《國語》作"廉直"。

《郊特牲》："信事人也。""事"猶"倳"也。亦與《管子》"剚耕剚耘"之"剚"同義。

《玉藻》："山澤列而不賦。""列"即《說文》"迾",亦通"厲"。

"大夫以魚須文竹。""須"當是"頒"之形誤。

《論語》："南宮适。"當依《釋文》所引別本作"括",義與"韜"同,《禮記》作"縚",《說文》未收。（以上並同王伯申。）

《爾雅·釋詁》："逷,自也。""逷"古通"聿"。《大雅·緜》箋："聿,自也。"疏以爲《釋詁》文。

"熲,光也。"《說文》："熲,火光也。""炯,光也。"聲讀亦同。

"峙,具也。""峙"亦通"偫"。《說文》："偫,踦也。""偫踦"與"唐儲"同。（以上並同郝《正義》。）

《周禮·內司服》："揄狄。""揄"當作"褕",《說文》："褕,畫袍也。"

《載師》："惟其漆林之征。"注："故書'漆林'爲'桼林'。杜子春云：'當爲"桼林"。'"經當作"桼林"，注當作"故書'桼林'爲'漆林'"。

《鬯人》："廟用脩。"注："脩，讀曰卣。""卣"即《説文》"讀若'調之鹵脩'"，古讀如"條"，以同聲叚借。

《司尊彝》"著尊"，《説文》無"著"，《酋部》"尊"注引作"箸尊"。

《職方氏》"弦蒲""貕養""昭餘祁"，《説文》"藪"注引作"弦圃""奚養""昭余祁"。

《掌客》："米百筥。"注："米禾之秉筥，字同數異。禾之秉，手把耳。"《聘禮》"十籔曰秉"，米之秉也；"四秉曰筥"，禾之筥也。米之筥數，未聞。

《攷工記》："刮摩之工。"注："故書'刮'作'捖'。""完""昏"聲近。《檀弓》："華而睆。"又借"睆"爲"刮"。

《左》襄二十九年《傳》："䙴諶。""諶"當作"煁"，《説文》："煁，烓也。"

《説文·羽部》："翜，讀若'澀'。""澀"當作"蹋"，小徐本不誤。

《木部》："杼，機之持緯者。""杼"俗借用"梭"。

《禾部》："秏，《周禮》曰：'二百四十斤爲秉，四秉曰筥，十筥曰稯，十稯曰秏，四百秉爲一秏。'""周禮"當作"禮記"，"二百四十斤爲秉"七字誤衍，《廣韻》"秏"注引《説文》尤舛，"二百四十斗"乃"秉有五籔"之米數。

《衣部》："褚，一曰製衣。""製"當作"裝"。

《火部》："裒，炮肉。"《廣韻》引作"炮炙也"，《玉篇》同。

《石部》："丱，古文礦。"小徐本"礦"下注云："《周禮》作'丱'。"則"礦"不重"丱"矣。攷《五經文字》《九經字樣》"丱"是古文"丱"也。

《斗部》："斛，《周禮》曰：'求三斛。'""求"當作"柰"。（以上並同段懋堂。）

部首"衣"，象覆二人之形。"人"當作"𠃊"，"𠃊"，古文"肱"。（與孫淵如同。）

《木部》："朴，相高也。"當作"榕，高也"。（與鈕匪石同。）

《儀禮·特牲饋食禮》："乃宿尸。"注："肅，進也。"下脱"古文宿皆爲羞"六字。"疏壘"之"壘"當作"疊"。（先生是正注疏誤字甚多，並同《校勘記》，此錄其一。）

《左》哀十一年《傳》："屬鏤。"《荀子·成相篇》作"獨鹿"，聲並相近。（與李富孫同。）

襄二十八年《傳》："子雅。"當作"夏"，古讀"夏"如"雅"。（梁履繩《補釋》引《尚静齋經説》同。）

《詩·采薇》："小人所腓。""腓"當作"厞"。（《毛詩後箋》引何氏《古義》同。）

陳君偉長讎勘吴先生遺箸，既竣于事，以覆斠見委。宗湅再三審别，凡徵引近賢箸錄，而别無所發明者，復省減其十分之一。閒有攷覈詳明，剖析邃曲，與近賢論議相符者，數十誼。攷諸家箸錄，如《養新錄》《經誼述聞》《周禮漢讀攷》《説文解字注》之類，刻播于嘉慶中年以後，先生所未及睹。則此數十誼者，先生摅寫心得，並非蹈襲前人，而言出于理之不可易，遂不覺相符若軌徹焉。概編箸中，或貽不知先生者以口實；概從删削，又没先生之苦心。犟括大恉，甄錄如右，注明"與某某説同"，坿于《遺箸》圅尾。庶覽者知先生學問深造，可與臧玉林、王伯申、段若膺諸賢相頡頏云。

旃蒙大荒落陽月朔，同里王宗湅書于倉史居。

吴夌雲傳記資料

《清史稿·吴凌雲傳》

吴凌雲，字得青，嘉慶五年歲貢，讀書深造，經師遺説，靡不通貫，嘗假館錢大昕屛守齋，盡讀所藏書，學益邃。所著《十三經考異》，援據精核，多前人所未發。又《經説》三卷，《小學説》《廣韻説》各一卷，海鹽陳其榦爲合刊之，題曰"吴氏遺著"。①

《嘉定縣志·吴凌雲傳》

吴凌雲，字得青，一字客槎，嘉慶庚申歲貢，讀書深造，經師遺説，靡不通貫，嘗與陳詩庭同校《説文解字》，錢大昕《養新録》多采其説，後假館錢大昕屛守齋，盡讀所藏書，學益邃。嘗謂諸經所載，半屬名物、象數、日用常事，是亦古之方言，乃取注疏、《釋文》訓詁之互異者，剖析義類，舉近事以明之。如《詩》"是刈是濩"，猶鄉人所謂"濩網煮樗皮汁以漬之"也。"飲酒之飫"，即今人"以食哺兒曰飫"也。《書》"越玉五重"，"重"即古"種"字。《禮》"雖止不怠"，"止"即古"遲"字。《左氏傳》"寤生"之"寤"與"遻"通，即"倒産"。"培敦"之"培"與"附"通；"敦"當爲"亯"，讀若

---

① 《清史稿·列傳二百六十八》，中華書局1977年版，第13197頁。

"庸"。援據精核,多前人所未發。兼工書法、篆刻。卒年五十七。①

《清代樸學大師列傳·吳凌雲》

吳凌雲,字得青,號客槎,江蘇嘉定人,歲貢生,師承漢學。晚嘗假館錢竹汀孱守齋,得悉發所藏書讀之,聞見益廓,研究益精。遂取十三經《釋文》,最錄其文字聲音訓詁之互異者,而剖析其義類,折衷許書,實事求是,不苟依傍前賢,亦不妄與前賢駁難。惜未卒業而歿,年五十七。然論列已逮《爾雅·釋言》,僅闕《孟子》而已。竹汀且間采其言入《養新錄》。海鹽陳其榦獲手稿,釐為《經說》三卷,附《小學》《廣韻》說各一卷,總曰"吳氏遺書"。中如引"護網"證《葛覃》"是護",②"以食哺小兒曰飫"證《棠棣》"飲酒之飫","背當"證《儀禮·鄉射記》"韋當","誅③以酒酢謂之亨"證《禮運》"以亨以炙"之數,皆世俗恒言,而簡質精卓,辭達理舉。小學諸說,則謂:"身"當訓家人有身,"后"當訓尾下竅,"甘"即古"柑"字,"卜"即古"報"字,"弗"即古"紼"字,"來"即古"賚"字,"夷""弔"等字并象纏束形。又推本造文之始,闡發前人未宣之秘,無不典核明析。④

《練川名人畫像續編·吳凌雲》

先生名凌雲,字得青,號客槎,歲貢生。貫穿經史,尤通《說文》,心解孳乳相生之旨。錢少詹大昕嘗采其說入《養新錄》。卒嘉慶癸亥,年五十七。著述數種,惜半多散佚。族孫興宗,搜羅得一二,繕

---

① 光緒《嘉定縣志》卷十九《文學》,國家圖書館藏本。
② 二"護"字並當作"薄"。
③ "誅","涗"字之誤。
④ 支偉成:《清代樸學大師列傳·吳派經學家列傳第四》,泰東書局1925年版,第91—92頁。

錄藏之。海昌陳其榦又得先生遺稿，爲校刻十之三四，《説經》凡三卷，《小學》《廣韻》各一卷。①

《越縵堂讀書記・經説、小學説、廣韻説》

閲嘉定吳客槎明經（夌雲）《經説》三卷、《小學説》一卷、《廣韻説》一卷。客槎字德青，與錢辛楣氏同時，錢氏《養新録》中已采其説。《經説》本名"十三經注疏鈔最"，乃取其文字聲音訓詁之互異者，折衷鄆氏，爲之辨覈，至《爾雅》而止，尚闕《孟子》一經。《小學説》乃較讎《説文》之稿本。《廣韻説》亦本名"廣韻抄最"。嘉定王叔侯（宗湅）爲刪節勘定，而海鹽陳偉長（其榦）刊行之，易以今名，多附王、陳兩君按語，皆能有所是正。咸豐辛酉（一八六一），正月二十六日。②

---

① （清）程祖慶：《練川名人畫像續編》卷下，道光三十年（1850）。見《嘉定歷史文獻叢書》（第三輯），上海書店出版社 2014 年版，第 57 頁。
② （清）李慈銘著、由雲龍輯：《越縵堂讀書記》，上海書店出版社 2000 年版，第 118 頁。